벤토리

스토리가 있는 재고관리

문성암 지음

한경사

벤토리를 쓰며

1996년부터 대학에서 운영관리라는 과목을 가르쳐왔다. 15년은 짧지 않은 세월이다. 강단에서 학생들에게 거창한 이론들을 가르쳐야 했고, 때로는 산업현장에 가서 이것들을 접목해야 한다고 주장하기도 했다. 그러나 나의 작은 노력으로 세상은 바뀌지 않았다. 학생들은 저런 과목을 왜 배워야 하는지 동기부여가 잘 되지 않았고, 그 내용에 대해 거부감을 가졌다. 숫자라는 것을 다룰 수밖에 없는데, 많은 학생들이 숫자만 보면 질겁했다. 산업 현장에서는 더 했다. 과거에 행하던 것을 그대로 유지해도 별 문제가 없는데 뭘 계량화하여 자신의 업무를 개선시켜야 하는지 잘 느끼지 못했다. 나도 늘 수업을 듣는 사람들의 잘못을 탓하며 살았다.

2000년대에 들어서면서, 학교에도 많은 변화가 있었다. 대표적인 것으로 교수들에 대한 평가가 본격적으로 실시되었다. 이런 외압은 나 스스로를 돌이켜보는 계기가 되었다. 뭔가 교수방법에 변화를 주어야 남과 차별화될 것이라 판단했다. 딱딱한 숫자를 학생들이 친근하게 생각하는 방법이 없을까 고민하였고, 자연스럽게 다양한 방법들을 동원했다. 파워포인트, 동영상, 게임, 현장방문 등이었다. 하지만 이러한 방법들도 뭔가 미진한 구석이 있었다.

학생들 스스로 흥미를 느끼고, 생활 속에서 이야기로서 다가가는 길이 있어야겠다는 아쉬움을 늘 가지고 있었다. 그러던 차에 어느 학자가 소설을 통해 자신의 이론을 피력한 책이 출판되었다. 난 정신없이 읽었고, 학생들에게 적극적으로 책을 권장했다. 학생들의 반응은 의외로 뜨거웠다. 나의 16주에 가까운 수업내용보다 오히려 그 책 한 권이 더 기억에 남는다는 말을 졸업한 학생들을 통해 듣게 되었다. 내용을 담는 그릇이라는 것이 참 중요하다는 생각과 함께 내가 가르치는 분야에 대한 소설, 거창하게 소설까지는 아니어도 스토리텔링 형태의 책을 만들 필요가 있다고 느꼈다. 아마도 이것이 내가 이 책을 쓰게 된 결정적 계기가 된 것 같다.

2008년 중순부터 미국에서 안식년을 보내게 되었다. 미국에서의 1년은 새로운 연구 테마를 잡고, 미국 교수들과의 공동연구를 수행하는 벅찬 과정이었지만, 한국에서의 각종 행정 업무로부터의 해방은 스스로 돌이켜보는 시간을 갖기에 충분했다. 그래서 그동안 미루어왔던 스토리텔링 형태의 책을 쓰게 되었다.

스토리텔링이라는 일종의 소설을 쓴다는 것은 나에겐 힘에 부치는 일이었다. 시점을 맞추는 것도 힘들었고, 다양한 사건을 순서대로 나열하는 것도 어려웠다. 무엇보다 기존의 이론에서 최신 이론까지 어떻게 독자들에게 이해시킬 수 있을 것인지가 가장 힘들었다. 내가 당연히 아는 것을 독자가 모를 수 있다는 것을 깨닫는 데도 시간이 많이 걸렸다. 예를 들면 평균과 표준편차의 경우다. 나는 늘 당연한 것이라 여기는 것을 잘 이해하지 못하는 사람들이 많았다. 나의 아내는 대학에서 국문학을 전공했다. 그래서 나의 전공에 대해서는 문외한이라 내가 쓴 글을 내 아내에게 읽게 했고, 이해가 되지 않는 것을 얘기해 달라 했다. 수많은 수정을 가해야 했다. 심지어는 중학생인 나의 딸에게도 읽게 하고 피드백을 받았다.

그렇다고 이 책을 쓰는 과정이 힘들었다고만은 할 수 없다. 사실 가상 세계를 내 마음대로 설정하고, 그 세계를 나의 뜻대로 만들어가는 과정은 그 자체로 짜릿한 경험이었다. 주인공 박민우의 성격을 만들고, 민우가 방법을 터득해가는 과정을 묘사한다는 것은 완전몰입의 순간이었고 그래서 행복했다. 나의 행복을 위해 이 책을 쓴 것은 아니지만 글을 쓴다는 즐거움을 만끽했고, 이 같은 즐거움을 독자들도 한번 가져보는 것도 좋을 것이라 추천하는 바이다.

이 책은 운영관리를 배우는 학생들, 산업현장에서 재고를 관리해야 하는 사람들, 빵집, 음식점, 의류상 등 창업하신 분들에게 많은 도움이 될 것이라 확신한다. 재고(inventory)를 관리한다는 것은 단순히 창고나 판매대에 있는 물건을 취급하는 것을 의미하지 않는다. 이는 수요와 공급을 양적으로, 시간적으로 맞추는 작업을 의미한다. 이 책에서 나는 가장 근본적인 접근이라고 할 수 있는 수요와 공급 맞춤의 관점을 제시하고자 했다. 이를 위해서는 제품의 특성을 잘 파악해야 하고, 수요 예측을 잘해야 하며, 고객에 대한 마케팅, 공급자와의 계약도 효과적으로 수행해야 한다.

이 책은 실무에서 이러한 과정을 행하는 데 있어, 무엇이 중요한지를 박민우와 대별이의 대결구조를 통해 전개하고 있다. 박민우는 대학생으로 재고관리를 해본 적 없는 인물로 등장한다. 그리고 스토킹 교수의 지도에 따라 관리 방법들을 하나하나 배워 나간다. 박민우는 처음에는 신문을 팔고, 빵집으로 옮기게 되고, 나중에는 등산복 시장에 뛰어들어 활약을 보인다. 만약 여러분도 박민우처럼 차근차근 따라해본다면 분명 최신의 기법들을 체화할 수 있을 것으로 기대해본다. 신문을 팔 때의 기법이 빵집에도 적용되며, 빵집에서의 방법이 등산복에서도 똑같이 적용된다. 이 책에서 제시되는 기법들은 특정산업에 국한되지는 않는다. 단지 주안점을 둔 것은 특정 기간 동안에만 팔리는 제품이었다. 신문, 빵, 등산복은 짧게는 하루, 길게는 한 계절별로 재고를 유지하는 제품들이다. 몇 년을 보관해야 하는 제품들에 대한 것은 또 다른 접근이 추가되어야 하겠지만 이 또한 기본적인 접근은 이 책의 내용과 다르지는 않을 것이다.

물론 실제 현장에서 적용하려면 보다 많은 불확실한 상황에 접하게 될 것이다. 하지만 중요한 것은 고객이 있고, 그 고객의 양에 공급량을 맞추는 작업이 성공의 열쇠임을 간과하면 안 된다는 점이다. 산업에 따른 예외가 있을 순 없다. 이 책에서 말하려는 주제다.

이 책을 쓰는 과정에서 많은 사람들이 도움을 주었다. 한경사 사장님을 비롯하여 편집인들이 우선 나의 졸작을 읽느라고 많은 시간을 할애해야 했다. 너무 감사드린다. 그리고 나의 주변에 계신 많은 분들이 나의 끈질긴 부탁으로 졸고를 읽어야 하는 고통의 시간을 보냈다. 하지만 이분들이 내게 한결 같이 재밌다고 말해 주었다. 그래서 용기를 내어 출판하게 되었다. 모두 재미나게 살았으면 하는 바람을 가져본다.

2010년 봄을 맞이하며

문성암

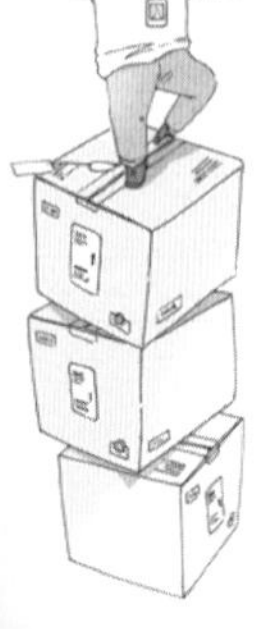

차례

등장인물

박민우: 부모님을 여의고 할머니와 함께 사는 청년가장이다. 나이는 22세로 야간 대학에 다니고 있으며, 신문을 팔고, 빵집에서 일하고, 등산복 회사에 취직해서 살아간다. 내성적인 성격이다. 현장 경험을 바탕으로 창의적인 생각을 곧잘 해낸다.

김석현 교수: 한국대학교 경영학과에서 재고관리를 가르치는 세계적인 석학이다. 민우에게 각종 경영지식을 알기 쉽게 설명해준다. 슬하에 가람이라는 딸을 두고 있다. 별명이 스토킹 교수인데 사람들은 본명보다 별명을 많이 부른다. 언론이나 대중매체에 비치는 것을 싫어해 은둔생활까지 마다하지 않는 괴짜적 성격을 소유하고 있으나 다정다감한 편이다.

김가람: 스토킹 박사의 외동딸로 곱게 자란 18세 고등학생이다. 멘사협회 회원이기도 하다. 국제수학올림피아드에 국가대표로 참여할 정도로 수학에 뛰어나다. 민우를 좋아해서 뒤에서 많이 도와준다.

이지수: 20세의 대학생이다. 민우가 신문배달을 할 때 알게 된 보급소장의 딸이다. 민우를 사랑하게 된다. 민우와 가람이의 관계를 알지만, 내성적인 성격으로 민우에게 아무 말도 못하고 지켜보기만 한다.

박대벌: 가람이를 좋아하여 민우를 방해하는 인물이다. 대벌이는 그레이트 브레드라는 빵집 체인과 히말라야라는 등산복 메이커를 가진 준 재벌 기업의 외아들이다. 겉멋이 들어 잘 알지도 못하면서 경영에 참여하기를 좋아한다.

1st story

신문팔이 벤토리

신문팔이 벤토리

어제보다 나은 오늘을 바라면서도, 어제 팔린 것보다 오늘 더 팔릴 것이라 섣불리 예상하여 신문을 가져오는 경우는 드물었다. 오늘은 그 드문 날 중에 속했다. 가지고 온 500부를 빨리 팔고 학교에 가야겠다고 생각하면서, 민우는 지하철역 안으로 들어갔다. 6시 30분으로 이른 시간이어서인지 한산한 편이었다. 게다가 금방이라도 비가 올 것 같은 날씨여서 평소보다 어두웠다. 어제 엘지 트윈스와 롯데 자이언츠가 이겼으니까, 스포츠신문을 사려는 사람들이 많을 것이라고 민우는 예상했다. 그래서 500부를 받아왔다. 신문을 몇 년 째 팔고 있어서인지 민우의 예감은 적중한 적이 많았다. 가판대를 설치하고, 신문을 묶은 끈을 풀어 신문을 펼쳐 놓았다. 많은 사람들이 1면 기사의 제목을 보고 신문을 샀다. 그래서 1면 제목이 잘 보이게 포개어 신문을 진열하였다. 한 평 남짓한 좁은 가판대이지만 신문을 팔아 번 돈으로 할머니와 살아가는 신성한 곳이기에 민우는 늘 깨끗하게 청소를 했다. 이 가판대를 임대하기 전에는 가정집에 신문 배달하는 일을 했었다. 그 때는 돈도 적게 벌렸고 일도 무지 힘들었다. 민우는 이러한 점포를 하나 얻는 것만으로도 세상을 얻는 기분이었다.

"오늘은 조금 늦었네?" 6시 35분이면 늘 이 앞을 지나는 아저씨의 목소리가 들려왔다. 민우는 평소보다 많이 신문을 좀 받아와야 하지 않을까 하는 생각을 하느라 조금 늦었던 것이다.

“네, 아저씨, 오늘은 보통 때보다 조금 많이 가지고 오느라 늦었습니다. 죄송합니다.” 민우는 그 아저씨에게 대답을 하였다. 늘 하던 대로 경제신문 한 부와 스포츠신문 한 부를 묶어서 아저씨에게 건넸고 1,000원을 받았다. 아저씨는 오늘은 왜 많이 받아왔느냐고 물었다. 특별한 이유라도 있는지 물어봤는데, 어떤 답을 기대하고 질문을 하시는 것 같지는 않았다.

“어저께 야구에서 엘지 트윈스와 롯데 자이언츠가 이겼잖아요. 이 동네 사람들은 이 두 팀을 많이 응원하는가 봐요. 이 두 팀이 이기면 다음 날 스포츠신문이 잘 팔리더라고요.” 민우는 하루 종일 있어봐야 다른 사람과 이야기를 나누는 경우가 적었다. 하루 종일 ‘이것, 저것 주세요.’ 내지는 ‘얼마에요?’라는 질문을 듣는 것이 고작이었고, 길게 대답할 질문은 받아본 적이 없었다. 말을 하고 싶은데 말할 사람이 없어 답답해한 적도 많았다. 그럴 때는 신문팔이를 그만두어야겠다는 생각도 하였다.

민우의 대답을 아저씨는 흥미있게 듣는 것 같았다. 실제로도 재미있는 이야기라고 말하기도 했다. 그리고는 돌아서면서 몇 시에 집에 가는지를 민우에게 물었다. 민우는 여기 신문 다 팔고 나면 학교로 간다고 대답하였다. 오늘은 학교에 일이 있어 4시 정도에 학교에 갈 예정이라고 대답했다. 그 아저씨는 4시 정도에 여기를 지나갈 일이 있다고 하시고서는 그 때쯤 들러 몇 부가 팔렸는지 물어보고 싶다고 했다. 민우는 별로 어려운 일이 아니라고 생각해서 오시라고 했다. 매일 신문을 사기 때문에 고마운 마음에 거절할 수도 없었지만, 세상에 참 할 일 없는 사람도 다 있구나 생각했다.

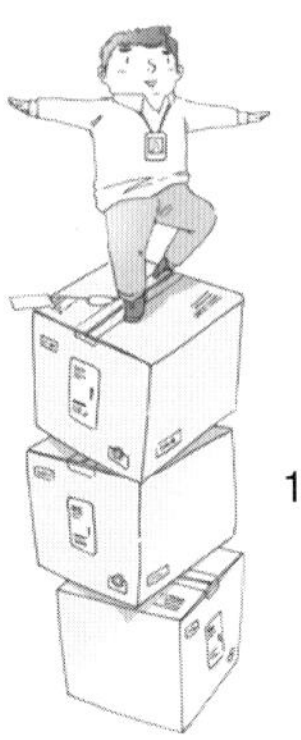

'이상하다. 신문이 잘 안 팔린다. 500부를 가지고 나왔는데, 300부 정도밖에 팔리지 않았다. 이거 큰일인데, 4시에 그 아저씨가 오신다고 했는데, 아직 200부는 더 팔아야 하는데… 내기한 것도 아닌데 뭐. 그나저나 이상하네. 오늘은 틀림없이 잘 팔려야 하는 날인데…'라고 생각하면서 민우는 시계를 쳐다보았다. 4시가 다 되었다. 신문을 다 팔아야 학교에 가는데, 이러다 학교에 늦을지도 모른다고 생각했다.

4시. 정말 그 아저씨가 왔다. 나이는 마흔 살쯤 된 것 같고, 키는 170센티미터 정도로 작지도 크지도 않은 편이었다. 고굴절 렌즈의 안경을 끼고 있었다. 한 번도 다림질하지 않은 듯 보이는 바지와 다림질이 필요 없는 남방을 입고 있었다. 덥수룩한 머리카락과 대충한 면도로 얼핏 보면 무직자 같았다. 그나마 팔자 눈썹을 안경이 잘 가리고 있는 것 같았다. 저 사람은 도대체 뭐하는 사람일까 궁금증을 자아내게 하였다.

"아직 안 갔네. 그래 500부 다 팔렸니?"하고 물으면서 아저씨가 다가왔다. '가판대에 수북하게 쌓여 있는 신문을 보면서 저렇게 물어보는 것은 또 뭐람.'이라고 생각하면서 이상하게 오늘은 잘 안 팔렸다고 민우는 대답하였다.

"안 팔리는 신문은 어떻게 하니?" 무직자 같은 아저씨가 물어보았다.

"보통은 다 팔릴 때까지 기다리죠. 그런데 4시 넘으면 신문이 잘 안 팔려요. 석간신문이 나오면 사람들이 그걸 사거든요. 기다려 봐야 잘 안 팔리지만, 그래도 어떻게 하겠어요. 다 팔릴 때까지 기다리는 수밖에요. 내일은 100원에도 안 사거든요. 누가 어제

신문을 사겠어요?" 민우는 대답하였다. 보통은 남은 신문을 보급소에 갖다 주지만 바쁠 때는 버리게 된다고 덧붙였다. 지하철에서 읽은 신문들을 모아서 폐지상에 파는 분들께 드리면 무지 좋아한다고도 말했다.

"그렇구나. 돈을 많이 벌려면, 예측을 잘 해야겠구나. 아침에는 어저께 프로야구에서 엘지 트윈스와 롯데 자이언츠가 이겼다고 신문이 많이 팔릴 거라고 하더니. 그 예측이 빗나갔나 보구나." 안 그래도 기분이 나빠 있는데, 아저씨는 마치 모든 것이 민우 잘못이라는 투로 말했다.

"잘 팔릴 것으로 봤는데, 잘 안 팔렸어요." 민우는 예상이 빗나가 기분이 나빴지만 아무래도 비가 와서 그런 것 같다는 이야기를 하였다.

"비가 오면 잘 안 팔리는 모양이구나?" 아저씨가 또 물었다.

"사람들이 신문 들고 다니기가 힘들어서 그런지, 아니면 비가 오면 사람들이 외출을 안 해서 그런지 모르겠지만, 비오는 날엔 잘 안 팔리는 것 같아요. 그런데 아저씨 뭐 하시는 분이세요? 왜 자꾸 제가 신문 파는 것을 궁금해 하시는 거예요? 혹시 아저씨 여기서 신문 파시려는 것은 아니죠? 절대로 안 돼요. 여기는 제 구역이에요. 아저씨가 여기서 신문 팔면 저는 엄청 손해를 봐야 하잖아요. 아무리 취직이 안 되시더라도, 이곳에서 신문 파시면 안 돼요. 아시겠죠?" 지레 겁을 먹은 민우는 강한 어조로 말했다. 가판대를 기웃거리며 돈은 얼마나 버는지, 장사는 잘 되는지 물어보는 사람이 여럿 있었다. 꼬치꼬치 물어보는 사람들 대부분은 신문 가판대에 관심을 가지고 자신들도 장사를 한 번 해볼 요량인

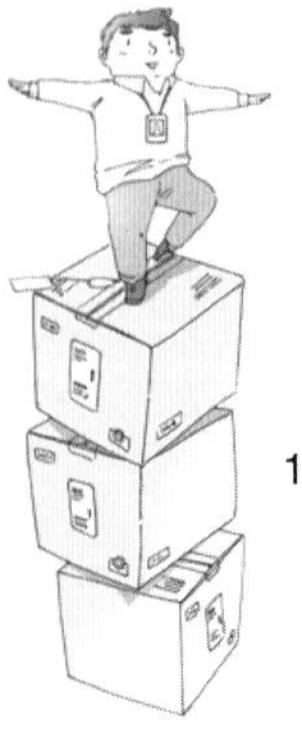

경우였다. 아저씨는 더 이상 말을 하지 않고 돌아서 가려고 했다. 민우는 '틀림 없어, 저 실망스러운 모습. 여기서 장사하기만 해봐라. 내가 가만 두나 봐.'라고 생각하면서 눈으로는 그 아저씨를 계속 뒤쫓았다. 그 아저씨는 돌아서서 플랫폼에 있는 벤치로 뚜벅뚜벅 걸어갔다. 거기서 한 여학생과 만났다. 둘은 손을 잡고 지하철을 탔다. 남루한 아저씨와 달리 그 여학생은 말쑥한 옷을 입고 있었고, 웃는 얼굴이 아주 예쁜 학생이었다. 참 똑똑하게 생겼다고 민우는 생각했다. '애인인가? 원조교제를 할 정도로 생기지는 않았는데, 그럼 딸인가? 어떻게 저렇게 생긴 사람이 저토록 예쁜 딸이 있을 수 있을까?' 하고 민우는 생각했다. 이것저것 생각하는 것 이외에 딱히 할 일이 없는 민우였다.

* * * * * *

수업 시작하는 벨이 울린 뒤에도 민우의 모습은 강의실에서 볼 수 없었다. 강의실에 뒤늦게 들어오는 사람들은 많았다. 들어오는 사람들마다 강의실 오른쪽 구석에 있는 빈자리를 발견하고는 그 자리에 가서 앉으려고 하였다. 하지만 그 빈자리를 지키는 사람이 있어 매번 교수와 가까운, 비어있는 앞자리로 가야 했다. 모두들 앞자리는 피했다. 강의할 때 튀는 교수의 침을 피하는 것은 핑계에 불과했다. 단지 교수 눈을 피해 하루의 피곤함을 달래려는 얄팍한 기대심리 때문이었다. 오른쪽 구석자리를 봐주던 그 여학생 또한 무슨 보물이라도 되는 양 필사적으로 자리를 사수하였다.

민우는 출석체크가 있은 지도 15분쯤 지난 후에야 강의실로 들어왔다. 지수를 발견하고는 비어있는 옆자리에 민우는 앉았다.

왜 이렇게 늦었냐는 지수의 귓속말에 민우는 신문이 잘 안 팔려서, 그리고 할 일이 좀 있어서라고 답하였다. 지수는 물어볼 것이 많았지만 민우가 옆에 있는 것에 만족하고 고개를 돌려 강단에 선 교수를 쳐다보았다.

미시경제학 시간이었다. 수요-공급과 관련된 그래프가 늘 칠판에 그려졌고, 그 안에서 많은 숫자와 기호들이 다루어졌다. 대부분 문과 출신이어서 수에는 젬병들이었다. 시그마 기호라도 하나 나오면 모두가 고개를 절레절레 흔들었다.

"교수님, 수학이 싫어서 문과 지원했는데, 또 수학을 해야 합니까?"라고 나이 지긋한 학생이 교수님께 질문하기도 하였다. 그러면 "이 얼마나 아름다우냐? 이 숫자들을 모두 말로 나타내면 이 한 줄을 표현하기 위해 칠판 가득 써야 할지도 몰라. 모두들 편하게 받아들이면 좋겠는데, 그냥 우리가 사용하는 언어라고 말이야." 교수는 쉽다고 이야기하지만 수업 받는 대다수 학생들은 교수의 이 같은 말에 동감하지 않았다. 어릴 때부터 수학에 관심이 많았던 민우도 다른 이들과 마찬가지 느낌을 가질 뿐이었다. 실제로 대다수 학생들은 어느 과목이 수학을 덜 사용하는지를 보고 수강과목을 결정하곤 하였다. 미시경제학처럼 필수과목의 경우에는 어쩔 수 없이 들어야 했다. 만약 이 과목이 선택과목이었다면 아무도 선택하지 않아 폐강이 되었을지도 모른다.

딱딱한 내용이었지만, 교수가 교수방법을 다양하게 구사해서인지 모두들 웃다가 보니 수업은 끝나 있었다. 오늘 수업은 하나밖에 없었다. 교수가 퇴장하자마자 과대표가 갑자기 입구 쪽에서 뛰어 들어 오면서, 내려가는 길에 학교 앞 호프집에서 맥주 한

잔 하자는 긴급 제안을 하였다. 오늘도 역시라는 생각으로 모두들 동참할 것을 약속하면서 강의실을 빠져 나갔다. 과대표 선배는 민우에게도 같이 갈 것을 청했다. 지난번에도 빠지고 해서 모두들 민우를 찾고 있다고 했다. 모두들 자기를 찾는다는 것이 거짓말인 줄 알면서도, 약간 설레었다. 그래서 민우도 참석하겠다고 했다.

"지수야, 너도 같이 가자." 민우는 옆에서 책과 노트를 정리하고 있는 지수에게 물었다.

"오빠가 웬일로? 내일 해가 서쪽에서 뜨겠네." 지수는 민우보다 2살 어린 20살이었다. 고등학교를 졸업하고 바로 대학교에 들어왔으니, 이상한 것은 민우 쪽이었다. 그러나 야간 대학에 다니는 학생들 중에는 지수처럼 정상적으로 들어온 경우가 드물었다. 20대 중반의 나이가 대부분이어서 오히려 민우도 어린 축에 속했다. 심지어 과대표는 40대 중반으로 일부 교수보다 나이가 많았다. 민우는 매일 아침 일찍부터 신문을 팔아야 했기 때문에 밤늦게 있는 뒷풀이 술모임에는 한 번도 참석하지 않았다. 민우가 참석한다고 하니까 자연스레 지수도 같이 가겠다고 하였다.

지수는 민우가 아침마다 신문을 받아오는 보급소 소장의 딸이었다. 한두 번 보급소에서 서로 마주친 적은 있었지만 서로 이름도 모를 정도였다. 입학식 날 같은 과에서 대면하고는 서로 적잖이 놀랐었다. 지수는 민우를 오래 전부터 관심있게 보고 있었으나 나서서 먼저 이야기를 걸지는 못했다. 지수는 아빠로부터 민우가 성실하고 착하다는 이야기를 듣기는 했었다.

민우가 지각하는 때가 많아 지수가 나서서 먼저 자리를 잡아주겠다고 했고, 민우는 고맙다고 했었다. 민우와 지수는 옆자리에 앉아 수업을 들으면서 자연스레 친해졌다.

* * * * * *

민우와 지수가 호프집에 도착했을 때, 이미 맥주가 한 순배 돈 상태였다. 모두들 두 사람을 정겹게 맞아주었다. 민우 눈에는 늘 동생처럼 보였지만, 지수는 과에서 가장 인기 있는 여학생이었다. 나이도 어리지만 예쁘장하게 생긴 데다 모두에게 친절하여 과의 마스코트라는 말을 듣는 참이었다. 일부 남학생들은 지수에게 대시를 하기도 했으나, 지수가 싫다고 하자 모두들 순순히 물러났다.

"니네들 오늘도 몰려다니냐?", "니네들 과커플이냐?", "과커플이면 공식화되어야지 우리 과 학생들도 모르는 과커플이 어딨어?" 민우와 지수가 앉아마자 여기저기서 불평 섞인 말들이 흘러 나왔다.

"아닙니다. 커플은 무슨 커플입니까? 그냥 예전부터 알고 지내는 동생입니다." 민우는 손사래를 치며 이야기했다. 이 말을 듣는 지수는 별로 기분이 좋지 않은 표정이었지만, 틀린 말도 아니어서 새초롬하게 옆자리에 앉아 있었다. 민우의 말에 '음, 그렇구나.'하면서 이해하는 사람도 있었고, '와우.'하면서 환호성을 올리는 사람도 있었다. 술이 몇 순배 돌자, 호프집을 경제학과가 접수했다고 해도 될 정도로 사람들의 목소리가 높아졌다. 은근히 취하자 둘 셋씩 모여 이야기를 나누는 이들이 많아졌다. 옆 테이블로 자리를 옮기는 그룹도 생겨났다. 민우와 지수는 과대표 옆자리에 앉아 몇몇 학생들과 함께 한 그룹으로 이야기를 나누고 있었다. 직장에서 생긴 일, 주식 이야기 등이 주요 테마였다. 민우는 어느 것도 해당사항이 없어 심심하였다. 지수는 그런 민우를 보며 계속 맥주를 마시

자고 권했다. 과대표가 그런 민우와 지수를 눈치 채고 공부 이야기를 꺼냈지만 옆에 있는 사람들이 술자리에서 무슨 공부 이야기냐면서 일축해버렸다. 사실 민우도 공부 이야기를 별로 좋아하지 않았다. 늘 돈 버느라 정신없는 민우로서는 술자리가 어색했고 무엇보다 같이 나눌 이야깃거리가 없었다.

11시쯤 되어 민우는 자리에서 일어섰다. 모두들 진지하게 이야기하고 있어 집에 간다는 말을 하기 미안했다. 하지만 지금 가지 않으면 마지막 지하철을 놓칠 수 있었기에 어쩔 수 없이 자리에서 일어섰다. 민우가 일어서자 물론 지수도 함께 일어섰다. 모두들의 아쉬움을 뒤로 하고 둘은 호프집을 벗어났다. 과대표는 와준 것만 해도 고맙다며 민우와 지수에게는 술값을 받지 않았다. 마지막 지하철은 여느 지하철에 비해 많이 붐빈다. 그날따라 민우와 지수가 탄 지하철 차량 안에는 술 냄새가 가득했다. 몸을 제대로 가누지 못하는 사람도 여럿 있었다. 남녀 불문이었다. 지수는 불안해하며 평소보다 더 민우에게 밀착하였다.

"가게 일은 재밌니?" 민우가 지수의 불안함을 누그러뜨리려는 듯 말을 걸었다.

"응. 그냥 매일 하는 일이니까. 이제 많이 익숙해졌고 해서 괜찮아. 오빠는?" 약간의 술기운이 느껴지는지 홍조를 띤 얼굴을 지수는 연신 만져대고 있었다.

"나야 내 사업이잖아. 누구 눈치 볼 필요도 없고 편하지 뭐." 민우는 부드럽게 대답했다. 또 한동안 말이 없었다. 그도 그럴 것이 이런 자리가 둘에게는 낯선 자리였다.

"오빠. 나 조만간 가게 옮기게 될 것 같아. 오빠 있는 신촌으로.

예전에 같이 계시던 점장님이 신촌에 빵집을 오픈하는데, 거기서 일을 좀 도와달래. 나야 집이랑 가까워져서 좋고, 오빠랑 가까워져서 더 좋고 해서 그렇게 하겠다고 했어." 지수는 하루 종일 이 기쁜 소식을 민우에게 이야기하고 싶었는데, 말할 기회를 잡지 못했다. 민우가 수업시간에 늦게 왔고, 뒷풀이 장소에서는 다른 사람들이 있어 말하기가 거북스러웠다.

"잘 됐네. 그럼 낮에도 자주 볼 수 있겠네." 민우는 지수의 어깨를 한 번 툭 치면서 말했다. 혹시나 민우가 부담스러워하면 어떻게 하지 걱정했었지만, 선뜻 민우가 잘 되었다고 하자 지수의 기분은 매우 좋아졌다.

"오빠. 그리고 빵집도 아침 일찍 출근해야 하기 때문에 오빠랑 같이 출근할 수도 있을 것 같아. 잘 됐지? 학교도 같이 갈 수 있을 것 같고." 이제는 대놓고 기쁨을 표현하는 지수가 민우도 싫지만은 않았다. 누군가 자기에게 관심을 가져준다는 것만으로도 사람들은 기쁨을 느낀다. 민우도 예외는 아니었다.

* * * * * *

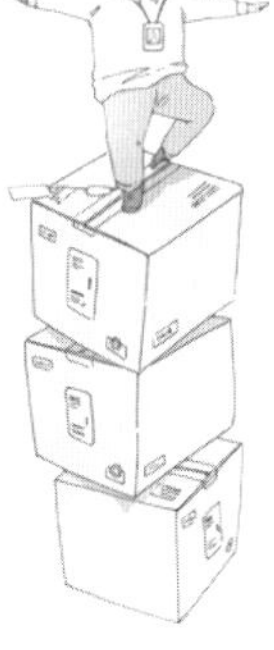

출근 시간이 지나자 지하철역 안은 한가해졌다. 오늘은 신문이 안 팔릴 것 같아 200부만 들고 나왔는데, 10시가 조금 지나 거의 다 팔려 버렸다. '오늘은 일찍 가봐야 할 것 같다.'고 생각하면서 민우는 할 일이 없어 책을 볼까 하다 신문을 펼쳤다. 표지가 찢어져 팔지 못하는 신문 한 부가 가판대 안쪽 바닥에 놓여 있었다. 평소에는 스포츠신문을 주로 보는데, 그 아저씨는 무슨 재미로 경제신문을 읽을까 궁금하여 경제신문을 한번 읽어보기로 하였다. 주식 이야기, 환율 이야기, 재벌 이야기 등으로 가득 차 있었다. 무심코 신문을 넘기다 많이 본 듯한 사람 얼굴이 보였다. "스토킹 박사, 아무도 못 풀던 100만 달러 재고문제 풀어"라는 제목의 기사에 사진이 큼지막하게 함께 실렸다. 사진을 보니 지난주에 신문판매에 관심을 보였던 그 남루한 아저씨였다. 순간 깜짝 놀라 신문을 떨어뜨릴 뻔 했다. 민우는 자세히 기사를 읽었다.

> "지금까지 난제로 여겨지던 재고 풀링 네트워크 문제를 세계 최초로 규명하였다. 이 문제는 재고관리에 많은 관심을 고조시키기 위해 세계 재고관리 협회에서 풀기 어려운 난제를 내 놓고, 이 문제를 푸는 사람에게 상금으로 백만 달러를 지급한다. 김석현 교수는 현재 한국대학교에 재직 중이며, 전공은 스토캐스팅이다. 본명보다도 재고 문제에 대가여서 스토킹 교수로 통한다. 재고를 인벤토리(inventory)라고 하기도 하지만 스톡(stock)이라고도 한다. 본인도 이 별명을 좋아한다고 한다."

민우는 도대체 무슨 말인지 이해하지 못했다. 중요 단어라고 할 수 있는 재고, 스토캐스팅, 풀링 네트워크 등은 무슨 말인지 알지 못했기 때문에 그냥 대단한 사람이구나 하는 생각만 들었다.

김석현 교수는 허름한 옷과는 어울리지 않는 화려한 경력의 사람이었다. 한편으로는 세상엔 별 걸 다 공부하는 사람들이 있구나 생각도 했다. 재고문제를 다루는 박사가 있다고는 생각해본 적이 없었다. 민우가 야간 대학에서 전공하고 있는 것은 경제학이었다. 나중에 사회 선생님이 되는 것이 꿈이었기에 망설임 없이 경제학을 선택하였고, 대학에서 배우는 과목들도 너무 마음에 들었다. 하지만 수요, 공급 얘기는 많이 들었지만 재고, 스토캐스팅, 풀링 등에 대해서는 들어본 적이 없었다.

그 날 민우는 점심시간 전에 가져온 신문을 다 팔았다. 좀 더 많이 가져왔어야 하는데 아쉬움이 컸지만, 그래도 가져온 것을 다 팔았으니 민우의 기분은 좋았다. 더 이상 가판대에 있어봐야 할 일도 없고 해서, 봄 햇빛을 느끼려고, 지하철역을 나와 무작정 걸었다. 점심시간이라 오가는 사람들이 많았다. 길을 제대로 걸을 수가 없을 정도였다. 등을 떠밀리다시피 하면서 민우는 이렇게 많은 사람들이 살고 있구나 생각했다. 대부분 대학생들인 것 같았다. 걷다보니 한국대학교에 도착했다. 민우는 한국대학교 학생들은 자기가 다니는 대학교의 학생들보다 똑똑하게 생겼을 것이라 생각했었는데, 별로 다름을 느끼지는 못했다.

'나도 이 대학교에 왔으면 좋았을 텐데. 밤에만 공부해서는 이런 명문대학교에 오기 힘들지.' 낮에는 일하고 밤에 공부해야 하는 자신의 처지를 비관해본 적은 없었다. 하지만 남들처럼 잘 사는 집에서 자라, 맘껏 공부를 할 수 있었다면 보다 좋은 결과가 나왔을 텐데 하는 아쉬움은 가슴에 응어리로 늘 남아 있었다. 보통 때는 길게 뻗은 대학 캠퍼스의 끝 부분이 잘 안 보였다. 하지만

오늘은 산자락에 있는 나무 한 그루, 한 그루까지 보일 정도로 하늘이 청명했다. 캠퍼스 안에도 역시 사람들로 북적였다. 화려하게 차려입은 여학생이 엄청 많았다.

"자네, 신문은 안 팔고 여기는 웬일이야? 오늘은 벌써 다 판 거야?" 스토킹 교수였다. 민우는 갑작스럽게 자기를 알아보고 말을 붙이는 사람 때문에 그 자리에 멈춰 섰다. 머리를 긁적이며 "예"라고 말하고, 말끝에 "스토킹 교수님"이라는 말을 붙였다.

"스토킹 교수라고? 자네가 어떻게 내 별명을 알아?" 교수는 의아한 표정으로 재차 질문을 하였다.

"오늘 신문을 보고 알았습니다." 민우는 짧게 대답한 후, 신문에서 읽은 내용을 말하려고 하였다. 하지만 교수는 민우에게 그럴 기회를 주지 않고 다음 질문을 연결했다.

"점심 먹으러 가는 길인데, 같이 점심 먹어도 될까? 내가 사지."

"감사합니다. 영광입니다." '앗싸! 오늘은 운이 좋은가 보다.' 민우는 교수를 따라갔다.

두 사람은 학생식당이 아닌, 교수식당으로 향했다. 잔디가 펼쳐진 가운데 위치한 고풍스러운 건물이었다. 민우는 이런 식당에 들어온 적이 없었다. '학교에도 이런 훌륭한 식당이 있을 수 있구나, 우리 학교에는 이런 식당이 있을까' 생각하면서 교수를 따라 테이블에 앉았다. 아무 말도 오가지 않는 가운데, 먼저 교수가 민우에게 말하기 시작했다.

"내가… 신문팔이, 잠깐 신문팔이라고 해서 미안하네. 우리들이 오랜 동안 연구해온 것을 신문팔이 모델이라고 하는데, 입에 붙어서 그만 신문팔이라고 하는데, 기분 나쁘게 듣지는 말게. 나는 신문팔이가 하루에 몇 부를 가지고 나오면 될까에 관심이 많단다. 수학으로만 풀려고 하는데 혹시 실제 현장에서도 내가 연구하는 것들을 중요시할까 하는 의구심이 들더라구. 그래서 자네에게 이것 저것 물어보고 싶은데…" 교수는 자신이 왜 민우에게 다가가 여러 가지 질문들을 했는지, 민우가 혹시 자신을 이상한 사람으로 생각하지는 않을는지 걱정하는 듯 했다.

"그러셨군요. 그런데 궁금증은 좀 푸셨나요?" 민우는 이미 나쁜 사람이 아니라는 사실을 신문을 통해 알았기 때문에, 적어도 자기 영역 옆에 가판대를 열 사람은 아니라는 것을 알기에 친절하게 말했다.

"아니, 아직도 궁금한 게 많지. 몇 가지 대답을 해줄 수 있겠나? 그리 어려운 것은 아니고." 조금의 망설임이 있은 후, 교수는 민우에게 양해를 구했다.

"아무거나 물어보십시오. 제가 아는 한 다 알려 드릴게요." 민우는 아무 문제없다는 투로 대답했다.

교수의 추천으로 민우도 불고기 백반을 시켰다. 교수식당에 계신 분들은 모두 햄버거 스테이크나 연어 스테이크 같은 칼을 쓰는 고상한 양식을 먹을 줄 알았는데, 의외로 메뉴판에는 한식이 많았다. 그제야 민우는 주변을 둘러보았다. 햇살이 가득한 식당에는 많은 사람들이 있었다. 하얀 머리에 콧수염까지 기르고, 나비넥타이를 맨 사람도 있고, 하얀색 의사가운을 걸치고, 앞주머니에는 볼펜 장수라도 되는 양 20여 개의 각종 볼펜을 꽂은 사람도 있었다. 모두 소곤소곤 이야기를 나누면서 식사들을 하고 있었다. 양식을 먹는 이도 있었지만 한식을 먹는 사람이 더 많았다. 벌써 식사가

끝나고 커피를 마시는 사람들도 여럿 보였다. 여기서도 민우 앞에 앉은 어수룩해 보이는 스토킹 교수는 미운 오리 새끼 마냥 주변과 어울리지 않았다. 음식 주문을 받고, 카트에 음식을 실어 날라주고 웨이터들이 바삐 움직이는 데도 모든 일들은 조용히 진행되고 있었다. 민우는 이것저것 둘러보느라 스토킹 교수가 자신을 쳐다보고 있는 것을 몰랐다.

"여기서 일하는 사람들도 너랑 똑같은 고민을 하고 있단다." 뜬금없는 교수의 이야기에 민우는 의아하다는 표정을 지었다.

"여기 이 메뉴판을 봐라. 점심 메뉴로 10가지 정도 있지 않니? 이 음식점 주인은 불고기 백반이 오늘 점심 때 얼마나 팔릴지 알까? 모르겠지. 근데 자네 이름이 뭐지?"

"민우, 박민우입니다. 스토킹 교수님, 아니 김석현 교수님."

"그것은 내 전공과 관련 있단다. 재고를 영어로 stock이라고도 하는데, 그 중에서도 나는 스토캐스틱(stochastic)한 수요를 주로 다룬단다. 그래서 사람들이 나를 짧게 스토킹 박사 하다가 이렇게 불리게 된 것이지. 누굴 귀찮게 쫓아다니는 사람 같아 기분 나쁠 때도 있지만, 뭐 그리 신경 안 쓴다. 스토킹 교수라 불러도 된단다." 교수는 영어 단어를 혹시 민우가 알아들을 수 없을 것을 저어해서, 알파벳 하나하나 불러주면서 말했다.

"그런데 말씀하시려는 것은 무엇인가요? 여기 식당 주인과 제가 똑같은 고민을 하고 있다고 하셨잖아요." 민우가 물었다.

"아, 참! 내가 종종 이래. 어떤 날은 음식 재료를 많이 준비했다가 손님이 없어서 남고, 어떤 날은 모자라고 그렇거든. 이해가 되지? 너도 똑같은 문제를 가지고 고민하고 있잖아? 그렇지?" 교수의 직업병인지 모르겠지만, 교수들은 대화를 나눌 때 뭔가를 계속 확인하는 버릇이 있는 것 같았다. '여기까지 이해하겠니?', '알아들었어?' 등의 말이 중간 중간 섞였다. 민우는 학교에서 교수들과의 대화에서도 그런 느낌을 많이 받았다.

"그래도 여기 식당에서는 오늘 안 쓰면 냉장고에 넣었다가 내일 쓰면 되잖아요. 하지만 저는 오늘 신문을 내일 팔 수는 없다고요. 전혀 다른 것 같은데요." 민우가 반문하자 교수는 적잖이 놀라는 눈치였다.

"그렇지. 민우 너의 경우가 관리하기 더 어렵다고 봐야지. 재고관리에서는 뉴스벤더모델, 한국어로는 신문팔이모델이라고 하는데, 가장 근본적인 재고문제라고 해야 하겠지. 하지만 말이다. 여기 식당에서의 재고관리 또한 신문파는 것과 유사한 점이 많단다. 식당에서 사용하는 재료 중에서는 내일 못 쓰는 것이 많기 때문이지. 그리고 여기서 일하는 사람들은 어떨까? 손님이 많을 것 같아서 100명을 고용하였는데, 손님이 없으면, 그만큼 손해를 입게 되는 거란다. 이런 인력 또한 재고관리 측면이 강하다고 할 수 있지." 교수는 장황하게 설명을 했다.

"교수님. 말씀하시는 것 너무 어려워요. 저는 이제 22살 대학교 1학년생입니다. 참, 저는 서울 통신대학교 경제과에 재학중입니다. 전공이 달라서인지 재고관리라는 것은 잘 모릅니다. 죄송합니다." 민우는 호기심이 많은 편이어서인지는 몰라도 모르는 것에 대한 부끄러움은 별로 가지고 있지 않았다.

"미안하구나. 네가 이해하고 있는 말이 어느 것이고, 이해 못하는 말이 어느 것인지 잘 모른단다. 모르면 그때그때 물어보렴.

대답해줄 테니까. 모두가 그렇지는 않지만 나 같은 교수들은 문제가 많단다. 일반적으로 교수들은 박사들이거든. 너도 알다시피 박사라는 것이 두루두루 아는 척척박사의 개념과는 거리가 멀지. 특정한 분야에 대한 전문성을 가진 사람이라고 봐야 하겠지. 그런데 문제는 나 같은 교수들은 생활에서 만나는 대부분의 사람들이 특정 분야 전공자들이라는 점이야. 대학원생들이 그렇고, 동료 교수들이 그렇고, 학회에서 만나는 사람들이 모두 관련 분야 전문가들이잖아. 그런데 짧은 시간에 많은 이야기를 나누어야 하기 때문에 일반인이라면 평생 살면서 한 번도 들어보지 못한 용어들을 어린애들도 아는 용어로 간주하고, 약어를 사용하는 경우가 많단다. 드라마 등에서 의사들이 나와서 서로 주고받는 말들을 옆에 있는 환자들이 못 알아들어서 재차 질문하는 경우를 많이 봤을 거야." 스토킹 교수는 자신의 실수를 장황하게 그 이유를 들어 설명했다.

"그럼 재고가 뭐예요?" 이야기 초반부터 많이 나온 말이지만 정확한 정의를 내리기 힘들었던 재고에 대해서 민우는 먼저 질문을 하였다.

"참 어려운 질문을 하는구나. 나도 막상 대답하려니, 이것이다라고 말하기 곤란한데. 음. 이렇게 정의하면 어떨까 싶다. '팔기 위해 준비해 놓은 것' 말이야. 네가 신문을 새벽에 보급소에서 사서 가지고 오잖아. 그게 재고지. 여기 식당에선 불고기, 양파, 김치 모두 재고라고 할 수 있지." 스토킹 교수가 대답하였다.

"그런데 신문들을 보면, 재고문제 골치 아프다는 기사가 가끔 나오잖아요. 마치 거기서는 안 팔린 것을 말하는 것 같은데요.

팔리기 위한 것이라면 그렇게 고민할 필요는 없잖아요.” 민우는 어떤 이야기를 할 때, 비평하는 버릇이 있었다. 늘 불경스럽게 보이면 어떻게 하지 하는 불안을 안고 있었지만, 말하지 않으면 안 될 것 같아 솔직하게 물어보고 비평하곤 했다. 특히 교수가 어떠한 질문도 괜찮다고 하니까 민우는 스스럼없이 물었다. 초등학교, 중학교, 고등학교를 거쳐 오면서 이러한 비평 아닌 비평에 의해 어려움을 겪은 적도 많았다. 사람들은 곤란한 질문을 하면 인신공격으로 응수하곤 했다. ‘네가 날 테스트하는 거냐?’ 하는 직접적인 불만 표출을 많이 들었다. 심지어는 과외선생님이나 학원 선생님께 물어보라는 식으로 넘겨버리기도 했다.

“똑똑하구나. 네 말이 맞다. 팔리기 위한 것인데, 사람들 사이에선 안 팔리는 것으로 오해를 받고 있단다. 안 팔린 것도 재고가 될 수 있다. 만약에 안 팔린 것이 있는데, 이것을 폐기처분해야 한다면 재고라고 할 수는 없지. 예를 들면 말이다. 네가 신문을 팔다 남은 것 있잖아. 저녁이 되어도 안 팔린 것, 더 이상 팔 수 없는 신문은 재고가 아니지. 하지만 만약 폐지상에 팔 것이라면 재고라고 할 수 있지. 하지만 신문으로서의 가치는 아니잖아.” 교수는 예를 들어 설명하면서 민우의 이해를 도왔다.

“무슨 말씀이신지 알아듣겠어요. 제가 재고에 대해 잘못 알고 있었나 봐요.” 민우가 대답했다. 민우는 재고에 대해 명확하게 이해할 수 있었다. 주변 사람들이 교수님 옆으로 지나갈 때마다 축하한다고 하면서 인사를 했다. 교수님은 감사합니다라고만 할 뿐 반기는 기색은 아니었다.

“잘 먹었습니다, 교수님. 바쁘실 텐데 저 같은 사람한테 이렇게

맛있는 밥도 사주시고, 집에 가서 자랑해야 할 것 같습니다." 민우의 이 말에, 교수는 이제부터 자기가 민우에게 물어볼 것이라고 감사의 표현을 너무 빨리 하는 것 아니냐고 했다. 민우는 무슨 질문이라도 아는 대로 다 대답해주겠다고 했다. 교수가 민우에게 처음 질문한 것은 수요예측 방법에 대한 것이었다. 하지만 민우는 수요예측이 무엇인지 몰랐다.

"아, 그러니까… 아침에 신문을 보급소에 받으러 갈 때, 몇 부를 받을 것인지 결정해야 하잖아. 그 결정을 어떻게 하지?" 교수는 민우가 알아들을 수 있도록 구체적인 예를 들어 질문하였다.

"그걸 수요예측이라고 하나요? 음. 그건 그렇게 어렵지 않아요. 주로 어저께 몇 부가 팔렸더라 생각하고 그것보다 조금 많게 가지고 오거든요. 어제는 300부가 팔렸으면 오늘은 330부 정도 이렇게요." 민우는 가장 일반적인 경우를 교수에게 설명했다. 교수의 질문은 이어졌다.

"지난번에 말이다. 네가 프로야구 이야기를 하지 않았니?" 민우의 대답이 따랐다. "그래요. 프로야구 결과도 중요한 것 같더라고요. 교수님께서 사시는 경제신문하고 스포츠신문하고 있는데, 경제신문 같은 것은 팔리는 게 거의 똑같아요. 큰 변화가 없어요. 근데 스포츠신문은 매일 달라지더라고요. 그래서 제가 살펴보았죠. 엘지 트윈스하고 롯데 자이언츠가 이기고 난 다음 날에는 스포츠신문이 많이 팔리더라고요. 엘지 트윈스보다는 롯데 자이언츠가 이겼을 때가 훨씬 많이 팔려요. 롯데 팬이 많은가 봐요. 이건 저만 아는 비밀인데요. 오늘 불고기 사주셨으니까 제가 가르쳐드리는 거예요." 민우의 대답에는 힘이 있었다.

"그럼. 그런 걸 숫자로 만들어보았니? 그러니까 어제께 팔린 양에다 얼마를 곱하고, 롯데가 이겼을 때 얼마를 곱한다는 것 말이야." 교수의 이어지는 이번 질문에 대해 민우의 대답은 힘이 없었다.

"그러면 완전히 너의 감으로 하는구나. 물론 프로야구 정보는 있지만 말이다." 교수의 질문은 계속 이어졌다.

"그걸 숫자로 만들 수 있나요?" 민우는 대답대신 질문으로 응수했다.

"중학교나 고등학교 때 평균이나 표준편차 그런 것 안 배웠니?" 역시 교수 또한 질문으로 응수했다.

"뭐 그런 건 배우지만, 그게 이거랑 무슨 상관이 있다고 그러세요?" 민우의 대답은 교수의 질문에 한발 물러선 느낌을 주었다.

"그러면 말이다. 돈을 많이 벌게 해줄게. 그러니 내 말 대로 따라 해볼래?" 돈을 많이 벌게 해준다는 말에, 민우는 선뜻 그러겠다고 대답했다. 생활비를 벌어야 하기 때문이기도 하지만, 저 유명하신 분께서 엉뚱한 소리를 하실까 싶어서였다. 그리고 교수는 아무 말도 하지 않았다. 후식으로 교수는 커피를 마셨고 민우는 아이스크림을 먹었다. 식당에서 나와 학교 정문까지 걸어가면서도 교수는 아무 말도 하지 않았다. 민우는 그저 대학 캠퍼스의 봄 전경을 구경하고 있을 뿐이었다. 헤어지려는데 교수가 "너 집에 가서 수학책을 열어서 평균과 표준편차가 무엇인지 공부 좀 해봐라. 그리고 그걸 신문 파는데 한번 응용해봐라." 무슨 의미인지는 모르겠지만, 수학에는 자신 있었던 민우는 그러겠다고 하고 인사를 했다. 그리고 발길을 학교 정문 쪽으로 향했다. 교수는 꾸부정한 모습으로 무슨 고민을 그렇게 하는지 땅만 보면서 걸어갔다. 옆에

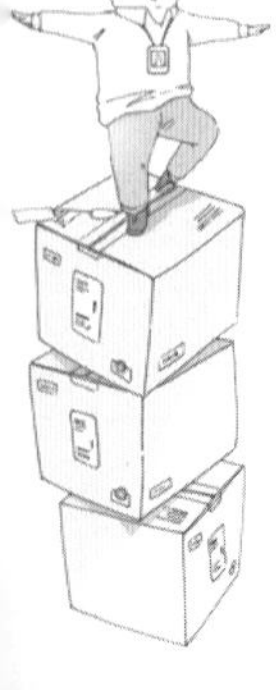

서 연신 사람들이 인사를 했지만 별 반응이 없었다.

* * * * * *

민우는 집에 돌아와, 수학책을 뒤적였다. 평균과 표준편차에 대해 장황하게 설명되어 있었다. 그다지 새로운 것은 없었다. 어떤 것의 대표값으로 중앙값, 최빈값, 평균, 사분위값 등이 있는데 가장 많이 쓰이는 것이 평균이었다. 표준편차는 각 값에서 평균을 뺀 것을 제곱하고 이를 횟수로 나누고 루트를 씌우면 되었다. '도대체 이런 것들이 왜 필요한 것이야? 이게 신문 파는 것과 무슨 상관이람. 그래도 교수님께서 알아보시라 하니까 알아는 봐야지.' 민우는 여러 가지 숫자를 놓고 평균도 구해보고, 표준편차도 구해봤다. '고등학교 때 우리 반이 지난 기말 시험에서 일등을 했다는 것이 우리 반 학생들의 점수 평균이 다른 반보다 높았다는 뜻이군. 뭐 말 그대로 대표하는 값이라고 해도 되겠군. 그런데 표준편차는 어디에 쓰일까? 이건 정말 모르겠다. 내일 교수님께 여쭤봐야겠다.' 잠자리에 들어서도 민우의 머릿속에는 온통 숫자만 아른거렸다. 눈을 감았는데도 7, 8, 9, 5, 4 들이 마구 떠다녔다. 6이라는 숫자가 나타나더니 목을 조르는 것 같았다.

* * * * * *

민우는 오늘도 일찍 일어나 보급소로 갔다. 일반적으로 신문은 전철이나 지하철로 배달되었다. 역마다 제공해주는 사람들이 있어서 신문을 쉽게 받을 수 있었다. 하지만 민우는 예전부터 동네에 있는 신문 보급소를 이용하였다. 지하철역 내의 신문가판대를 운영하려면 중앙에서 제공되는 신문을 이용하는 것이 여러모로 편리하다는 것을 알고 있었지만, 오랫동안 이용하고 있는 동네 신문 보급소에서 신문을 받아가는 것이 민우에게는 편했다. 신문 보급소장 아저씨와 오랜 인연의 결과라고 할 수 있었다. 오늘은 지수가 옷을 말끔히 차려 입고 민우를 기다리고 있었다. 오늘부터 신촌에 있는 빵집으로 출근한다고 하였다.

"오빠는 매일 아침 신문을 받아가는 것이 힘들지 않아? 덕분에 난 오빠 볼 수 있어서 좋긴 한데, 왜 고생을 사서 하는지 몰라. 우리 아빠에게 신문 받는다고 해서 특별히 싸게 사는 것도 아닐 건데." 지수는 민우와 버스에 나란히 앉으면서 말했다. 민우는 지수가 도와주어 쉽게 버스에 탈 수 있었던 것에 대해 고맙게 생각하던 참이었다.

"그래도 어떻게 그러니, 5년 가까이 날 도와주셨는데, 살기 좀 편하게 되었다고, 다른 곳으로 옮기면 어찌 인간이라 할까?" 민우는 평소 생각을 지수에게 가감없이 이야기했다. 지수도 그런 민우가 마음에 들었다. 아빠를 도와준다는 생각이 아니라 늘 한결 같은 데서 믿음이 갔다. 보급소장인 지수 아빠도 늘 성실한 민우에 대해 입에 침이 마르도록 칭찬하곤 하였다. 심지어는 나중에 결혼하게 되면 민우 같은 남자랑 결혼해야 한다고까지 말하곤 했다. 지수는 민우가 신문을 팔고 있는 가판대까지 신문을 함께 운반해주었다. 그리고는 좋은 하루가 되라면서 손을 흔들고 종종걸음으로 사라졌다.

* * * * * *

오전 6시 30분, 역시 스토킹 교수가 신문을 사러 왔다. 교수는

민우에게 대뜸 질문을 하였다. “굿모닝, 오늘은 몇 부나 가지고 왔니?”라고. 민우는 300부라고 대답했다. 교수는 일자별로 나누어진 다이어리용 수첩을 꺼내 날짜에 맞게 숫자를 300이라고 써넣었다.

“그런데요, 교수님, 평균은 알겠는데 표준편차는 뭐예요?” 민우가 교수에게 물었다.

“평균을 안다고? 다행이네. 그러면 평균과 너의 신문 파는 일과 무슨 상관이 있는 것 같니?” 교수도 민우에게 물었다

“네? 그것까지는 생각 못해봤는데요. 수학책에 어떤 집단을 대표하는 값으로 중앙값, 최빈값, 평균 등등을 사용한다고 하더라구요. 예를 들어 고등학교 때 우리 반이 학기말 시험에서 1등 했다면 그게 우리 반 아이들의 점수의 평균이 다른 반보다 높았다는 것을 알았어요. 그러니까 우리 반을 대표할 수 있는 숫자가 있어야 서로 비교를 할 수 있잖아요. 그러니까 어떤 집단의 대표값이 평균이라는 것이죠.” 민우는 어제 공부한대로 대답했다. 민우의 대답은 이어졌다.

“우리 신문팔이들의 평균 판매부수를 구하라는 것인가요? 서울 시내 각 역마다 있는 신문팔이들이 하루에 얼마나 신문을 팔고 있는지 그 평균을 구하면 되는 것인가요?” 민우의 대답에 교수는 기가 막혔다.

“어휴, 그렇게 하려면, 아니 그걸 알려면 너 신문 판돈으로 알 수나 있겠냐? 잘 생각해봐라. 처음이니 좀 가르쳐 주지. 네가 감으로 오늘 몇 부나 팔릴 것이라 정한다고 하였지? 그 직감은 아마도 지난 날들의 판매 경험에서 나온 것이겠지. 3일 전에는

300부, 2일 전에는 400부, 어제는 500부를 팔았다고 하면, 오늘은 600부라고 예상할까?" 스토킹 교수는 그렇지 않다는 투로 민우에게 물었다.

"그건 아니죠, 많이 팔릴 때도 있고, 적게 팔릴 때도 있으니까요. 며칠 계속 증가하였으면 증가할 것이라고 생각은 하겠지만, 그래도 한 400부 정도라고 생각하지 않을까요?" 민우의 대답은 스토킹 교수가 예상한 답을 벗어났다. 제3의 대답이 나온 것이었다. 하지만 교수의 대화 의도에서 벗어난 대답은 아니었다.

"자. 그럼 네가 그렇게 생각하는 이유는 무엇이니? 네 머릿속에서는 과거에 대한 대표값을 찾고 있는 거란다. 네가 집단을 대표하는 값이 평균이라고 하지 않았니? 그럼 몇 부 팔렸는지에 대한 것도 하나의 집단이 될 수 있단다. 집단이 사람만을 뜻하지는 않는 것이지." 교수는 이제는 민우가 이해하였을 것이라 예상하였다.

"그러니까, 예전에 팔았던 것에 대한 평균을 구해서 제가 오늘 팔 양을 정한다는 이야기세요?" 민우의 대답은 교수의 예상을 벗어나지 않았다.

"과거가 미래를 지배한다고 봐야지. 오늘 몇 부가 팔릴지, 내일 몇 부가 팔릴지는 아무도 모른다고 봐야지. 그러니까 어차피 모르는 것인데, 그제가 어제와 비슷하고, 오늘은 어제와 비슷하다면, 오늘도 과거의 연속이 되지 않겠니?" 스토킹 교수는 평균을 통해 수요를 예측하는 과정에서의 기본적인 전제가 과거에 의존한다는 것을 부연설명하였다.

"하지만 말이에요. 교수님. 3일 전에 300부, 2일 전에 400부, 어제 500부 팔렸으면, 오늘 400부가 아니라, 600부 팔릴 것이라 보는

사람도 있을 것 같은데요." 민우는 또 다른 의문점을 제시하였다.

"그건 말이다. 평균, 표준편차에 대한 이해가 끝나면 알려주려고 했는데, 벌써 그런 걸 생각하였구나. 그래, 그런 걸 추세라고 한단다. 과거에 보니까 하루 많았다가 그 다음 날에는 적었다고 한다면, 어제 많이 팔렸으니 오늘은 적게 팔리겠구나 생각할 수 있겠지? 민우 네가 말한 것처럼 며칠 동안 계속 올라가면 내일도 올라갈 것이라고 생각하겠지? 내려가는 경우에도 마찬가지고, 관성이라는 것을 알지? 막 달려가다가 멈추려면 달리는 관성이 있어서 계속 앞으로 나가려는 힘을 가지게 되는 것. 그 관성이 신문 판매에도 있을 수 있단다. 신문 판매부수가 하나의 생물체라고 생각해봐. 얘가 계속 높이 올라가는지, 내려가는지 이러 저리 방향 없이 떠돌아다니는지 예전의 판매량을 보면 알 수 있겠지?"

"음. 이해가 갈 듯 말 듯 한데요." 민우는 고개를 갸우뚱하면서 대답했다.

"곰곰이 생각해보면 네가 하는 일과 많이 관련되어 있을 것이다. 난 이제 가봐야겠다. 수업 준비를 해야 하거든." 교수는 이 말을 뒤로 하고 총총히 사라졌다. 민우는 교수의 등에 대고 감사하다는 말과 가벼운 목례를 취하였다. 언제 봐도 꾸부정한 자세로 뭘 골똘히 생각하는 모습은 교수의 트레이드마크인가 하는 생각이 들었다.

* * * * * *

민우는 다음 날 늦잠을 잤다. 교수의 말을 이해하려 애쓰다 늦게 잠들었기 때문이었다. 민우는 보급소로 부리나케 뛰어갔다. 지수는 시계를 보면서 민우가 오는 방향을 향해 서 있었다. 민우가 멀리서 나타나자 지수가 빨리 오라고 손짓을 하였다. 신문은 이미 모두 들고 가기 좋게 쌓여 있었다. 왜 이렇게 늦었냐는 지수의 질문에 민우는 그냥 좀 생각할 게 있어서라고 얼버무렸다. 지수는 더 이상 꼬치꼬치 캐묻지 않았다.

신촌으로 향하는 버스 안에서, 민우는 지수에게 김석현 교수에 대한 이야기를 해주었다. 세계적으로 유명한 교수님께서 왜 자기를 도와주려고 하는지 이상하다는 이야기, 괴짜 같은 특성은 있지만 믿음이 간다는 이야기, 평균과 표준편차에 대한 이야기 등을 빠짐 없이 말했다. 지수도 처음에는 의아해 했다. 세상에 얻을 것 없는 일을, 그것도 공짜로 해주는 사람을 본 적이 없었기 때문이었다. 빵집에서 지수가 일할 때도 마찬가지였다. 자신이 일당을 받을 때도 100원 단위에서 불만이 생기기도 했다. 덜 받는 경우는 있어도 더 받는 경우는 없었다. 주는 쪽도 늘 덜 주려고 하였다. 알 수 없는 세상에 사는 사람들의 알 수 없는 행동이라고 서로 결론을 맺었다.

* * * * * *

오전 7시가 지났음에도 스토킹 교수가 신문을 사러 오지 않았다. 민우는 교수가 아픈 것 아닌가 생각하다가 '나 같은 놈한테 시간 내서 가르쳐주실 리가 없지'라는 생각도 하였다. 민우는 가지고 온 신문을 예정보다 일찍 모두 팔았다. 보급소에 가서 신문을 더 가지고 올까 생각도 했지만, 오늘은 지수나 만나러 가야겠다는 생각으로 가판대를 정리하고 있었다. 그 때 어느 여학생과 남학생이 같이 걸어오더니, 여학생이 불쑥 쪽지를 내밀면서 말했다.

"전 김가람이라고 해요. 민우 오빠 맞죠?"

"네. 누구시지요?" 민우는 지난번 교수님과 함께 갔던 여학생이라고 짐작했지만 확신할 수는 없었다.

"저는 김석현 교수님 딸이에요. 저희 아빠가 이것좀 전해달라고 하셔서요." 가람은 민우에게 A4용지 하나를 내밀면서 말했다.

"그런데 교수님께선 어디 아프십니까? 매일 아침에 신문 사러 오셨는데 오늘은 안 오셨거든요."

"우리 아빠 당분간 못 오실 거예요. 미국에 출장가셨거든요. 지난번에 난제를 풀었다고 시상식이 있나봐요. 뉴욕까지 가신다고 하셨으니까 꽤 오래 걸리실 거예요." 가람의 대답에 적잖게 실망스러웠지만, 내색할 수는 없었다.

"너네 아빠, 미국에 가셨어? 그럼 언제 오시는데?" 가람의 옆에 있던 남학생이 불쑥 끼어들면서 가람에게 물었다. 그 남학생의 머리엔 헤어젤이 잔뜩 칠해져 있어 태풍이 불어도 머리털 하나 움직이지 않을 것 같았다. 동시에 진한 애프터쉐이브 냄새를 풍기고 있었다. 고등학생인 것 같지만, 입고 다니는 폼새나 행동은 대학생이나 어른과 같았다. 빨간색 남방을 입고 있었고, 남방에 새겨진 로고의 크기가 보통 티에 있는 로고보다 컸다. 민우는 어울리지 않는 두 사람이 같이 다닌다고 생각했다. 건방져 보이는 이는 대벌이로 가람이의 오랜 친구였다.

"정확히는 몰라. 두 달쯤 걸리시지 않을까? 아빠가 비행기 공포증이 있어서 배타고 가신다고 하셨거든." 가람이 대답했다.

"뭐? 미국까지 배로 갔다 오신다고? 야, 이거 큰일 났다. 다음 달에 있을 수학대회 시험에 너네 아빠가 출제위원이시지 않니?

나 이번에 그 시험 보려고 말이야. 문제는 출제하셨데?" 대벌이가 비굴한 표정으로 가람에게 물었다.

"대벌이 너, 너는 나보다 더 우리 아빠에 대해 잘 알고 있니? 나는 전혀 몰랐었는데." 가람은 조금 불쾌한 표정으로 대벌이를 쳐다보았다.

"가람이 너에게 무슨 시험문제 안 가르쳐 주셨니?" 대벌이는 계속해서 물었다.

"우리 아빠가 어떤 분이신데 그런 걸 가르쳐 주시겠니?" 이제 그만하라는 표정으로 가람은 대벌이를 쏘아보았다.

"아빠가 오빠 모르는 것 있으면 도와주라고 하셨어요." 가람은 대벌이 말을 무시하고는 민우에게 돌아서서 상냥하게 말했다. 무시당한 대벌은 기분 나쁜 표정이 얼굴에 역력했다. 고등학생으로 보이는 애가 자기를 뭘 어떻게 도와준다는 것인지 민우로서는 이해할 수가 없었다.

"저 실례지만 몇 학년이세요?" 민우가 가람에게 물었다.

"저 고3인데요." 가람이 대답했다. 고등학생이라는 것을 확인한 민우는 어이없다는 표정을 지었다.

"너네 아빠는 무슨 신문팔이에게 이렇게 관심을 보이시니? 불우이웃 돕기 할 거면 한 10,000원 줘버리고 말지." 대벌이는 대수롭지 않다는 듯 불쑥 말을 뱉었다.

"걔 말은 안 들은 것으로 하세요. 걔는 만사가 좀 삐뚤어져 있거든요." 가람은 대벌이의 말에 민우가 속상해할까 걱정하면서 민우에게 말했다. 앞으로 두 달 동안 누구에게 물어봐야 할지 민우는 걱정이 되었다. 고등학생이라 가람을 무시하는 것은 아니지만,

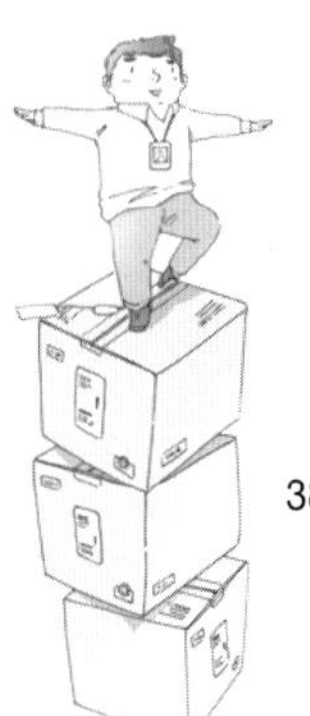

사실 뭘 알까 하는 생각이 민우를 떠나지는 않았다. 민우도 작년 한 해 수험생으로 공부는 많이 했지만, 현실과는 정말 괴리된 공부였다는 것을 느낀 바 있기 때문이었다. 가람이가 내민 쪽지는 A4 용지로 두 장짜리였다. 마구 갈겨써서인지 잘 알아볼 수가 없었다.

민우 군

잘 보게나. 직접 만나 설명 못해 미안하군.
신문 팔리는 것을 수요라고 한다면, 수요는 하나의 집단이 될 수 있지. 그러면 수요를 대표하는 값으로 평균을 들 수 있겠지? 평균은 수요를 대표하는 값이지. 평균을 구할 때는 그 집단에 며칠 동안의 값을 가지고 평균을 구할 것인지에 대한 것이 또한 중요하단다. 지난 3일 동안의 수요를 가지고 평균을 구하면 3일 이동평균이고, 30일 동안의 평균을 구하면 30일 이동평균이 되지. 이동이라는 말을 쓴 것은 매일 매일 그 집단에 들어가는 숫자가 하루씩 이동하기 때문이지. 3일 이동 평균이면 3일 전부터 어제까지의 수요가 포함되고, 내일이 되면 2일전의 수요에서 오늘의 수요까지가 포함되는 것이지.

표준편차는 지난 수요가 평균으로부터 떨어져있는 평균 거리를 말한단다. 표준편차도 평균의 개념을 사용하는 것이지. 지난 30일 동안의 평균이 100인 두 집단이 있다고 하자. 한 집단은 많을 때는 200을 보이고, 적을 때는 0값을 가지기도 하면서 들쭉날쭉이고, 한 집단은 30일 동안 많게는 102에서 적게는 98 사이의 값만 보였다고 하자. 앞의 집단에서의 평균 거리는 뒤의 집단에서의 평균 거리보다 크게 되지? 만약 앞의 집단에 대해 내일의 수요가 100이라고 이야기 한다면 이 이야기는 어느 정도 믿을만한가? 내일의 수요도 과거와 같이 움직인다면, 0이 될 수도, 200이 될 수도 있어 불안하기 짝이 없지. 98에서 102사이를 왔다갔다하는 경우에 대한 내일의 수요를 100이라 이야기하는 것은 별 부담이 없지. 그렇게 될 가능성이 매우 높기 때문이지.

초등학교 시절, 삼각형에 대해 배웠을 것이네. 2개의 삼각형이 있을 때, 이것이 합동인지 아닌지 구별하는 법을 배웠을 거야. 평균과 표준편차를 삼각형에 빗대어 이야기해보도록 하지. 다음과 같은 2개의 삼각형이 같다고 볼 수 있을까? 물론 같지 않지. 하나는 밑면이 10센티미터, 높이가 20센티미터이고 또 다른 하나는 밑면이 20에 높이가 10센티미터이니까. 두 삼각형의 면적은 100제곱센티미터로 동일하지. 하지만 우리는 이 두 삼각형은 다르다고 하지. 면적이 같다고 같은 삼각형이 아니듯, 평균이 같다고 같은 집단이라고 할 수 없단다.

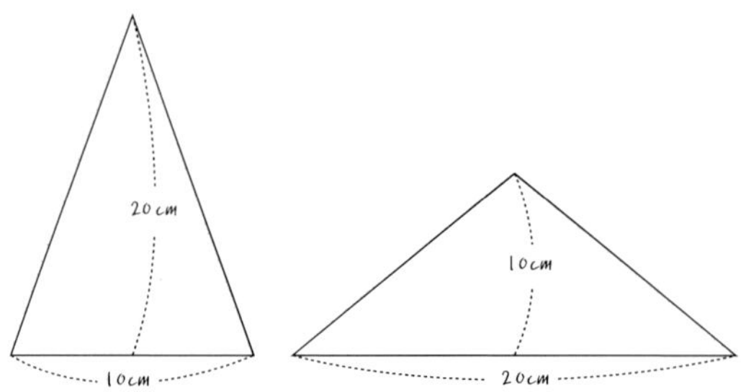

표준편차는 퍼져있는 정도를 말한단다. 위에서 평균으로부터 떨어져 있는 거리의 평균이라고 했지? 표준편차가 크다는 것은 널찍한 삼각형이라고 할 수 있고, 표준편차가 작은 경우는 뾰족한 삼각형이라고 할 수 있지. 그래서 수요를 알려면 평균과 표준편차를 알아야 해. 마치 삼각형에서 그 모양을 가늠할 수 있듯이 말이야. 그래도 모든 것을 알 수는 없단다. 대강의 모양만을 결정할 수 있다는 것도 알고 있어야 해.

지금쯤이면 신문 파는 것과 평균 및 표준편차의 관계를 알게 되지 않았을까 기대한다. 자네가 생각하는 신문 수요는 평균과 표준편차를 알아야 그 모습을 알 수 있겠지? 오늘은 신문이 많이 팔렸으면 좋겠네.

그리고 내가 당분간 한국에 없으니, 뭐가 궁금한 것이 있으면, 내 딸 가람이에게 물어보렴. 걔가 자네보다 나이는 어려도, 수학에는 천재란다. 가람이 핸드폰 번호는 012-3456-7890이다.

스토킹 교수로부터

두 사람이 돌아가고, 스토킹 교수의 쪽지를 읽은 다음, 민우는 두 번째 페이지를 가판대 유리창에 붙였다. '면적은 평균이고, 모양은 표준편차라고', '신문 팔린 것이 수요이고, 수요는 하나의 집단이고, 하나의 집단은 평균을 가진다' 민우는 계속 이런 생각들을 하면서 신문을 팔았다. 신문을 팔다가 삼각형들을 쳐다보고, 삼각형을 쳐다보다가 신문을 팔았다. '내일부터는 얼마가 팔리는지 기록해야겠다. 그래야 평균을 구할 수 있을 테니까.' 민우는 월, 화, 수, 목, 금요일의 신문 판매부수를 적어보았다.

날짜	판매부수
월	500
화	180
수	360
목	400
금	400
평균	368
표준편차	117

민우는 평균과 표준편차를 구했다. 월요일에는 많이 팔려서 가져간 500부 모두 팔렸고, 화요일에는 월요일에 프로야구가 없어서인지 신문이 잘 안 팔렸다. 180부였다. 목요일과 금요일에는 400부씩 가지고 나왔는데 모두 팔았으니까 400부 이렇게 적으면 되겠구나 생각하면서 민우는 평균과 표준편차를 구했다. 평균은 368부이고 표준편차는 117부였다.

'뭐 쉽네, 그러면 이번 주에 368부를 판 셈인가? 아니지 하루에 368부씩이니까 5를 곱해서 1,840부를 팔았군. 하나에 500원에 팔았으니까 모두 92만원을 벌었군. 내가 그렇게 돈을 많이 벌었다고? 아닌데, 아 참! 신문 사가지고 온 돈을 생각 안 했군. 한 부에 250원 주고 사왔으니까 이것을 전체에서 빼면 1,840부 곱하기 250원을 곱한 값이 46만원이니까, 전체 번 돈 92만원에서 46만원을 빼면 46만원이 남는군. 이것이 내가 지난주에 신문을 팔아 번 돈이군. 하지만 이렇게 많이 벌지는 못했는데.' 민우는 이리저리 계산해 보았는데, 이상하게도 실제로 자기가 번 돈과 계산에서 나온 번 돈 간에는 큰 차이가 있었다.

'정말 이상하네. 왜 내가 번 돈과 다르지. 도대체 내가 뭘 잘 못 한 거야.' 민우는 아무리 궁리를 해봐도 알 수가 없었다. 다시 창문에 붙여 놓은 삼각형을 보면서 민우는 스토킹 교수가 언제 올지 생각해보았지만 교수가 떠난 지 일주일밖에 지나지 않았다. 지수와 만날 때마다 궁금증에 대해 물어보고 상의해보았지만 뚜렷한 답을 얻지는 못했다.

* * * * * *

민우의 눈이 삼각형 그림 아래 붙여진 가람의 전화번호에 머물렀다. '가람이에게 전화를 해볼까' 몇 번을 망설이다가 결국 전화를 걸었다.

"여보세요. 가람인데요."

"저 혹시 기억하시겠어요? 신촌역에서 신문을 팔고 있는 민우라고 하는데요."

"네, 알아요. 안 그래도 전화가 왜 안 오나 걱정하고 있었는데. 오빠. 저보다 나이가 많으시니까 오빠라고 할게요. 괜찮죠?"

"응. 괜찮아. 언제 신촌역, 내가 있는 곳에 올 수 있니? … 물어보고 싶은 게 있는데…" 민우의 목소리는 힘이 없었다. 고등학생에게 뭔가를 물어본다는 것이 대학생인 민우에게는 조금 부끄러운 것이기도 했다. 가람이가 오후에 들르겠다는 말을 하고서 둘은 전화를 끊었다.

오후에 약속대로 가람이가 들렀다. 가람이는 군청색 치마에 하얀색 블라우스를 입고, 작은 가방을 메고 있었다.

"이것은 지난 일주일 동안 신문이 팔린 양이야. 내가 평균과 표준편차라는 것을 구해봤거든. 교수님께서 모르는 것 있으면 너에게 물어봐도 된다고 하셔서…" 민우는 쭈뼛거리면서 평균과 표준편차가 적힌 표가 든 쪽지를 가람이에게 내밀었다. 쪽지를 받아본 가람이는 대뜸 "그런데 여기 표를 보면, 월요일에 500, 목요일과 금요일에 400씩 팔렸는데, 이렇게 딱 떨어지는 값이 나오나요? 신기하네요."라고 물어보았다.

"그것은 아침에 가지고 온 신문을 다 판 경우인데…" 민우가 대답했다. 그러니까 400부를 가지고 나왔고, 그것을 다 팔았으니 400부가 기록될 수밖에 없다는 민우의 부연설명이었다. 가람이 하나의 질문을 던졌다.

"음… 오빠. 판매량을 알고 싶은 거예요? 아니면 수요를 알고 싶은 거예요?" 가람이의 이 같은 질문은 민우를 당황케 했다.

"그게 그것이지. 무슨 차이가 있다고 그러니?" 민우는 그게 질문꺼리라도 되는 양 물어보았다.

"오빠는 어떻게 된 것이, 우리 아빠가 예상한 실수를 똑같이 하세요? 우리 아빠가 대단하신건가? 아빠가 미국 가시기 전에 저한테 이야기하셨거든요. '민우 오빠가 아마 평균을 구할 텐데 수요가 아니라 판매량을 가지고 올 거야'라고. 오빠 지금 이것 판매량 데이터 맞죠?" 가람이 웃으면서 물었다.

"응. 맞아." 아직 판매량과 수요를 구별하지 못하는 민우는 어리둥절하기만 했다.

"잘 들어봐요. 오빠가 500부를 가지고 왔는데, 3시에 다 팔렸다고 한다면, 월요일에 찾아 온 손님은 몇 명이에요? 그걸 알 수가 있어요?" 또박또박 말하는 것이 가람의 평소 성격이 그대로 묻어났다.

"너 어떻게 알았니? 나 그날 3시쯤에 다 팔았는데, 너 점쟁이니?" 가람의 말을 민우는 진지하게 받아들이지 않는 듯 이야기했다. 민우는 사실 적잖이 놀란 상태였다. 월요일 3시쯤 신문을 다 팔았었는데, 가람이 예를 들어 설명한 시간이 정확히 일치하였기 때문이었다.

"엉뚱한 이야기하지 말고요. 잘 생각해봐요. 오빠는 팔 수 있는 양을 알고 싶은 것이죠? 그러면 3시 이후에도 손님이 왔을 텐데, 그 때는 신문이 없어서 못 판 것이잖아요. 그러니까 월요일의 500부는 그날의 수요 그 자체가 아니겠죠?" 마치 어른이 아이를 꾸짖듯이 가람은 민우를 몰아갔다. 적절한 질문과 대답을 유도하는 소크라테스식 대화법을 통해 결론에 도달하는 방법을 이용하는 듯 했다.

"음. 이해가 간다. 내가 가지고 온 양보다 적게 손님이 오는 경우에는 정확한 수요량이지만, 내가 가지고 온 것보다 손님이

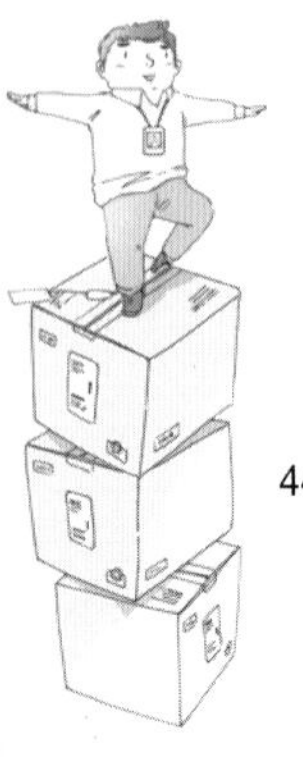

많을 때는 정확한 수요를 알 수가 없다는 이야기구나." 민우는 자신이 이해한 것을 확인하기 위해 설명했다.

"야, 민우 오빠. 한 머리하는데요. 생각보다 똑똑하단 말이에요. 우리 아빠가 오빠가 똑똑하다고 하시던데 빈말이 아니셨네." 생긋 웃는 가람의 얼굴에는 장난기가 넘쳐있었다.

"뭘 그 정도 가지고. 그러면 어떻게 해야 하는지 알고 있니?" 민우는 약간 얼굴을 붉히면서 물었다.

"우리 아빠가 그것까지는 이야기 안 해주셨는데요, 나보고 해결해보라고 이야기하셨거든요. 함께 고민 좀 해 봐야겠어요." 가람도 자신이 없는 듯 좀 전과는 다른 작은 목소리로 말했다.

"그럼 나도 고민해볼게. 너도 고민해보고 혹시 알면 좀 알려줘. 그리고 말끝에 요자는 빼는 게 어때? 별로 나이 차이도 안 나는구만. 계속 요요 하니까 내가 거북스럽다. 편하게 이야기해." 민우가 부탁했지만 가람이 이를 받아들이지는 않았다. 가람은 이미 어떻게 해결해야 할 것인지에 대한 생각을 하고 있었다.

"저기 옆 벤치에 앉아서 생각 좀 해볼게요." 민우의 대답도 기다리지 않고 가람이는 가판대 옆에 있는 벤치에 가서 앉았다. 민우가 준 종이 한 장을 쳐다보면서 이리저리 궁리하였다. '교수님께서 길을 걸어가실 때와 똑같은 표정이다. 부전여전이구만…'라고 민우는 생각하면서 계속 가람을 쳐다보고 싶었지만, 신문을 사러 온 손님을 맞이하느라 바로 눈을 돌려야 했다. 30분쯤 지난 뒤에 가람이가 갑자기 일어나 전화를 받았다. "여보세요. 대벌이니?" 가람이는 상대방의 이야기를 한참 들었다. "미안해. 내가 깜빡했어. 여기 신촌역… 어떻게 하지. 오늘은 못 갈 것 같은데." 가람이는 전화를 받으면서도 눈은 계속 종이를 뚫어져라 쳐다보고 있었다. 전화를 끊지도 않고 옆자리에 놓더니 가람이가 뭔가를 막 적기 시작했다. 전화기를 옆에 놔둔 것을 잊어버리고선, 벌떡 일어나 가람이가 민우에게 다가왔다. 계속 지켜보던 민우는 가람이가 자신의 가판대 앞에 서자 말을 했다. “너 핸드폰?” 민우는 눈짓으로 벤치를 가리켰다. 깜짝 놀란 가람이는 얼른 벤치로 가서 핸드폰을 접어 주머니에 넣었다. 상대방이 계속 가람이를 부르는 것 같은데 전혀 신경 쓰지 않는 것 같았다.

“누군데 그렇게 너를 찾니?” 민우는 지난번에 같이 왔었던 가람이 친구라는 것을 알면서도 확인하려고 했다. 가람이는 신경쓰지 말라고, 중요한 사람이 아니라고 했다.

“오빠. 몇 시에 신문을 팔기 시작해요? 그리고 몇 시까지 신문을 팔아요? 토요일과 일요일에는 신문을 팔지 않죠?” 가람이 세 가지 질문을 동시에 하였다.

“하나씩 물어봐.” 민우가 이렇게 응수했으나, 가람은 아랑곳하지 않았다.

“6시 30분에 팔기 시작해서, 4시 30분까지 일할 수 있어. 저녁에는 야간 대학에 가야 하거든.” 앞의 두 가지 질문에 대해 민우가 대답했다.

“그럼 하루에 10시간 일하는 거네요?” 3번째 질문은 아랑곳하지 않고 가람이 다른 질문을 하였다.

“아니. 가져온 신문이 다 팔리면, 그냥 학교에 가기도 하거든. 항상 4시 30분까지 있지는 않아.” 민우가 대답했다.

“그러니까 오빠가 하루에 신문을 파는 시간은 최대로 해서

10시간이네요. 그렇죠? 그러면 여기 판매량 옆에 몇 시쯤 완전히 팔렸는지 기억할 수 있어요?" 가람은 종전과는 달리 말하는 속도가 매우 빨라졌다. 민우는 가람에게서 종이를 받았다. 종이에는 이것저것 계산한 흔적이 남아 있었다. 천재는 악필이라고 했지만 가람이의 글씨체는 참 예뻤다. 마음씨도 곱고, 예쁘고, 글씨도 잘 쓰고, 공부도 잘한다고 하니, 어디 하나라도 빠지는 구석이 없었다. 민우는 건네받은 종이 위에 기억을 되살려 적어 나갔다.

날짜	판매부수	구매량	남은 양	끝난시간
월	500	500	0	4시
화	180	300	120	
수	360	400	40	
목	400	400	0	1시 30분
금	400	400	0	4시

민우는 종이에다 구매량(아침에 가지고 나온 양), 남은 양(안 팔린 양), 그리고 끝난 시간을 적었다. 일주일이어서 어려운 일은 아니었다. 이것을 보고 가람이는 맨 오른쪽 열에 수요를 계산해서 집어넣었다.

날짜	판매부수	구매량	남은 양	끝난시간	수요
월	500	500	0	4시	526.3158
화	180	300	120		180
수	360	400	40		360
목	400	400	0	1시 30분	571.4286
금	400	400	0	4시	421.0526

"어떻게 수요를 구한거니?" 민우가 가람이에게 물었다.

"하루에 10시간을 일하는데, 월요일에는 9시간 30분 동안만 일했잖아요. 만약 오빠가 신문을 더 가지고 왔으면, 30분 동안 더 팔 수 있었을 거예요. 간단한 비례식으로 9시간 30분 동안 500부를 팔았으면, 10시간이었으면 526.3158부를 팔았을 거란 얘기죠." 가람이 자신있게 대답했다.

"음. 알겠어. 간단한 비례식으로 수요를 계산할 수 있겠다. 실제로는 그랬을지 모르지만 말이야. 그런데 소수 4자리까지 암산할 수 있니?" 신기한 듯 민우는 가람이를 쳐다보았다.

"그 정도는 기본이죠 뭐." 가람이는 얼굴을 붉히면서도 은근 자랑스러운 표정을 지우지는 않았다.

"그러니까 네 말대로 하면, 내가 판매한 양이 아니고, 수요를 가지고 판매량을 결정해야 한다는 이야기지? 그래. 그게 맞는 것 같다." 민우는 상당히 중요한 깨달음을 가람을 통해서 얻을 수 있었다.

"그러면, 수요 계산하는 것도 알 테니까, 지난 한 달 동안 신문 수요를 계산할 수 있겠죠?" 가람은 별일 아니라는 듯 다시 표정을 바꾸었다.

"응, 알았어. 내가 오늘 학교 마치고 집에 가서 한번 기록해볼게. 내가 적어 놓은 게 어디 있을 것 같기도 해." 그동안의 궁금증을 가람을 통해 알게 되었고, 심지어 알지 못했던 것조차 알게 되어 민우는 매우 기뻤다. 민우의 그런 기쁜 표정은 가람이도 읽을 수 있었다. 길 지나가는 사람들 모두 민우가 매우 흥분되어 있다는 사실을 알 정도였다.

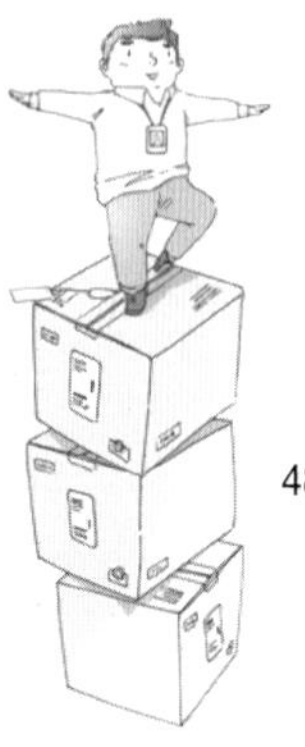

그때 대별이가 헐레벌떡 뛰어왔다.

"너 도대체 여기서 뭐 하는 거야?" 대별이는 가람이 앞에 서기도 전에 큰 소리로 물었다.

"응. 좀 바빴어. 미안해." 가람이는 미안하다고 말하면서도, 표정에서는 미안함을 별로 찾아볼 수 없었다.

"같이 영화보러 가기로 했잖아. 너 안 와서 그냥 왔잖아."

"영화는 무슨. 내가 언제 본다고 했니? 네가 일방적으로 보자고 했잖아."

"그래도 나온다고 했잖아. 그러면 약속은 지켜야지."

"내가 언제 나간다고 했어? 그 영화 재밌을 것 같다고만 했지. 오해했으면 미안해."

"너 이 신문팔이 때문에 안 온 거야?" 대별이는 민우를 쳐다보면서 가람이에게 물었다. 가늘게 치켜 올려진 눈매가 사나웠다.

"이 신문팔이라니. 말을 왜 그렇게 하니? 그리고 아빠가 오빠 도와주라고 하셨단 말이야." 대별이의 흥분된 목소리와 대조적으로 가람이는 차분하게 대답했다.

"신문팔이 도울 거라면, 돈 주면 되잖아. 할 일이 그렇게 없냐? 가람아. 내가 우리 아빠에게 말해서, 저 신문팔이 도와주라고 할게. 그냥 신문 100부쯤 사주든지, 10만원 주라고 하면 되잖아. 그러니까 이러지 마." 대별이는 안하무인격으로 민우는 아랑곳하지 않고, 마음 속 말을 그냥 내뱉었다.

"야. 너 자꾸 신문팔이. 신문팔이 그럴래? 우리 아빠는 민우 오빠가 참 똑똑하데. 나중엔 오빠가 잘 되었으면 좋겠다고 하셨단 말이야." 가람이의 목소리가 좀 전과 달리 높아졌다. 그리고는 가람이는 민우에게 한 마디 말도 하지 않고 홱 돌아서서 가버렸다. 그런 가람이를 대별이는 쫓았다. 계속 대별이가 가람이를 쫓으면서 말을 붙여보았지만 가람은 대꾸도 하지 않았다.

민우는 슬펐다. '신문팔이'라는 대별이의 말이 잠시 동안 귓속에 머물렀다. 하지만 곧 '뭐 어때서' 하면서 어깨에 힘을 주었다. '사실 이런 일이 한두 번인가?' 신문팔이를 처음 시작할 때는 민우도 부끄러웠다. 손님들이 찾아와도 눈을 맞추지 못하고 돈만 받는데 급급했었다. 그래도 신문을 팔아 생활비를 벌고 있으니 얼마나 고마운 일인가 생각하면서 마음을 잡곤 했었다.

* * * * * *

민우가 중학교 3학년 때였다. 그때까지는 여느 아이들과 같이 엄마와 아빠 아래에서 행복하게 살고 있었다. 졸지에 교통사고로 부모님을 여의고, 민우는 할머니 댁에 맡겨졌다. 할머니는 강단 있는 분이셨다. 민우의 할머니는 민우에게 천년만년 너를 보살펴줄 수도 없고 하니 네 스스로 살아가는 법을 배워야 하지 않겠냐고 늘 말씀하셨다. 큰돈을 벌라는 것은 아니고 용돈만이라도 민우 스스로 벌 수 있다면 할머니는 기쁠 것 같다고 하셨다.

그러던 어느 날 민우는 동네 시장가를 거닐고 있었다. 그 날도 민우는 이곳저곳을 기웃거리며 돈벌이를 찾고 있었다. 시장을 돌아나와 집 쪽으로 힘 빠져 걷고 있는데, '배달원 구함'이라는 표지판이 보였다. 신문보급소였다. 예전에는 신문, 요구르트, 우유 등 배달업무가 인기 직종이었다. 돈 많고 능력 있는 사람들이야 배달일을 일 축에도 넣지 않겠지만 가진 것 없는 사람들이 할 수 있는 일이라

고는 자신의 몸뚱아리를 굴리는 수밖에 없다. 어떤 사람들이 '돈 놓고 돈 먹는 것'을 꺼리겠는가? 번듯한 길목에 빵집을 내고, 삐까번쩍한 내부 장식을 하면 많은 사람들이 와서 물건을 살 것을 모르는 사람이 있을 리 없다. 하지만 그 종자돈이 없는 사람들은 종자돈부터 모아야 한다. 그 때까지는 내 몸뚱아리를 팔지 않으면 안 된다.

배달이라는 것이 몸뚱아리 하나로 되는 일이다. 때마침 그런 푯말을 볼 수 있었던 것은 어떻게 보면 운명일지도 모른다는 생각으로 민우는 보급소 안으로 들어섰다. 보급소 안은 휑했다. 신문이 어지러이 늘려 있을 것이라 생각했는데 그렇지 않았다. 자전거 2대가 오른쪽 벽면에 세워져 있었고, 가운데 쪽에 책상 하나가 있었다. 책상 위에는 아무 것도 놓여 있지 않았다. 오른쪽에는 가느다란 발만 4개 달린 큰 테이블이 하나 있었다. 현관 입구에서부터 가운데 책상까지는 대략 3미터 정도였고, 그 사이는 아무 것도 놓여 있지 않았다. 책상 뒤 쪽으로 미닫이문이 있었고 미닫이문 오른쪽으로 출입문이 하나 있었다. 보급소 안에는 아무도 없었지만, 미닫이문 안으로 불빛이 보이는 것으로 보아 안쪽에 사람들이 있는 듯 하였다. 미닫이 문 아래에 슬리퍼, 운동화, 구두가 흩어져 있어 안쪽에 사람들이 있다는 확신이 들었다. "계세요?"라는 민우의 말에 미닫이문이 열리고 한 아저씨가 나오셨다. 구레나룻이 덥수룩했고, 머리는 곱슬머리였고, 조금 뚱뚱한 편이었는데, 특히 배가 많이 나온 아저씨였다.

"무슨 일로 왔니?" 아저씨의 질문에, 민우는 문 앞에 붙은 배달원 구함 표지판을 가리켰다. 아저씨는 한동안 민우의 위아래를 흩어보시더니 경험이 있느냐고 물었다. 하루 이틀 나오다가 그만둬버리면 손실이 크니까 그냥 해보겠다는 생각이라면 아예 시작하지 않는 것이 좋다고 아저씨는 말했다. 민우는 열심히 해보겠다는 말만 계속 할 뿐이었다. 성실하게 생겼다고 하시곤, 내일부터 어디 한번 해보자고 아저씨가 말했다. 내일 새벽 4시에 보급소로 나오면 된다고 하였고, 자전거가 없으면 빌려 주겠다고까지 하였다. 예전에는 서로 하려고 했는데 요사이는 3D 업종이라고 기피한다는 말을 덧붙였다.

다음 날 새벽 4시에 보급소로 나가기 위해 민우는 간밤에 한숨도 잘 수가 없었다. 알람시계를 맞추어 놓았지만 잘 할 수 있을지 힘들지는 않을지 하는 걱정으로 밤을 꼴딱 새우고 말았다. 새벽 4시임에도 불구하고 많은 배달원들이 보급소에 와 있었다. 4시 10분쯤 되자 트럭이 도착하였고, 산더미 같은 신문들이 내려졌다. 신문만 돌리면 되는 줄 알았는데 아니었다. 광고 전단지를 신문 사이에 끼워야 했다. 보급소 안에는 전날 받은 전단지가 쌓여 있었다. 민우는 첫날이라 바로 배달을 나가지 않고 신문 사이에 전단지를 끼우는 일을 도왔다. 신문에 전단지를 끼우고 자전거 뒤에 싣기 위해 적절히 포장을 하고, 보급소를 출발하는 데에는 오랜 시간이 걸리지 않았다. 아저씨는 자전거에 신문을 싣고는 민우에게 따라오라고 했다. 민우가 맡을 구역을 하나하나 돌면서 설명해주겠다는 것이었다. 민우가 맡아야 할 구역은 아파트촌이었다. 총 150집에 배달해야 하는데 크게 2개 단지를 돌아야 했다. 아파트라 편할 것이라 생각했는데, 오히려 그 집이 그 집 같아서 실수를 많이 한다고 했다. 아저씨는 초기에는 집 주소를 외우려고 하지 말고, 적어서 다니는 것이 실수를 막을 수 있는 지름길이라는

조언을 하였다. 배달을 처음 시작하는 사람에게는 아파트와 같은 지역은 제공하지 않는데, 아저씨는 민우의 인상이 좋아 아파트를 할당한 것이라 말했다.

무거운 신문을 들고 한 집 한 집 배달하는 노동의 강도는 사실 크지 않았다. 하지만 크고 작은 사고들이 매번 발생하였는데, 그런 일들을 처리한다는 것이 간단치 않았다. 신문 보급소에선 3개월을 무료로 제공하고, 4개월째부터 신문값 고지서를 발송했다. 하지만 계획적으로 경품을 받고, 공짜로 신문 받아보다가 도망가버리는 경우가 종종 발생했다. 이런 일이 벌어지면 보급소로선 막대한 손해를 보기 때문에 보급소장은 이사를 갈지 안 갈지 판단하지 못했느냐고 닦달을 하였다. 사실 보급소장도 불가능하다는 것을 알고 있지만 안타까운 마음에 막소리를 해대는 것이었다.

민우는 때때로 인간적인 모멸감을 느낄 때도 있었다. 이런 일은 배달 일을 그만두고 싶게끔 만드는 가장 괴로운 상황이었다. 새벽 일찍 일어난 아줌마가 신문 배달 시점에 맞추어 현관문을 열고 나와서, 쓰레기를 버려달라며 봉투를 떠맡기는 경우도 있었다. 마치 아무 일이나 시켜도 괜찮다는 듯이 고맙다는 말도 없었다. 현관이나 복도, 엘리베이터에서 만난 사람들이 왜 그런 일을 하냐는 듯 쳐다볼 때는 쥐구멍이라도 찾고 싶어졌다. 어떨 때는 분명 배달을 했는데도 보급소로 전화를 걸어와 왜 신문을 배달해주지 않느냐? 이번 달 신문 값은 받을 생각하지마! 말하고선 전화를 끊어버리는 경우도 있었다. 이런 경우는 대부분 민우의 실수라기보다는 좀도둑 때문인 경우가 많았다.

어떤 집에서 3일 동안 신문을 받지 못했다고 보급소로 전화가 왔었다. 분명 배달을 했는데도 이상한 일이었다. 신문을 다 돌리고 난 다음, 아저씨와 민우는 그 집으로 가서 숨어서 살펴보았다. 8시쯤 되었을 때였다. 복도식 아파트의 맨 끝 집인 504호의 문이 열리고 501호인 집 앞으로 아저씨가 다가와서는 현관 앞에 놓여 있는 신문을 들고는 자기 집으로 들어가는 것이었다. 민우가 나서서 그 사람을 잡으려고 했는데 아저씨가 말렸다. 신문 한 부 때문에 도둑으로 몰아버리면 가만있지 않을 것이라는 거였다. 아저씨의 그런 생각을 민우는 이해하지 못했다. 당연히 잡아야 하는데 못 잡는 아쉬움만이 있었다. 아저씨께선 내일부터 504호 앞에도 신문을 배달하라고 하셨다. 민우는 어리둥절할 뿐이었다. 보급소장의 지시였으므로 민우는 504호에도 신문을 넣었다. 그리고 일주일 정도 지난 어느 날이었다. 민우가 5층에 신문을 넣으려고 계단을 올라가는데, 504호 아저씨가 문 앞에 서 계셨다. 아저씨가 민우를 부르더니 다짜고짜로 '내일부터 신문 받는 것으로 해 줘' 라고 말하더니 집 안으로 들어가 버렸다. 504호 아저씨는 자기 집 앞에 신문이 배달되는 것을 보고는 자신의 잘못을 알았고, 아무 말 없이 신문을 넣어주는 것에 대해 고마움을 느꼈던 것이었다. 민우는 사태가 이렇게 되어서야 보급소장의 뜻을 이해할 수 있었다. 신문 하나 넣는 것에 있어서도 철학이 있어야 한다는 생각을 할 수 있었다. 민우는 중 3때 시작한 신문팔이를 7년 넘게 해 오고 있다. 그동안 변한 것은 아파트를 돌면서 신문을 돌리다가 2년 전부터는 지하철역 가판대를 임대 받아 신문을 팔고 있다는 점이었다.

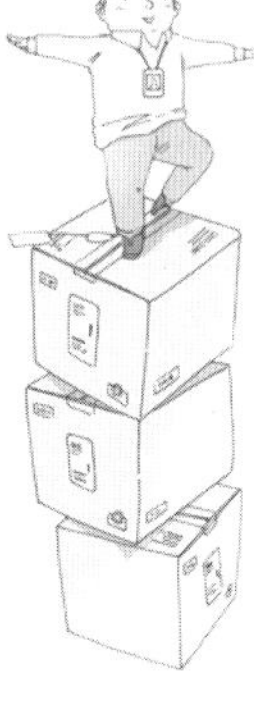

* * * * * *

민우는 수업시간 내내 울적했고, 그런 민우를 지수는 눈여겨보고 있었다. 지수는 민우에게 맥주 한잔 하고 집에 가자고 제의했고, 민우 또한 맥주 한 잔으로 모든 것을 잊고 싶었다. 민우와 지수는 가난에 대해 이야기하였고, 행복에 대해 서로의 생각을 공유했다. 가난은 되풀이 되어서는 안 되는 것이지만, 대물림될 수밖에 없는 구조라는 것을 슬퍼했다. 가난이 행복의 조건은 아니라는 것도 서로 동의했다. 만족하고 자족하고 살면 행복해진다는 것은 가진 자들이 가지지 못한 자들을 위해 만들어낸 논리인지, 아니면 가난한 사람들이 스스로 만들어낸 것인지에 대해 서로 물었고, 이것에 대한 대답을 구하지는 못했다. 결론이 있을 수 없는 이야기였다.

집으로 돌아온 민우는 밤늦게까지 지난 한 달 동안의 신문 판매량과 수요량을 체크해보았다. 일기장에 쓰인 것을 보고서, 하루의 생활이 어떠했는지 생각해보고, 대략 신문을 팔고 학교에 간 시간을 추정해보았다. 거의 기억이 났다. 민우는 이 기억을 바탕으로 다음과 같은 표를 만들었다.

민우의 5월 판매량

주	날짜	판매부수	구매량	재고량	완판시간	수요
첫째 주	월	500	500	0	12시	910
	화	210	400	190		210
	수	300	400	100		300
	목	360	400	40		360
	금	400	400	0	2시	534
둘째 주	월	500	500	0	12시 30분	833
	화	240	400	160		240
	수	400	400	0	3시	471
	목	270	400	130		270
	금	400	400	0	4시	422
셋째 주	월	500	500	0	1시	769
	화	150	400	250		150
	수	400	400	0	3시	471
	목	400	400	0	3시	471
	금	300	400	100		300
넷째 주	월	500	500	0	4시	527
	화	180	400	120		180
	수	360	400	40		360
	목	400	400	0	1시 30분	572
	금	400	400	0	4시	422
평균		358.5	420	56.5		438.6
표준편차		107.1779	41.03913	77.7496		211.0638

지난 한달 동안에는 총 20일 동안 신문을 팔았다. 토요일과 일요일에는 일을 하지 않아서, 4주 동안 총 20일이 된 셈이었다. 밤새도록 앉아서 표를 만들었다. 표를 만들고 보니 민우 스스로

대견스럽다는 생각을 했다. 단순한 산수만을 적용하였을 뿐인데도 뭔가 있어 보이는 표가 완성되었다. 민우는 기쁜 마음에 또박또박 알아보기 좋게 정리했다.

민우는 표를 책상 앞에 붙여 놓고는 이것저것 살펴보았다. 숫자 안에 뭔가 숨겨진 비밀이 있고, 그것이 무엇인지 찾아내려고 했다. 신문을 팔고, 학교를 다녀와서 피곤한데다, 자정이 훨씬 지난 시간이어서 민우의 눈이 저절로 감기는 듯 하였다. 하지만 민우는 보물을 찾기라도 하듯 잠을 쫓으면서 몇 가지 정리를 해보았다.

- 지난 5월에 20일 동안 일했다.
- 한달 동안 하루 평균 358.5부를 팔았다.
- 가람이가 알려준 대로 수요를 구했더니 하루 평균 438.6부가 나왔다. 수요가 438.6부나 되는데 내가 358.5부 밖에 못 팔았다. 내가 신문을 적게 가지고 나간 것 때문이다. 다음 주에는 신문을 더 많이 가지고 나가야겠다.
- 월요일에는 많이 팔리는 것으로 생각해서 500부를 들고 나갔는데, 그러면 월요일에는 좀 적게 가지고 가고, 화요일에서 금요일 사이에는 지금은 400부를 가지고 갔는데 다음 주부터는 조금 많게 가지고 가야겠다.

민우는 적은 것을 보면서, 벌써 돈을 많이 번 것처럼 기뻤다. '내가 만든 것을 가람이에게 보여줘야지. 내 머리도 이만하면 쓸 만하다니까'라고 생각하면서 민우는 잠이 들었다. 민우는 꿈속에서 가람이의 웃는 얼굴을 보았다.

* * * * * *

어느 월요일 아침이었다. 민우는 보통 때보다 일찍 일어났다. 새로 발견한 수요에 대해 한번 적용해보고 싶어 잠을 많이 잘 수가 없었다. 민우는 신문 보급소에 들렀다. 보급소 아저씨는 벌써 일을 하고 있었다. 지수도 나와서 기다리고 있었다. 보급소 아저씨는 늘 민우가 대견하다고 칭찬하였다.

"민우야, 오늘은 웬일로 이렇게 일찍 왔니?" 보급소 아저씨가 기쁜 마음으로 반겨주었다.

"안녕히 주무셨어요. 아저씨 오늘은 440부만 주세요." 민우의 목소리에는 자신감이 넘쳐 있었다.

"아니 왜 그러니? 지난 월요일에는 500부를 가지고 갔었잖아. 잘 안 팔리니?" 아저씨는 걱정스러운 듯 물었다.

"아뇨, 아저씨. 제가 평균과 표준편차를 이용해서 수요를 분석해보았어요. 그랬더니 438부의 평균이 나오더라구요. 그래서 440부를 가지고 가려고요. 2부 남지만 2부 정도는 조금만 더 일하면 팔 수 있을 것 같아서요." 민우의 대답에 보급소 아저씨는 의아해했다.

"표준편차가 뭐야. 그리고 수요는 뭐고 분석은 또 뭐야. 난 그런 거 모르는데. 하지만 말이다. 월요일에는 440부로 좀 모자라지 않을까? 네가 한 번도 월요일에는 반납하지 않았는데 괜찮겠니?" 워낙에 자신감 있어 보이는 민우였고, 이상한 용어들을 사용하는 터라 아저씨는 더 이상 민우의 440부에 반대하지 않았다. "걱정하지 마세요. 아저씨. 정확한 분석을 통해서 얻은 결과니까요." 민우는 여전히 자신감 있는 목소리로 말했다.

* * * * * *

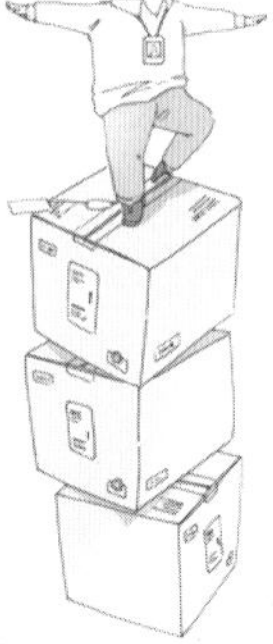

'오늘따라 신문이 무지 빠른 속도로 팔린다. 이것 큰일인데, 440부가 너무 적은 것 아니야?' 민우는 걱정이 되기 시작했다. 1시가 조금 지났을 뿐인데 벌써 거의 다 팔렸다. "스토킹 교수님 엉터리 아냐?" 민우는 혼자 중얼거렸다. 가지고 나온 신문이 모두 팔렸다. 스포츠신문이 제일 먼저 팔렸고, 일간지, 경제신문 순으로 팔렸다 스포츠신문을 사러 왔다가 다른 신문을 사가는 손님들도 많았다. 민우는 보급소에 갔다 오려니까 시간이 걸릴 것 같고, 더 이상 사려는 사람이 없을 것 같기도 하고 해서 그냥 가판대를 철수하고, 옆에서 지켜보기로 결정했다. 가람이가 앉았던 그 벤치에 앉아서 가판대를 잠그고 얼마나 많은 사람들이 신문을 사러 오는지 지켜보았다. 가판대 있는 자리를 돌아 구석구석 살피는 사람도 있었고, 먼발치에서 가판대가 없음을 보고는 돌아가는 사람도 있었다. "신문을 좀 더 많이 가져왔으면 오늘은 꽤 많이 팔았을 텐데. 안타깝다. 아깝다." 민우는 중얼거리면서 지켜보았다. 2시쯤 되었을 때, 민우의 등을 뒤에서 치는 사람이 있었다. 가람이었다.

"오빠. 여기서 뭐해요? 오늘은 신문 안 팔아요?" 가람이가 물었다. "으응, 가람이구나. 심장 멈추는 줄 알았다. 그리고 무슨 손아귀 힘이 이렇게 세냐? 어깨 부서지는 줄 알았다."

"오늘 신문 안 파냐고요?"

"벌써 다 팔았어." 다 팔았다는 것은 좋은 일인데, 민우의 말은 힘이 없었다. "몇 시인데 벌써 다 팔아요? 오빠 부자 되겠어요." 가람은 기쁜 듯이 하이파이브라도 하려고 했으나, 왠지 우울해 보이는 민우를 보고 주춤하였다.

"넌 이 시간에 어떤 일이니?" 민우가 물었다. "학교 마치고 집으로 가는 길에 잠시 들렀어요. 보통은 안으로 들어오지 않는데 오빠가 걱정이 되어서 한 번 들렀어요. 이 여인의 깊은 마음을 알랑가 모르겠네요." 가람은 여전히 민우를 웃겨보려고 했지만, 민우는 전혀 그런 기색을 보이지 않았다. 민우와 가람은 몇 번 만났다고 이미 꽤 친숙한 사이가 되어 있었다.

"사실은 말이야. 나 네가 시키는 대로 수요 평균을 구했거든. 그런데 이것 안 맞는 것 같아." 민우는 축 처진 어깨를 추스르며, 수요를 분석한 종이 한 장을 가람이에게 주었다. 그렇다고 민우가 가람이를 원망하는 것은 아니었다. "숨겨진 수요를 비례식을 통해서 구했단 말이야. 그리고 지난 한 달 동안의 수요의 평균을 구했더니 438개가 나왔어. 그래서 오늘 440부를 사서 왔거든. 그런데 너무 잘 팔리는 거야. 1시 조금 넘으니까 다 팔리고 없잖아. 이 평균이라는 것 말이야. 정말 엉터리 같아. 그냥 보통 때처럼 500부 가지고 왔으면 좋았을 텐데 말이야." 민우의 푸념을 듣고서 가람이는 이상하다는 듯이 민우가 건넨 분석표를 찬찬히 살펴보았다. 민우는 자신이 그 값을 어떻게 구했고, 어떤 생각을 했는지 하나하나 말하기 시작하였다. 하지만 가람이는 민우의 말은 듣지도 않고 종이만 뚫어져라 쳐다보았다.

"알았다. 멍청이!" 갑자기 가람이가 민우 등을 치며 소리를 질렀다. 깜짝 놀란 민우는 손도 닿지 않는 곳을 만지려고 한 손은 귀 뒤로 돌리고 한 손은 허리 뒤를 돌려보았지만 가람이가 때린 곳은 만질 수가 없었다. 민우는 등도 아프지만, 갑자기 지르는 소리에 맥박이 갑자기 빨라진다는 생각이 들었다.

"야. 갑자기 소리는 지르고 그래? 그리고 손은 왜 그리 맵냐?

사람 죽겠다. 그리고 뭐라고 멍청이라고?" 민우가 따지듯 말했다.

"그럼 멍청이지. 아빠가 언제, 그리고 내가 언제 평균만큼 주문하면 된다고 했어요?" 가람의 목소리는 다시 낮아졌다.

"그건 아니지만. 평균을 알아보라고 한 것이 그런 뜻 아냐?" 아직 민우는 자신의 잘못을 알지 못했다.

"뭔가 하나를 알면, 써보고 싶은 것은 기특하지만요, 그게 오빠의 한계가 될 것이라고는 생각 못해요?" 가람이의 말에 민우의 표정은 멍해졌다. 가람이는 잠깐만 기다리라고 해놓고선, 종이 뒤에 뭔가를 적기 시작하였다. 앞 장의 내용을 보고는 뒷장에 옮겨 적고, 한참 계산을 하더니, 급기야는 가방을 열어 필통에서 색연필을 꺼내더니 색칠까지 했다. 가람이는 완성된 종이를 민우에게 주었다. 종이 뒷면에는 다음의 내용이 적혀 있었다. 가람이는 요일별로 이것을 다시 적어 놓았다. 첫 번째 월요일에서 4번째 금요일까지 모아 놓으니 한 페이지 가득한 것이 반 페이지로 줄어들었다.

	월	화	수	목	금	전체
1주	910	210	300	360	534	
2주	833	240	471	270	422	
3주	769	150	471	471	300	
4주	527	180	360	572	422	
평균	759.75	195.00	400.50	418.25	419.50	438.60
표준편차	165.53	38.73	85.01	131.39	95.57	211.06
요일지수	1.73	0.44	0.91	0.95	0.96	

"잘 봐요. 제가 요일별로 묶어 놓았죠? 오빠 이거 보면서 뭐 느끼는 것 없어요?" 가람의 질문에 민우는 조금 당황하였다.

"너 선생님 같다. 물어보는 것이." 민우의 조금 짜증난다는 투의 말에도 가람은 아랑곳하지 않았다.

"대화를 통해 상대방을 이해시키는 것이야 말로 현대 지성인이 무지한 사람들을 가르칠 때 하는 가장 일반적인 방법 아니겠어요?" 라고 말하면서 가람은 손으로 입을 가린 채 웃었다. 민우는 가람이 내민 종이를 한참 살펴보았다. 종이를 내려다보는 민우의 얼굴빛이 점차 변하기 시작했다. 급기야는 붉은 색으로 변했다. 그리곤 한 마디 툭 던졌다.

"그래 내가 멍청하다, 멍청해." 민우가 긴 한숨을 쉬었다.

"아휴, 그걸 그렇게 빨리 깨닫는 걸 보면 오빠는 멍청하지 않은 것 같네요." 가람은 계속 조그마한 미소를 입가에 띠고 있었다.

"그러니까. 월요일에는 평균 760부의 수요가 있고, 화요일에는 195부 밖에 없다는 이야기네. 전체 집단이 아니고 월요일 집단으로 만든 것이네. 요일별로 이렇게 큰 차이가 나는지 몰랐어. 월요일에는 잘 팔리는 것 같아 다른 날 하고 달리 100부를 더 가지고 왔었는데 훨씬 더 큰 차이잖아." 민우는 적지 않게 놀라고 있었다.

"그러니까 오늘 오빠가 가지고 왔어야 하는 양은 440부가 아니고 760부여야 했던 것이죠." 가람이는 동생을 대하듯 민우의 머리를 쓰다듬었다. 민우는 드문드문 보이는 가람이의 망설임 없는 행동에 놀라곤 했다. 통상적인 여고생이 대학생 오빠에게 대하는 태도와는 다른 행동이 아닐까하는 생각을 하였다. 하지만 민우와 지수 사이에서는 이러한 행동이 오고가지 않았다.

"참 평균만을 가지고도 이렇게 다르게 분석할 수 있는 것이야? 정말 놀랍다." 약간의 침묵을 깨고 민우가 먼저 말을 꺼냈다. 그리고는 맨 아랫줄에 있는 요일지수가 무엇인지에 대해 물었다. 민우는 요일지수라는 말을 처음 들었다.

"제가 만들었죠. 아마 이게 오빠에게 도움이 될 것 같은데요. 월요일의 지수는 어떻게 구했냐 하면요…" 가람이가 갑자기 말을 멈추더니 한참 민우를 쳐다보았다. 민우는 무슨 문제라도 있느냐고 물었다.

"공짜로는 안 돼요. 저기 가서 맛있는 콜라라도 한 잔 사줘요." 가람의 뜬금없는 요구에 민우는 조금 놀랐지만 이런 가람이 귀엽게 보였다. 민우는 편의점에 가서 콜라 2개를 사서 돌아왔다. 컵이 없어 자신의 옷으로 입 닿는 곳을 닦아서 가람이에게 따 주었다. 가람이는 웃으면서 받아서 한 모금 마시고는 벤치 옆에 세워두었다. 벤치에 나란히 앉아 종이 하나를 두고 서로 머리를 붙였다. 가람이는 별로 주변을 신경쓰지 않는 듯 했지만, 민우는 사람들이 자신들의 모습을 보고는 어떻게 생각할까 걱정되기도 하였다. 멀쩡한 대학생이 수험생인 고등학생을 꼬셔서 연애질이나 하고 있는 것 아냐 하는 소리가 들리는 것 같기도 했다.

"오빠. 잘 봐요. 월요일의 지수는 월요일의 평균 나누기 전체 평균이죠. 760 나누기 439인 셈이죠. 계산하면 1.73 정도 나오죠. 그러면 각 요일의 평균을 전체 평균으로 나누면 각 요일지수가 나오겠죠? 화요일에는 잘 안 팔리니까. 화요일의 평균 수요는 전체 평균 수요의 44% 밖에 안 되는 것이고. 알아듣겠습니까? 학생?" 가람은 장난기 어린 말투로 물었다.

"응. 그것 재밌다. 월요일엔 1.7배 정도 더 팔리고 화요일에는 절반 정도 밖에 안 팔리는구나." 민우도 가람의 설명에 추임새를 넣었다.

"이 요일지수를 쓰면 신문을 구매할 때 편하게 될 거예요. 오늘 440부 가지고 왔다고 했잖아요. 내일도 440부 가져오려고 했죠? 내일은 195부만 가지고 오면 되는 것인데 말이죠." 가람이 민우의 동의를 구하듯 말했다.

민우는 이 과정이 참 재미있었다. 단지 평균이라는 것 하나만을 가지고 다양한 분석이 가능하다는 사실에 놀라웠다. 왜 중학교, 고등학교 때는 이렇게 유용한 도구들을 가르쳐주지 않았을까 하는 생각도 들었다. 아니 배웠는데 응용을 못한 것이라 여겼다. 그 때 가람이 일어서면서 한 마디 던졌다.

"아빠는 야구지수 이야기를 하던데…" 때마침 지하철이 들어오고 있어서 잘 들리지는 않았다. 어렴풋이 야구라는 말을 들은 것 같아 재차 뭐라고 했는지를 물었다. 하지만 가람은 아니라고 이야기하고 손을 흔들면서 지하철을 타고 가버렸다. 남겨진 민우는 순간적으로 어리둥절했다. 자기가 그 자리에 혼자 있었는지 가람이와 같이 있었는지 조차 헷갈릴 정도였다. 마치 한바탕의 꿈인 것 같았다. 50미터쯤 떨어진 곳, 기둥 뒤에서 민우와 가람을 오랫동안 바라보는 눈이 있었다.

* * * * * *

학교를 마치고 집으로 돌아가는 지하철 안에서 민우는 골똘히 생각했다. 오늘 오후에 있었던 가람이와의 일들을 하나씩 떠 올리고

있었다. 신문 판매부수에 대한 분석 자료에 대한 것에서 시작하였지만 어느 새인가 가람이의 눈동자, 쌍꺼풀, 볼 위에 핀 보조개, 볼펜을 돌리는 손가락, 가지런히 놓인 하얀 운동화 등을 떠올리고 있었다. 부분에 대한 기억으로 전체의 모습을 떠올리려고 했지만 하나의 이미지로 부각되지는 않았다. 민우는 단지 행복하다는 느낌을 받았다. 어떤 느낌이었는지는 오감에 의해 전달되는데 아는 것이라곤 시각 자료 하나뿐이었다. 후각과 촉각에 의해 느껴지는 가람의 모습은 없었다. 민우는 어떤 사람과의 관계에 대한 것이든지, 지금으로부터 20년 후까지 어떻게 전개되었으면 좋을지, 또 어떻게 전개될지 생각을 하곤 했다. 물론 그러한 생각을 절대 상대방에게 표현하지는 않았다.

민우는 옆에 앉아서 졸고 있는 지수에 대해서도 미래에 어떤 모습일 것인지 이미 오래전부터 상상해왔다. 민우가 지수랑 결혼은 할 수 있을지, 결혼을 하게 되면 민우의 삶은 어떻게 바뀔지, 지수와 애는 몇 명이나 낳을지, 지수가 직업을 가지는 것이 좋을지, 심지어는 누가 먼저 죽어서 장례를 치러줘야 할지 등에 대해서도 생각해보았다. 민우는 한 마디로 망상가였다. 하지만 민우는 그런 망상을 즐겼다. 망상의 시간만큼은 민우 스스로 만들어 갈 수 있었기 때문에 망상의 시간은 민우에게 행복을 안겨다주었다. 과거로의 여행보다 미래로 향하는 것은 아픈 기억이 과거에 많기 때문이며, 미래에는 아픈 기억이 없기를 바라는 마음 때문일 것이라 민우 스스로를 분석해보기도 했다.

지수는 자는 척하면서도, 낮에 보았던 민우의 모습에서 약간은 충격을 받은 상태였다. 고등학교 여학생과의 만남이라는 것, 그리고 예전부터 민우를 통해 들어본 적이 있는 사람이라는 것, 정황으로 볼 때는 화날 것도 시샘할 것도 없었지만, 가람이와 함께 있는 민우의 표정이 지수가 늘 봐왔던 표정과는 사뭇 달랐다는 것이 충격이었다. 지수는 민우가 자기랑 있을 때보다 가람과 있을 때 행복해한다는 생각에 학교에서 민우를 보았을 때도 한 마디 말도 붙이지 못했다. 수업 시간에야 말이 필요 없겠지만 지하철에 타서도 지수는 뭔가를 말해야 하는데 할 말이 없고 말할 기분이 아니었다. 그래서 지수는 눈을 감고 잠을 자는 시늉을 하고 있을 뿐이었다. 지수는 민우와의 이런 상황이 오래갈 것이라는 생각이 막연히 들었다.

* * * * * *

'그런데 가람이가 마지막에 한 말이 야구지수라고 했던 것 같은데, 그게 뭘까? 교수님께서 야구지수를 말하셨다고 한 것 같은데.' 민우는 생각에 잠겨 내려야 할 지하철역을 지나쳤다. 지수는 이미 두 역 전에 내렸다. 두 역만 가면 내린다는 생각을 하였는데, 그 사이에 야구지수에 대한 생각이 자리 잡으면서 역을 지나쳐버렸다. 민우는 다음 역에서 내렸다. 밤이 너무 늦어서인지 돌아가는 지하철이 없었다. 지하철역을 나온 민우는 마을버스를 탈까 하는 생각도 하였지만 날씨도 좋고 해서 집까지 걸어가기로 했다. 하천을 따라 만들어진 산책로는 참 잘 만들어져 있었다. 공기도 선선하고 산책하기에 더 없이 좋은 날이었다. 시간이 늦었음에도 운동하러 나온 사람들이 많아 길이 복잡하다는 것이 아쉬웠다. '야구지수, 야구지수, 그게 뭘까. 오늘 가람이하고 분석한 것은 요일지수다. 요일별로 수요를 평균 낸 것이다. 정말 신기하단 말이야. 그럼 야구지수는

야구에 따라 평균을 구하는 거겠는데. 야구 뭘 가지고 평균을 구한다는 말인가?' 민우는 걸으면서, 지난 주 아침에 교수님과 나눈 대화를 떠올렸다.

"오늘은 왜 많이 받아왔는데?"
"어제께 야구에서 엘지 트윈스와 롯데 자이언츠가 이겼잖아요. 이 동네 사람들은 이 두 팀을 많이 응원하는가 봐요. 이 두 팀이 이기면 다음 날 스포츠신문이 잘 팔리더라고요."

'그렇다. 그것이다. 야구에서 엘지와 롯데가 이기면 잘 팔린다고 했던 것. 그걸 가지고 평균을 한번 구해봐야겠다.' 민우는 100미터 달리기라도 하듯 집으로 뛰어갔다. 빨리 야구지수를 한 번 만들어보고 싶었다. 민우는 집에 도착하자마자 종이를 펼쳐 들고 평균을 만드는 작업을 시작하였다. 엘지가 이기거나 지거나 두 가지 경우, 롯데가 이기거나 지거나 두 가지 경우가 있으니까 총 네 가지 경우가 있었다. 전날 경기 결과를 네 가지 경우로 나누어서 수요의 평균을 구해보면 좋을 것 같다고 민우는 생각했다. 그리고 다음과 같이 분석표를 작성하였다.

	월	화	수	목	금	전체
1주	910	210	300	360	534	
2주	833	240	471	270	422	
3주	769	150	471	471	300	
4주	527	180	360	572	422	
평균	759.75	195.00	400.50	418.25	419.50	438.60
표준편차	165.53	38.73	85.01	131.39	95.57	211.06
요일지수	1.73	0.44	0.91	0.95	0.96	

					평균	야구지수
롯데승, 엘지승	910	833	534	572	712.25	1.43
롯데승, 엘지패	769	471	471	471	545.5	1.09
롯데패, 엘지승	360	422	360	422	391.00	0.78
롯데패, 엘지패	527	300	270	300	349.25	0.70
				전체평균	499.5	

'월요일에는 프로야구 경기가 없으니 화요일의 수요는 야구지수를 만드는 데는 포함하지 않아도 될 것 같다'라고 민우는 생각하면서, 표를 자랑스럽게 쳐다보았다. 민우는 스스로 너무 뿌듯했다. 민우는 지난 한 달 동안의 수요를 야구의 결과에 따라 다시 배열하였다. 롯데가 승리하고 엘지가 승리한 다음 날의 신문은 확실히 많이 팔렸다. 전체 평균이 499.5(화요일 제외) 정도인데 두 팀 모두 승리를 거둔 경우에는 712부의 수요를 나타내고 있었다. 반면 두 팀 모두 졌을 때의 다음날의 신문 수요는 349부에 지나지 않았다. 민우는 승패에 따라 네 가지로 나누고 각 경우에서의 평균을 전체 평균으로 나누어 야구지수를 만들었다. 승승인 경우에는 1.43이 나오고 패패인 경우에는 0.7이 나왔다.

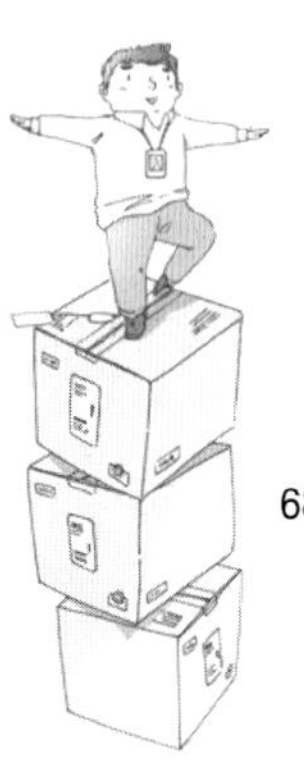

'이제 요일지수와 야구지수가 나왔는데 이것을 어떻게 적용할까?' 오늘이 월요일이었으니까 난 몇 부를 샀어야 하는 걸까? 이 두 가지 지수를 가지고 한번 구해봐야겠다. 전체 평균 439부(반올림해서)이고, 월요일지수 1.73이다. 가만 있자 일요일에 롯데도 이기고, 엘지도 이겼으니까 야구지수 1.43이네. 그럼 이 3개를 모두 곱하면 되는 것인가? 더하는 것은 아니겠지. 1.73 더하면 뭐하겠어. 곱하는 게 맞을 거야. 이 3개를 모두 곱하니까 1,086부나 나오네. 와! 이렇게 높은데 나는 440부만 가지고 갔으니 그렇게 일찍 다 팔린 거구나. 와, 이런 멍청이가 있나? 가람이 말이 맞아. 난 완전 멍청이구나.' 민우는 이렇게 자책하면서도 마냥 기쁘기만 했다. 내일은 더 많이 잘 팔 수 있을 것 같다는 기대감으로 민우는 행복에 젖어들었다.

화요일 새벽이었다. 오늘 민우는 195부만 받아왔다. 역시 화요일은 손님이 별로 없었다. 민우는 가지고 온 신문을 4시 15분 되어 다 팔았다. 민우는 약간의 차이는 있지만 이 정도면 어제보다는 훨씬 적중시킨 셈이라 여겼다. 민우는 천천히 가판대를 정리했다. 포장 비닐과 비닐 끈을 묶어서 쓰레기통에 버리고, 돈을 지폐와 동전으로 구분하였다. 동전 하나하나를 천천히 세면서 두리번거렸다. 하지만 가람이는 나타나지 않았다.

화요일에 롯데가 이기고, 엘지가 졌다. 그래서 민우는 수요일 아침에 430부(427부가 예상치였는데, 3부 더했다)를 샀다. 보급소 아저씨가 10부 단위로 가지고 가라고 하셨기 때문이었다. 민우는 목요일에도, 금요일에도 이렇게 정한 값을 가지고 신문을 샀다. 확실히 수입이 오르는 것을 민우는 느꼈다. 그것도 30% 이상이 오른다는 생각이 들었지만 정확하게 분석하지는 못하였다. 민우는 여러 가지 물어볼 것이 많은데, 가람이는 나타나지 않았다. 전화를 할까 생각만 할 뿐 바쁜 일상 때문에 전화 걸지는 못했다. 민우는 나중에 가람이와 교수님에게 자랑하기 위해 구매량, 수요, 야구 기록을 꼼꼼히 기록하였다. 그 모습은 마치 성스러운 역사서를 쓰는 것처럼 정성스러웠다.

* * * * * *

금요일이었다. 지난 주 월요일 이후 가람이는 나타나지 않았다. 이제 민우는 가람이가 올 것을 기대도 하지 않았다. 하지만 하루의 성과를 일기를 쓰듯이 매일 기록하고 있었다. 이번 주에 민우가 얻은 결과는 다음 표와 같았다. 민우는 숫자를 의심해보고 여러 번 계산을 반복해보았다.

요일	월	화	수	목	금	
요일지수	1.73	0.44	0.91	0.95	0.96	판매가격
전날경기결과	O, X		O, O	X, O	O, O	500원
경기지수	1.09	1	1.43	0.78	1.43	구매가격
구매량 계산	827.06	192.98	570.75	325.00	602.11	250원
실제 구매량	830	200	580	330	610	
실제 판매량	798	165	580	278	610	
매진시간			4시		4시 15분	
재고량	32	35	0	52	0	전체이익
이익	191,500	32,500	145,000	56,500	152,500	578,000

민우가 월요일엔 191,500원을 벌었고, 화요일에는 32,500원밖에 못 벌었다. 월요일, 수요일과 금요일에는 수요가 많아서 돈을 많이 벌었는데 화요일과 목요일에는 많이 벌지 못했다. 그래도 일주일 동안 578,000원이나 벌었다. 민우는 이렇게 많이 벌어본 적이 없었다.

민우는 만약 예전방식대로 구매하였으면 이번 주에 얼마나 벌었을까 궁금했다. 그리고 내친김에 전체평균만큼 구매했을 때는 이익이 얼마나 생기는지도 알아보고 싶었다. 그래서 종이에 하나하나 숫자를 쓰고, 계산기로 이익을 구했다. 예전에는 월요일에는 500부, 나머지 날에는 400부씩 구매했었다. 물론 그날그날 민우의 예감에 따라 때론 많게, 때론 적게 주문하기도 했었다. 그리고 평균방식도 적용해보았다. 평균방식은 전체 평균 438(실제로는 10단위로 구매해야 하기 때문에 440)부를 요일과 상관없이 구매할 경우로 가정하고 계산하였다.

실제 판매량	지수방식	예전방식	평균방식	지수 이익	예전 이익	평균이익
798	830	500	440	191,500	125,000	110,000
165	200	400	440	32,500	—17,500	—27,500
580	580	400	440	145,000	100,000	110,000
278	330	400	440	56,500	39,000	29,000
610	610	400	440	152,500	400,000	110,000
합	2,550	2,100	2,200	578,000	346,500	331,500

'정말 신기하네, 일주일 동안의 이익이 이렇게 차이가 날 수 있는 것인가? 지수방식으로 하였더니 60만원에 가까운 돈을 벌었

는데, 예전방식의 경우에는 35만원이 안 되잖아. 뭐야 평균방식은 예전방식보다 더 안 좋잖아. 지수방식의 경우 일주일 구매량 총합은 2,500부 정도이고, 예전방식은 2,100부, 평균방식은 2,200부인데, 많이 차이 나봐야 400부 차이인데. 400부 더 팔았다고 하면 한 부당 250원 마진이면 10만원 차이밖에 안 생기는데 이상하다. 이것. 그리고 평균방식은 예전방식보다 더 많이 구매했는데 오히려 이익이 더 작네? 이해하기 힘들다. 이럴 때, 스토킹 교수님 계시면 여쭤볼 텐데. 아니 가람이라도 있으면 좋으련만…'

주말 내내 고민해 봐도 도저히 이해가 안 되었다. 결국 민우는 가람이에게 문자 메시지를 보냈다.

[나 민우, 내일 시간 있남? 궁금한게 있음]

민우는 1번에 저장해 둔 가람의 핸드폰으로 문자를 보냈다. 머뭇머뭇 보낸 것에 반해, 답 문자는 빨리 왔다.

[내일? 괜찮아요. 지난주에 시험이라... 미안해요. 내일 4시 갈게요 괜찮아요?]

[알았음. 내일 기다릴게 민우]

민우는 가람이가 그 동안 못 온 이유를 알게 되니 하늘을 날고 싶은 심정이었다. 지난 일주일 동안 돈을 평소보다 많이 벌어 기쁘기도 하였지만, 가람이를 보지 못해 우울했었다.

* * * * * *

아침부터 민우는 안절부절 못했다. 거울을 보며 고춧가루가 이빨에 끼지는 않았는지, 입에서는 냄새가 나지는 않는지, 새로 산 바지와 남방에 뭐가 묻은 것은 없는지 10분이 멀다하고 쳐다보았다. 오늘

의 신문 판매는 예정대로 잘 되어가는 것 같았다. 지난주만큼은 안 팔리지만 그래도 괜찮은 편이었다. 4시가 다 되어갔다. 민우는 신문이 조금 남았지만 가판대를 정리하기 시작했다. 민우가 다 정리했을 때쯤 뒤에서 반가운 목소리를 들었다.

"민우 오빠. 나 왔어요." 가람의 인사에 민우는 뒤돌아보았다. 그러나 민우는 실망할 수밖에 없었다. 가람이가 대별이와 함께 왔기 때문이었다.

"으응, 안녕. 오랜만이다." 인사를 받은 가람은 대별이에게 저리로 가 있으라고 하였다.

"왜 대별이랑 같이 왔니? 난 혼자 올 줄 알았는데. 지난주에 돈을 많이 벌어 오늘은 맛있는 것 사주려고 했는데…" 민우가 실망을 담은 눈빛과 함께 가람이에게 말했다.

"대별이랑 같은 학원에 다녀서요. 저녁 먹을 시간은 없는데요. 학원에 가야 되거든요. 미안해요. 다음에 같이 먹어야겠는걸요." 가람의 말에 민우는 실망했다. 하지만 실망한 빛을 보이지 않으려 노력했다.

"아냐. 나도 빨리 먹고 학교 일찍 가야 하니까 괜찮아."

"그런데 뭐 물어볼 것 있다면서요. 뭔데 그래요?" 가람이 약간의 정적을 깨면서 먼저 민우에게 말했다. 민우는 가판대에 붙여놓았던 분석표를 마치 상장이라도 되는 양 가람에게 주었다. 가람은 가판대 옆의 벤치에 앉아서 꼼꼼히 읽었다.

"민우 오빠. 정말 대단해요. 아빠가 보시면 무척 기뻐하시겠는데요?" 예상외로 가람이 매우 기뻐하였다. 가람의 목소리 톤도 한껏 고조되었다.

"뭐 그 정도쯤이야. 하지만 나도 정말 놀랐어. 단지 평균만 적용한 것이잖아." 민우가 계면쩍어 하면서도 기쁜 표정을 감추지는 않았다.

"민우 오빠, 예전방식에 비하면 66%가 넘게 이익이 오른 거예요. 이건 기네스북 감이에요."

"그게 66% 증가니? 난 몇 % 증가인지는 몰랐는데. 넌 정말 그게 계산이 되니?"

"이것 오늘 축하하지 않으면 안 될 것 같은데요. 맛있는 것 얻어먹어도 전혀 미안하지 않을 것 같은데 말이에요." 가람이 뜻밖의 제안을 하였다.

"너 학원 간다며?"

"그냥 학원 1교시만 땡땡이치면 돼요. 이건 비밀. 축하보다 중요한 게 어디 있겠어요?" 가람은 민우의 대답도 듣지도 않고 뒤돌아서서 대벌이에게 가더니 먼저 가라고 했다.

"민우 오빠가 대단한 일을 했거든. 그래서 축하파티해주고 갈게." 가람이 민우에게 들리지 않을 정도의 낮은 목소리로 대벌이에게 말했다.

"야! 가람이 너. 그깟 신문팔이하고 저녁을 먹겠다는 거야 뭐야?" 대벌이의 높은 톤의 말소리는 비록 10발자국 이상 떨어져 있었지만, 민우도 들을 수 있었다. 순간 화가 치밀어 올랐지만 민우는 가람을 생각해서 꽉 쥐었던 손을 폈다.

"넌 무슨 말을 그렇게 하니? 66%나 돈을 더 벌었다고 민우 오빠가. 얼마나 대단한 거니?" 가람이의 이번 말은 민우도 들을 수 있었다.

"66% 올라서 뭐 1억을 벌었대? 아니면 1,000만원이라도 벌었대? 그래봐야 몇 십만 원 번 걸 가지고 뭘 그리 호들갑이니?" 대별이는 민우를 흘겨보면서 가람이에게 말했다.

"넌 정말 어떻게 할 수 없는 애구나. 마음대로 해. 난 나중에 갈 테니까." 가람은 돌아서서 민우에게 다가왔다. "쟤 말은 신경쓰지마요. 애가 좀 많이 삐뚤어진 것 같아요." 민우와 가람은 지하철역을 나와 가까운 돈까스 집으로 갔다.

"그런데 아까 준 종이쪽지 보면 말이야. 예전방식과 새로운 지수방식 간에 일주일 동안의 구매량 차이가 400개 밖에 안 나잖아. 그런데 왜 그렇게 이익이 차이가 나는 거니?" 민우가 테이블에 앉자마자 가람이에게 질문을 하였다.

"음 잠깐만요. 좀 더 자세히 볼게요." 가람은 종이를 한참 쳐다본 후 대답하였다. "그건, 오빠가 예전에는 월요일에는 적게 주문하였고, 화요일에는 많이 주문하였기 때문이잖아요. 결국 수요를 잘 몰랐다는 이야기죠."

"그 조그마한 차이가 이익에 그렇게 영향을 주니?"

"오빠가 옆에 써 놓았잖아요. 250원에 사서, 500원에 파는데, 못 판 것은 250원을 그대로 날리는 것이잖아요. 그러니까 오빠가 하나를 못 팔았으면, 그건 오빠가 판 것을 그대로 까먹는다는 뜻이잖아요. 그러니까 이익에 엄청나게 영향을 주는 것이죠." 가람의 설명은 짧지만 명쾌했다. "넌 어떻게 그런 걸 아니?" "그냥 여기에 그렇게 쓰여 있잖아요. 잘 봐 봐요. 화요일의 예전방식의 이익을 보면 마이너스가 나오잖아요. 165부나 팔았는데도 마이너스가 나오잖아요. 그러니 재고가 생기면 그대로 손해가 되는 것을 말하잖아요. 잘 보면 그건 쉬운 건데요." 가람은 아무것도 아니라는 듯 말했다. 자랑스럽거나 거만함을 표현하지는 않았다.

"그러면 말이야 전체 평균방식에서는 주문량이 예전방식보다 더 많이 구매했는데 이익은 덜 생기잖아. 그건 왜 그런 거야?"

"오빠, 그것도 당연한 거 아니에요. 결국 오빠의 신문 팔 때의 문제는 적중률이 중요할 것 같은데요. 많은 것도 좋지 않고, 적은 것도 좋지 않다. 나의 결론이에요. 이제 돈까스 좀 먹어요." 민우는 축하파티를 한다고 와서는 계속 질문만 하였다. 민우는 가람이와 저녁식사를 한다는 것 자체로 기분이 좋았다.

* * * * * *

대별이는 분한 마음을 가눌 수가 없었다. 가람이 미운 것은 아니었다. 민우가 미운 것이었다. '갑자기 나타나서 가람이의 정신을 빼놓은 것 같단 말이야. 뭔가 특단의 조치를 취해야 할 것 같은데' 대별이는 이렇게 생각하면서 자신의 똘마니 같은 친구 둘을 전화로 불러 모았다.

"강석이와 종두 내 말 잘 들어. 너네들에게 부탁이 하나 있다." "뭔데. 뭐든지 말해." 이구동성으로 강석과 종두는 대답했다. "신촌역에 가면 어떤 사람이 낮에 신문을 팔고 있어. 이름이 민운가 그래. 내일 그 주변을 돌면서, 걔가 뭐 하는지 좀 알려줘. 변장을 하든 상관없어. 요즘 뭣 때문에 가람이가 거기에 가는지 알아봐주면 좋겠어. 할 수 있겠지?" 대별이가 강석과 종두에게 말했다.

"뭐 별 거 아니네 뭐. 걱정하지마. 내일부터 우리 교대로 가서, 무슨 일인가 알려줄게. 그런데 지난주에 산 게임기 요즘도 많이

하니?" 강석이 대별이에게 물었다.

"알았어. 너 줄게. 내일 갖다 줄게."

"뭐 그런 뜻은 아닌데, 주면 고맙지 뭐." 하고 강석은 씩 웃었다.

"그럼 난 뭐 줄건데?" 종두가 한발 늦었다는 표정으로 급하게 대별이에게 물어보았다.

"걱정하지마. 나 2개 있거든. 하나씩 줄게. 일만 잘 처리해줘."

"그건 걱정하지마." 강석과 종두는 썩은 미소를 지으며 동시에 대답했다.

* * * * * *

강석과 종두는 게임기를 받고서야 대별이의 청을 들어주어야겠다고 생각했다. 강석과 종두는 대별이를 좋아하지 않았다. 대별이 앞에서는 꼼짝 못하면서 대별이가 없는 곳에서는 둘 다 대별이를 욕하고 다녔다. 대별이가 가자마자 강석이 말했다.

"재는 또 뭐할려고 저러지?"

"재 요즘 가람이에게 열을 올리고 있는 것 같은데 잘 안되나 봐. 누군가에게 오히려 가람이를 뺏긴다고 생각하는 것 같은데." 종두는 나름 추측한 것을 강석에게 말했다. "대별이네 집 돈이 많긴 많은가 봐. 최신 게임기를 2개나 가지고 있고. 그것도 척척 우리에게 주는 것 보면 말이야." 강석이 대별이가 부럽다는 듯 말했다.

"재가 뭐 있다고 주는 애냐? 꼭 부탁 있을 때만 주잖아. 그런데 지난번에는 게임 씨디 준다고 일 시켜놓고선 안 줬잖아. 이번에는 좀 급하긴 급한가 봐." 종두의 말에 강석이도 고개를 끄덕였다.

"게임기도 받았으니까. 내일은 학교도 땡땡이 치고 신촌역에 가봐야겠다." 강석이 종두에게 동의를 구하듯 말했다.

"그런데 나가서 뭘 하지? 그냥 보면 뭘 할 거냐고?" 종두의 이 같은 질문에 강석도 고민이 되었다.

"그럼, 우리 전략을 좀 짜 보자." 강석이 먼저 제안했다.

"그래. 내가 신촌역에 있는 신문팔이를 맡을 테니, 넌 가람이를 맡아라. 난 신문팔이가 하는 일을 꼼꼼히 살펴볼 테니까. 넌 가람이 친구들에게 한 번 물어봐. 그리고 가람이에게 직접 물어봐도 좋아." 종두의 이 같은 제안에 강석도 찬성했다. 둘은 마치 탐정이라도 된 것처럼 진지하였다.

* * * * * *

수요일 아침이었다. 어제는 롯데와 엘지가 모두 졌다. 민우는 전체 평균 439에 수요지수 0.91을 곱하고 여기에 야구지수 0.7을 곱한 280부를 가지고 나왔다. 평상시에는 400부 정도를 가지고 나왔는데 요일지수와 야구지수를 쓴 다음에는 120부나 작은 값을 가지고 나오게 된 것이었다. 민우는 지난주에 66%의 이익이 증가하였음에도 불구하고 여전히 불안하였다. 280부보다 손님들이 더 많이 오면 큰일이지만 믿어보는 수밖에 없다고 생각하면서 민우는 신문을 팔러 나왔다.

6시 30분에 팔기 시작하였는데, 한동안 찾아오는 손님이 없었다. 7시가 다 되어서 첫 손님이 왔다. 대학가 앞이어서 그런지 소위 출퇴근 시간에 신문 판매가 집중되지는 않았다. 주변에 대학교도 많고, 장사하시는 분들도 많아서인지 오가는 사람들이 거의

일정했다. 아마 민우가 여의도나 테헤란로 등에서 신문을 팔았다면, 시간대별로 집중되는 것에 초점을 두었어야 할 것이었다. 신문 판매가 완료된 시점을 통해 재고가 없을 때의 수요를 추측할 때, 시간대별로 손님이 어느 정도 오는지도 판단해야 했다. 일정하게 팔리는 것은 민우에겐 큰 다행이었다.

4시 30분이 다 되었지만, 20부 이상 신문이 남았다. 한 부라도 더 팔 요량으로 가판대를 닫는 시간을 늦추고 있을 때였다. 가람이가 나타났다.

"민우 오빠. 저예요. 오늘은 신문이 좀 남았네요." 가람이 친근감있게 물었다. "응, 왔어? 오늘은 잘 안 팔린다." 의기소침하게 민우는 대답했다.

"얼마 남지도 않았는데 뭘 그걸 가지고 그렇게 우울해해요? 수요일의 표준편차가 85나 되었는데, 20부 정도 차이가 났으니 적게 난 것이잖아요. 오히려 기뻐해야 하는 것 아니에요?" 가람이의 이 말에 민우는 어안이 벙벙해졌다. 그리고 며칠 동안 자신이 의문을 품어왔던 표준편차에 대해 물어봐야겠다고 생각했다.

"표준편차? 나 정말 한번 물어보고 싶은 게 있는데. 교수님께서 평균과 표준편차에 대해서 공부하라고 하셨는데, 평균은 요일지수와 야구지수를 정하는데 도움이 되었으니까 이해가 간단 말이야. 그런데 표준편차는 왜 배우라고 하셨는지 잘 모르겠어. 너도 방금 표준편차에 대한 이야기를 했잖아. 이게 뭐에 필요한 거야?" 민우는 진지하게 가람에게 물어보았다.

"그건 아빠에게 물어봐야죠. 난 잘 몰라요. 내가 아는 것만 말해줄게요. 아마 우리 아빠는 좀 더 큰 뜻을 가지고 있는 것 같으신

데. 내가 어떻게 아빠의 뜻을 이해할 수 있겠어요? "

"그래도 네가 아는 게 있으면 좀 말해 줘. 아까 표준편차 이야기를 했잖아." 민우는 가람이에게 다시 한 번 부탁했다.

"표준편차가 평균으로부터의 평균 거리라는 것은 알고 있죠?" 가람의 질문에 민우는 알고 있다고 대답하였다.

"지난 번 오빠가 만든 요일지수 표에 보니까, 수요일의 평균이 400이고 표준편차가 85였잖아요. 그건 기억하죠?" 가람이 민우가 기억하고 있는지 확인하려 하였고, 이 질문에 민우는 오히려 당황하였다.

"넌 그걸 한번 보고 기억을 하고 있니?" 민우는 예전의 분석표를 가방에서 찾아내어 확인해보았다. 정말 가람의 말대로였다.

"넌 수학만 잘 하는 게 아니네. 기억력까지 대단하네." 민우는 정말 이해할 수 없다는 듯이 가람을 쳐다보면서 고개를 좌우로 저었다.

"평균적으로 85만큼 차이가 나는데, 오빤 오늘 20부 밖에 안 남았으니, 평균보다 적게 남은 거잖아요. 오늘 오빤 운이 매우 좋은 날인 거예요." 가람의 이 말에 민우는 괜히 기분이 상했다. 분명 운 좋은 날인 것은 알겠는데, 자기보다 어린 가람이는 저렇게 똑똑한데 난 뭐람이라는 생각이 들었다.

"오빠 표정이 왜 그래요?" 가람이 이상하다는 듯이 민우에게 물었다.

"아무 것도 아냐. 너네 아빠는 왜 나에게 그런 소중한 걸 공짜로 가르쳐 주시는 거니? 너에게 특별히 말씀하신 것 없니?" 민우의 갑작스러운 질문에 가람은 한참 생각하더니 대답했다.

"저는 잘 몰라요. 어느 날 갑자기 오빠 이야기를 하셨어요. 열심히 살고 있는 사람이 있어, 좀 도와줘야겠다고 하시더라고요. 그리고는 아무 말씀 안 하셨고, 미국 가시기 전에 오빠가 어떻게 나올 거니 뭘 가르쳐줘라 라는 말씀만 하셨어요. 저도 정말 궁금해요. 우리 아빠는 늘 공부만 하셨거든요. 그런데 갑자기 오빨 왜 도와주시려고 하는지 잘 모르겠어요."

"알았어. 이야기해줘서 고마워. 교수님께서 정말 좋은 걸 가르쳐주셨어. 나에게는 천금과도 같은 말씀이었거든. 고맙다고 말씀드려야 하는데, 언제 돌아오시니?"

"잘 모르겠어요. 2달 후에 오신다고 하셨는데, 언제 오실지는 잘 몰라요. 그래도 이것 하나는 확실해요. 우리 아빠가 오빠를 마음에 들어 한다는 거요. 그리고 계속 도와주실 거라는 것 말이에요."라고 말하며 가람은 미소를 띠었다.

"그걸 어떻게 알아?" 민우도 내심 바라고 있었지만 무슨 다짐이라도 받으려는 듯이 재차 물었다.

"두고 보면 알겠죠 뭐. 내가 그래도 우리 아빠 딸인데." 민우와 가람이 이야기를 주고받는 벤치 뒤에서 신문을 보는 척 하면서 귀를 기울이고 있는 두 사람이 있었다. 강석이와 종두였다. 둘 다 모자를 쓰고, 선글라스를 쓰고 있었다. 귀에는 이어폰을 꽂고 있었다. 눈에 확 띄는 복장을 하고 있지만 민우와 가람은 이야기를 주고받느라 이들이 있다는 것을 눈치 채지 못했다. 또 그 뒤에 이 두 사람을 쳐다보는 눈이 하나 더 있었다. 물론 지수였다.

* * * * * *

강석과 종두는 대별이 집으로 갔다. 대별이 집은 재벌 집답게 으리으리하였다. 담은 3미터가 넘어 집 안이 보이지도 않았고, 경비원들이 유니폼을 입고 출입을 통제하고 있었다. 대문을 통해 들어가 보니 잔디밭이 넓게 펼쳐져 있었다. 축구를 해도 될 만큼 넓었다. 집 안으로 들어가니 대별이 엄마, 아빠 모두 계셨다. 대별이는 자신의 방으로 강석과 종두를 이끌었다. 대별이 방은 이층에 있었는데, 최첨단 비디오와 오디오 시스템이 들어가 있고, 게임기와 게임 소프트웨어가 방 안 가득 진열되어 있었다.

"와 네가 부자인줄은 알았는데, 너네 집 정말 부자구나." 강석은 부러움을 가득 담은 시선으로 대별이에게 말했다.

"너네 우리 집에 처음 왔지? 우리 아빠가 대별기업 사장이시잖아. 그레이트 브레드라고 들어봤지? 전부 우리 아빠 거잖아."

"그 유명한 그레이트 브레드가 너네 집 거였니? 그럼 빵 무지 많이 먹을 수 있겠다. 나 빵 무지 좋아하는데." 종두는 뚱뚱한 자기의 배가 홀쭉해졌다고 배를 살살 만지면서 대별이에게 말했다.

"배고프니? 알았어." 대별이는 전화기를 들더니 일하는 아줌마에게 빵을 가지고 오라고 말했다. 조금 있으니 아줌마가 빵을 가득 담은 쟁반을 음료수와 함께 가지고 들어왔다. 맘껏 먹으라는 대별이의 말이 떨어지자 무섭게 강석과 종두는 달려들어 허급지급 먹기 시작했다.

"그런데 오늘 뭐 좀 알아냈어?" 대별이가 물었다.

"응, 가람이 아빠가 민운가 그 신문팔이를 도와주고 있대." 강석이 빵을 입에 넣으면서 말했다.

"왜 가람이 아빠가 그 신문팔이 녀석을 도와준데?" 대별이가

물었다.

“몰라. 그것까지는 잘 모르겠는데, 가람이 이야기를 엿들었는데, 가람이 아빠가 그 녀석을 좋게 보았다고 하던데. 그리고 계속 도와줄 거라고 그러던데.” 이번엔 종두가 나서서 이야기했다.

“그리고, 가람이 아빠 도움으로 그 녀석이 신문을 많이 판 것 같던데. 아주 신나하더라구.” 종두는 자신의 생각을 대별이에게 말했다.

“성공했다는 이야기는 가람이에게 들었어. 그런데 가람이는 어떤 것 같아? 그 녀석 좋아하는 것 같아?” 대별이는 기분 나쁘다는 식으로 내뱉었다.

“음. 내가 볼 때는 가람이 그 녀석 좋아하는 것 같던데.” 강석은 종두에게 의견을 구했다. 종두도 같은 생각이었다. 이 말에 대별이는 주먹을 불끈 쥐었다.

“알았어. 이제 그만 가봐. 그리고 며칠만 계속 봐줘. 그 녀석이 어떻게 성공했는지 알아주면 고맙겠어.”

“아직 다 안 먹었는데…” 종두의 말에 대별이가 눈을 치켜떴다. 종두는 빵을 잽싸게 주머니에 3개 넣으면서 자리에서 일어났다. 남겨진 빵을 아쉬워하면서 둘은 집을 나왔다. 강석과 종두가 집을 들어가서 나오는 동안 대별이의 엄마와 아빠는 나와 보지도 않았다.

대별이는 지하실로 내려갔다. 대별이 아빠가 지하에 있는 골프 연습장에서 연습을 하고 있었다. 대별이 아빠는 뚱뚱하고 둔했다. 금빛의 골프채를 휘둘렀지만 공은 제대로 떠서 가지 않았다. 두 번 휘두르고 한 번은 땅바닥을 쳐 댔다.

“에잇, 뭐가 이렇게 안 맞아. 야! 김 코치 내 폼이 뭐가 문제야?”

씩씩거리며 옆에서 지켜보던 골프 코치에게 물었다.

"너무 스윙이 빠르십니다. 공을 끝까지 보시고…" 김 코치의 대답에는 머뭇거림이 있었다.

"에잇. 내 폼이 문제가 아니고, 이 채가 안 좋은 것 같아. 더 비싼 것으로 바꿔봐. 오늘은 연습 끝." 대벌이 아빠는 땀을 닦으며 소파에 앉았다. 김 코치는 부리나케 골프채를 모으더니 총총히 사라졌다.

대벌이는 아빠 옆에 가서 앉았다.

"귀여운 내 새끼. 어쩐 일이냐. 여기에 다 내려오고?"

"한 가지 물어볼 게 있어. 신문팔이 하는 놈이 하나 있는데, 걔를 망하게 하려면 어떻게 해야 돼?" 갑작스러운 아들의 질문에 대벌 아빠는 무슨 말인지 의아해했다. "좀 자세히 말해 봐."

"가람이 아빠가 어떤 신문팔이 녀석을 도와주고 있는데, 가람이도 그 녀석을 좋아하는 것 같아. 분해서 참을 수가 없어." 대벌이가 씩씩거리면서 말했다.

"너 가람이를 좋아하는구나. 가람이 아빠가 이번에 신문에 난 한국대학교 교수님 맞지? 대단하신 분이던데."

"그 얘기는 그만. 아빠는 돈 버는 것 잘 하잖아. 가람 아빠는 공부만 해서, 아빠가 더 잘 알 것 같아서. 신문팔이 그 녀석 망하게 하는 법 좀 가르쳐 줘." 대벌이가 다그쳤다.

"그럼 우리 대벌이가 누구한테 져서는 안 되지. 그래 그 녀석이 어떻게 해서 성공한 거래?" 대벌이는 자신이 들은 이야기를 아빠에게 전부 말했다. 대벌이 아빠는 고심 끝에 한 가지 대안을 설명했다. 대벌이는 아빠에게 설명을 듣고 나서는 '와 그런 좋은 방법이 있구

나' 하고 감탄했다.

* * * * * *

대별이는 다음 날 강석과 종두를 불렀다.

"야! 너네들 내가 하라는 대로 좀 해줘. 자 강석이 15만원, 종두 10만원." 대별이가 25만원을 쪼개어 15만원과 10만원을 강석과 종두에게 주었다.

"아니, 무슨 일을 부탁하려고 수고비를 이렇게 많이 주니?" 강석은 기쁘게 돈을 주머니에 넣었다.

"왜 난 강석이보다 적게 주는 건데?" 종두는 차별에 대한 불만을 토로했다.

"니네들 주는 것 아냐. 그 돈 가지고 신문을 좀 사주면 좋겠어. 월요일인 오늘부터 신문을 하루에 100부씩 사다줘. 강석이는 월, 수, 금요일 아침에, 종두는 화, 목요일에 가서 사주고. 알았지? 물론 반드시 그 녀석한테서 사와." 대별이가 단호하게 말했다. '뭐야. 200부를 사면 10만원 아냐. 이거 남는 것도 하나 없네.' 종두는 기분 나빴다.

"그럼 수고비는?" 종두가 대별이에게 물었다. "지난번에 게임기 줬잖아." 대별이는 기가 차다는 표정이었다.

"지난번은 지난번이고. 너네 집 빵집 하니까 빵 좀 실컷 먹게 쿠폰 좀 주라." 종두는 비굴한 표정을 지었다.

"그래, 알았다. 알았어. 이런 식충이들 같으니라고. 끝나면 빵은 물론이고 밥 한번 살게."

"그런데 왜 그 녀석 도와주려고 하니? 나나 도와주지." 종두가 물었다.

"됐어. 그냥 하라는 대로 하기만 하면 돼." 대벌은 의미심장한 표정을 지었다.

* * * * * *

"여기. 스포츠신문 100부만 줘." 강석은 민우에게 강압적으로 말했다.

"네? 100부라고요. 그렇게 많이 사세요? 고맙습니다. 대신 제가 깎아드릴게요. 한 부에 50원씩 싸게 해서 45,000원에 드릴게요. 너무 감사해요." 민우는 너무 기쁜 나머지 신문팔이를 해본 이후 처음으로 가격을 깎아주었다. '뭐야. 그러면 내가 5,000원을 가지게 되겠네. 웬 횡재냐? 이건 절대 비밀로 해야지' 강석은 기뻐 어쩔 줄 몰랐다.

종두도 화요일과 목요일에 100부씩 신문을 샀다. 똑같이 할인을 받았지만 역시 아무 말도 하지 않았다.

"음, 사온 거는 저기 휴지통에 버려. 너네 정말 100부 사온 것 맞지? 중간에 돈 떼먹고 그럼 나한테 죽을 줄 알아." 대벌이가 으름장을 놓았다.

"대벌아. 뭐 또 시킬 일 없니? 언제든지 연락해줘. 24시간 대기 중이니까. 강석보다야 내가 나으니까. 나한테 먼저 시켜줘. 부탁한다." 역시 비굴한 표정이 종두의 얼굴엔 역력하였다. '저것들 둘은 어떻게 똑같은 말을 하냐? 나쁜 녀석들. 이번 일로 너네 둘은 끝이다. 끝.' 그러면서도 대벌이는 종두에게 고개를 끄덕였다.

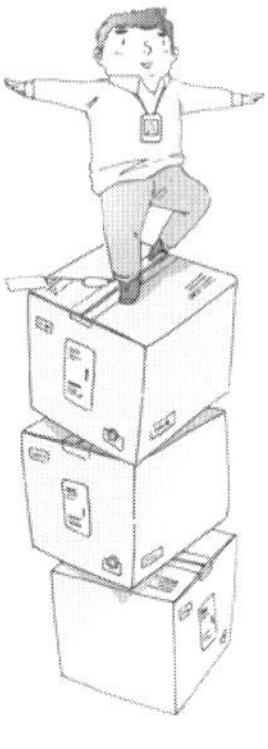

* * * * * *

오래간만에 가람이가 민우를 찾아갔다. 가람이도 이번에 수학경시대회 본선에 진출하느라 눈코 뜰 새 없이 바빴다.

"이번 주는 어때요? 많이 팔았어요?" 가람이 민우에게 손을 흔들며 인사를 건넸다. "세상에 말이야. 이번 주에는 100부씩 사가는 손님들이 다섯 분이나 있었어. 와, 무슨 신문팔이 하는 사람도 아니고, 무슨 신문을 100부씩 사냐?" 민우는 가람이에게 자랑하듯 말했다.

"100부씩이나. 그럼 오빠 돈 많이 벌었겠네. 그러다 신문사 하나 차리겠다." 가람은 기뻐하면서 말했다.

"근데 좋아할 일은 아닌 것 같아. 오늘 앉아서 이번 주 이익을 계산해보니까. 이익이 지난주와 별로 차이가 안 나. 도대체 이게 어떻게 된 영문인지 모르겠어." "표준편차 때문이겠지 뭐. 그렇게 걱정하지 마요. 오늘은 영화나 보러 가면 안돼요?"

"너. 지금 데이트 신청하는 거니?" 민우는 장난끼 있게 물어보았다.

"아니. 그게 아니고, 어제 시험 끝나고 해서요. 머리 좀 식히려고요." 가람이의 얼굴이 붉어졌다.

"아 참! 그리고, 우리 아빠 다음 주 말에 오신데요. 지금 태평양 한가운데 계신데요." 둘은 저녁도 먹고, 영화도 보고 재미나게 돌아다녔다. 민우는 태어나서 처음으로 여자와 데이트해보았다. 학교에 가야겠다는 생각, 지수가 기다릴지도 모른다는 생각은 하지도 않았다. 그냥 가람이와 있는 시간이 행복할 뿐이었다.

* * * * * *

6시 30분이었다. 오늘은 스토킹 교수가 올 것 같았다. 어제는 밤새워서 그 동안의 분석 보고서를 만들었다. 민우는 자랑하고 싶었지만, 지난주 이익이 예전의 이익으로 돌아가 버려 부끄러운 생각이 들었다. 그리고 지지난주에도 한번에 100부씩 사주는 사람이 있었는데도 불구하고 오히려 이익은 늘지가 않았다. 이해할 수 없는 것들이 많았다. 빨리 교수가 왔으면 좋겠다고 생각했다. 물어볼 게 많았다. 예상대로 교수가 왔다.

"그동안 잘 있었니? 이익이 엄청 늘었다고 들었는데, 너는 해낼 줄 알았지. 하하하." 교수의 기대감이 무척 큰 것 같았다. 이런 교수의 태도에 민우는 부끄러움을 느꼈다. "교수님. 처음에는 잘 되었는데요. 이상하게 지난주에는 다시 예전으로 돌아가 버렸어요." 민우는 교수에게 밤새 작성한 2개의 그래프를 내 놓았다.

이익

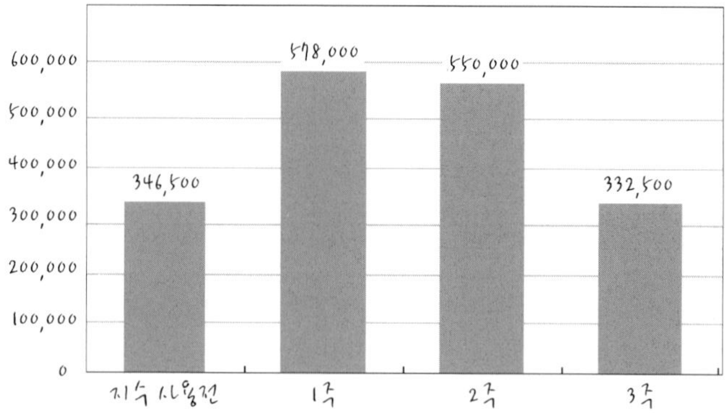

신문구매량

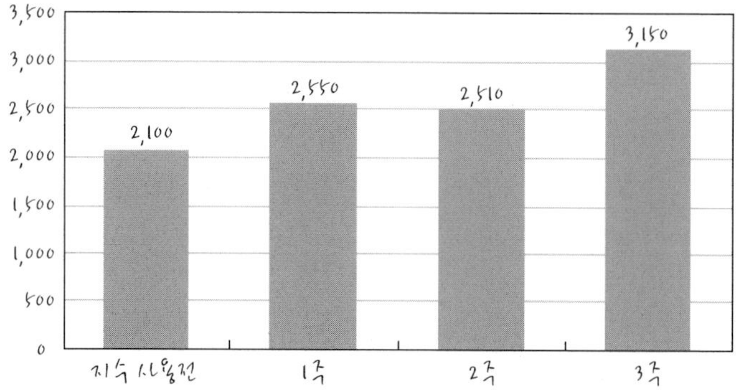

"음. 그래? 이상하군. 뭔가 수요에 큰 변화가 있었나? 구매량은 늘었는데 이익은 늘어나지 않았다. 이거 잠시 생각 좀 해봐야겠는 걸." 스토킹 교수는 민우에게 받은 종이를 한동안 쳐다보았다.

"여기 그림에 3주가 지난주를 말하는 거니?" 교수님께서 민우에게 물었다. "네."라고 민우는 힘없이 대답했다.

"지난주에는 왜 이렇게 신문 구매량이 늘어났지? 혹시 평균을 안 쓴 것 아니니?" 교수가 민우에게 의아한 점을 물었다.

"아니에요, 매주 토요일이 되면 그 주의 평균을 구하고, 요일지수를 구하고, 야구지수를 구했단 말이에요." 민우는 자신 있게 대답했다.

"그럼 지지난주에 생각보다 많이 팔린 게로구나. 수요는 많았는데, 가지고 나온 신문은 얼마 되질 않아서, 판매 완료시간이 앞 당겨진 것이라는 얘기지? 그래서 지난주에는 수요 평균이 높아진 것이고?" 교수는 자신있게 말했다.

"네. 교수님. 갑자기 수요가 그렇게 늘었다가, 또 갑자기 수요가 줄어들 수도 있는 것인가요?" 민우의 목소리에는 교수가 뭔가

해법을 찾은 것은 아닐까 하는 기대감이 배어 있었다.

"일반적으로는 말이야. 일주일과 그 다음 일주일, 또 그 다음 일주일의 수요의 편차는 그렇게 크지 않지. 어느 날에 수요가 많으면 다른 날에는 적을 가능성이 높다고 볼 수 있지. 통계적으로는 서로 독립적이지만, 이런 경우는 독립적인 것이라고 하기에는 좀 어렵지 않나 생각이 들긴 한데." 스토킹 교수가 혼잣말 비슷하게 중얼거렸다.

"교수님 독립적이라는 말은 또 뭐예요? 그것도 제가 공부해야 하는 것인가요?" 민우는 교수에게 물었다.

"아니다. 혼자 해본 말이다. 너 혹시 지지난 주에 좀 이상한 일은 없었니? 뭐 축제가 열렸다든지, 사회적으로 큰 범죄나 사건 같은 것 말이야." 스토킹 교수는 다시 민우에게 아무래도 이상하다는 생각으로 물었다.

"뭐 그런 것은 없었어요. 단지 저 개인적으로 재수 좋은 일은 있었어요." 민우는 안 그래도 이것을 물어보고 싶었다. 한꺼번에 100부씩 사주는 사람들이 있었음에도 그 주의 이익은 그 전주와 거의 동일한 수준에 머물렀는데 무척 이상하다고 생각하고 있었다.

"세상에, 신문을 100부씩 한꺼번에 사는 사람들이 있었어요. 월요일부터 금요일까지 5일 연속 말이죠. 제가 신문 팔고서부터 이런 일은 처음이에요. 100부씩 살 것 같으면 보급소 가서 직접 사면 많이 싸게 살 수 있을 텐데." 민우는 그 때의 일을 떠올리며 대답하였다.

"월요일부터 금요일까지 계속 그런 일이 있었단 말이니? 혹시 같은 사람이 계속 산 것은 아니고?" 스토킹 교수는 이상함을 느꼈다.

"아뇨. 매번 다른 사람이 샀어요. 월요일부터 금요일까지 매일 100부씩요." 민우는 기억을 되살려보았지만 요일마다 다른 사람이었던 것으로 기억하였다. 목소리는 비슷했던 것 같기도 했지만 교수에게 이 같은 자신의 느낌은 말할 필요가 없다고 민우는 생각했다.

스토킹 교수는 한참을 생각한 후 갑자기 웃었다.

"누군가 장난을 친 것이구만. 일부러 너의 신문 파는 것을 방해하려는 것 같다." 스토킹 교수는 확신에 찬 듯 이렇게 말했다.

"누가 저를 방해한다고요? 전 남에게 원수질 만큼 그렇게 살지 않았는데요." 민우는 이렇게 말하면서도 누가 그런 사람이 있을까 생각해봤다. 아무래도 얼굴이 떠오르질 않았다.

"하지만 교수님. 저를 방해하려는 사람이 왜 저한테서 신문을 사나요? 그것도 100부씩이나, 5일 동안 말이에요. 그건 저를 도와주려는 것이잖아요." 민우는 도저히 이해할 수 없다는 표정으로 스토킹 교수에게 물었다.

"그 사람이 누구인지는 모르겠지만 말이다. 그 사람한테는 무척 손해 보는 일일게다. 하지만 너한테도 손해를 입힐 수 있는 일이지. 그러니까 자신이 손해를 보면서도 너를 못 살게 구는 사람이 있는 것이지." 민우로서는 도저히 알아들을 수 없는 교수님의 이야기였다.

"민우군. 지지난 주에 100부씩 한꺼번에 파니까 이익이 생기더냐?" 교수가 민우가 궁금해 하던 것을 묻기 시작했다.

"아뇨. 그게 신기하게도 이익에 큰 차이가 없더라고요. 왜 그런 거예요, 교수님?" 홍미를 가지고 민우가 대답했다.

"일찍 팔아서 한가하기는 했겠구나. 생각해보렴. 네가 4시

30분까지 팔려고 500부를 가지고 왔다고 치자. 아홉 시에 누가 100부를 한꺼번에 사서 가면, 넌 예를 들면 좀 이른 시간인 3시 30분에는 신문을 모두 팔게 될 것 아니니. 그 시간에 다시 신문을 보급소에 가서 가지고 올 수 있겠니? 없지? 대신 3시 30분부터 4시 30분 사이에 온 손님들은 신문을 사지 못하고 그냥 돌아갔겠지?" 교수는 조목조목 짚으면서 민우에게 말했다.

"교수님께서는 미국에 점성술 배우러 갔다 오신 거예요? 아니면 천리안이라도 하나 구입하신 거예요? 어떻게 그렇게 잘 아세요? 정말 지지난 주에는 고민을 많이 했거든요. 매일 그런 일이 벌어지니, 가판대를 누구한테 맡기고 갈까 생각도 했지만, 맡길 사람도 없었어요. 그렇다고 아침에 100부를 더 사가지고 올까 했는데 설마 오늘도 팔릴까 생각이 드는 거예요. 그렇게 몇 번을 후회를 하고 나니까. 지난주에는 100부씩 더 가지고 오게 되더라고요. 더구나 완전 판매 시점에 따라 새로 계산한 평균값도 높게 나오니 저는 자신 있게 100부 정도씩 더 가지고 나온 것이죠." 민우는 어제 일처럼 생생하게 교수에게 이야기했다.

"그런데 지난주에는 100부씩 사는 손님들이 나타나지 않았겠구나?" 교수님께서 민우에게 웃으시면서 물어보셨다. 민우가 "네." 라고 대답했다.

"이제 지난주에 이익이 예전으로 돌아간 이유를 알겠니?" 교수가 다시 물었고 민우 또한 네라고 대답했다.

"하지만 앞으로 어떻게 처리하면 이런 일은 막을 수 있나요?" 민우가 어떻게 대처해야 하는지에 대해 교수에게 물었다.

"이제 별 걸 다 원하는구나. 이왕 나선 김에 가르쳐주지. 네가

알아들을 수 있을지는 모르겠다. 데이터를 기록할 때는 이상한 점이 있으면 반드시 기록해야 한다. 한꺼번에 100부씩 산다는 것은 좀 이상하잖아. 우리 이것을 이상한 점, 이상점이라고 하자. 쉽게 이야기하면 이상점은 평균을 구할 때 빼버리면 된다. 이런 이상점은 잡음과 같거든. 잡음이 있으면 음악을 제대로 들을 수 없잖아. 마찬가지인거야. 하지만 매번 이상점이 생기면 그것이 이상점이 안 될 수도 있지." 스토킹 교수의 말을 민우는 거의 알아들었다. 마지막 한 마디만 빼 놓고선. 하지만 민우는 어떻게 질문을 해야 하는지 몰랐다. 민우는 계속 누가 그런 못된 짓을 하는지 몰랐고 매우 화가 났다.

"교수님. 정말 누군지는 모르겠지만, 화가 나서 미칠 지경이거든요. 그 못된 녀석을 혼내줄 수 있는 방법이 없나요?" 민우가 교수에게 간곡히 부탁했다.

"그건 네 몫인 것 같은데. 하나는 얘기해줄 수 있다. 그 사람은 머리가 아주 좋아. 재고에 대해서 잘 알고 있다는 이야기야. 그리고 한 번으로 끝나지 않을 가능성이 크다는 것이지. 이 정도면 충분한 대답이 된 것 같은데." 그리고 스토킹 교수는 웃었다.

"그런데 교수님 오늘은 수업 없으세요? 벌써 9시예요." "뭐. 벌써 9시라고? 아이고 나 죽었다. 어떻게 하지. 학생들이 기다리겠다. 큰일이다. 큰일!" 스토킹 교수는 허겁지겁 뛰어갔다. "교수님, 신문 안 가지고 가세요?"라고 민우가 물었지만 스토킹 교수는 벌써 사라지고 없었다.

* * * * * *

아침부터 대별이가 강석이와 종두를 호출했다.

“너희들 한 번 더 해줘야 하겠어. 지지난 주와 동일하게 해주면 좋겠어.” 대별은 두 사람에게 말했다.

“지난번에는 강석이가 더 많이 샀으니까, 이번 주에는 내가 더 많이 사게 해주라.” 종두는 대별이의 말이 떨어지기 무섭게 말했다.

“그래 그렇게 해. 그런데 이번 주 물량은 지지난 주보다 좀 많다. 종두는 200부씩 월, 수, 금요일에 사고, 강석이는 화요일과 목요일에 각각 200부씩 산다. 알았지?” 대별이는 가지고 온 돈 50만원을 강석과 종두에게 나누어주었다. 강석과 종두는 얼굴에 웃음꽃이 활짝 피었다.

10시쯤 되었을 때, 민우는 올 것이 왔구나 하고 생각했다. 어떤 손님이 200부를 한꺼번에 사겠다고 했다. 민우는 아무리 유심히 뜯어봐도 아는 사람 얼굴이 아니었다. 선글라스를 끼고 있어서 자세히는 알지 못하겠지만, 얼굴이나 몸의 대강 윤곽으로는 민우가 아는 사람이 아니라고 생각했다.

“저. 손님, 죄송한데요. 한 시간 있다가 가져가시면 안 될까요? 제가 지금 신문을 가지고 있지 않아서요.” 민우가 변장한 종두에게 말했다.

“뭐. 한 시간?” 종두는 망설였다. 하지만 자신에게 떨어질 돈을 생각하니 쉽게 거절할 수가 없었다. 10만원 어치를 사면 민우가 10%인 10,000원은 싸게 해줄 것으로 종두는 기대했다. 종두는 1시간 후에 오겠다고 말했다. 종두는 근처 오락실에나 갔다 와야겠다고 생각했다.

‘이제 어떻게 하지?’ 민우는 한참을 고민했다. 보급소 아저씨에

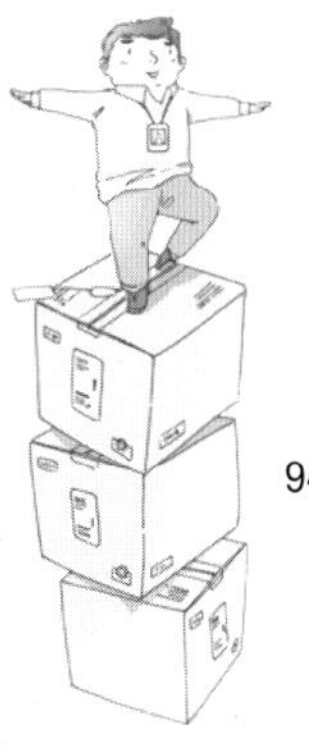

게 신문을 가져다 달라고 하면 화내실까? 옆의 역에서 신문을 팔고 계신 아저씨에게 부탁해볼까.' 민우는 이런 저런 궁리를 하다 결국은 보급소 아저씨에게 전화를 걸었다.

"아저씨. 저 민우에요. 아침 식사는 하셨어요?"

"네가 이 시간에 웬일이니? 신문이 잘 안 팔리니?"

"아뇨. 잘 팔려요. 한 가지 부탁이 있어서 전화를 드렸어요."

"부탁? 네가 나에게 부탁을 다하고. 돈 이야기만 아니면 괜찮다. 뭐냐? 나 지금 나가려던 길이거든."

"저, 아저씨 스포츠신문 200부만 가져다주실 수 있어요?" 민우는 죄송한 마음이 들었다. 늘 자상하신 분이라 고마워하고 있는데, 그런 어른께 뭔가 부탁드린다는 것이 민우로서는 여간 낯설지 않기 때문이었다.

"잘 됐네. 나 지금 신촌역 지나 시청 쪽으로 나가려는 길이거든. 그리고 우리 신문 팔아주는 건데 괜찮다. 나야 너무 좋지 뭐. 이 신문 안 팔리면 헐값에 내다 파는 것인데 뭐. 안 그래도 이것 폐기처분할까 생각 중이었거든. 내가 100원에 주마. 걱정하지 마라. 한 20분 후면 도착할거다." 아저씨가 흔쾌히 민우의 청을 들어주었다.

"아저씨 고맙습니다."

"고맙기는 내가 고맙지. 100원이라도 받으면 약간의 이익도 생긴단다. 걱정하지 말아라. 이런 거는 언제든지 좋으니까 전화만 줘." 민우는 거듭거듭 감사하다는 말을 했다. 민우는 전화를 끊고 나서 안도의 한숨을 내쉬었다. 민우로서는 이보다 일이 잘 풀릴 수는 없다는 생각이 들었다. '그럼 뭐야. 매번 이렇게 처리하면

되잖아. 완전 대박이다. 한 부에 350원의 마진을 붙여서 파는 것이니까 너무 좋은데?'

민우의 이익은 다시 급등하였다. 50만원 넘게 이익을 내는 것은 물론이거니와 2~3주에 한 번씩 찾아오는 대별이의 일종의 기부금으로 엄청난 수익을 올렸다. 예전엔 한 달에 120만원을 넘기기 힘들던 것이 이제 200만원을 훌쩍 넘겨버렸다. 민우는 이상점 관리를 철저히 하였다.

2nd story

빵집의 벤토리

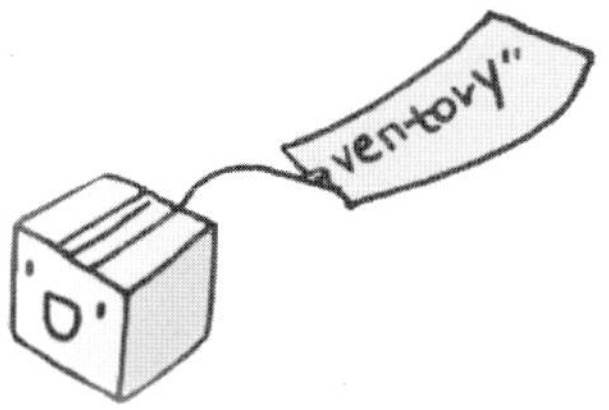

빵집의 벤토리

민우는 이젠 평균과 표준편차를 자유로이 다루었다. 컴퓨터 소프트웨어를 사용하여 편리하게 평균과 표준편차를 구했다. 그래프 기능도 좋아서 스토킹 교수에게 보여드릴 보고서를 만드는 데도 어려움을 느끼지 않았다. 민우의 수익도 안정권으로 접어들었다. 월 200만원을 넘게 꾸준히 벌었으며, 한 번에 100부씩 200부씩 사주는 사람이 있어 보너스처럼 추가로 벌수도 있었다.

민우는 재고가 남아도, 모자라도 속이 아팠다. 수요에 공급을 맞추는 것이 어렵다는 것을 알았고, 이것을 잘 하면 이익을 높일 수 있다는 자신감을 얻었다. 민우의 욕심은 수요를 잘 예측하는 방법을 알아내는 것이었다. 하지만 스토킹 교수는 입버릇처럼 민우에게 말했다.

"네가 점쟁이냐? 하느님도 수요는 정확히 예측할 수 없어. 하지만 노력하는 것은 중요하지. 줄여 나간다고 생각해라." 민우는 이 말로 위안을 삼으면서, 실망하지 않고 꾸준히 신문을 팔았다.

스토킹 교수는 여전히 아침 일찍, 새벽 6시 30분이면 늘 민우의 가판대 앞을 지나갔다. 오늘도 여지없었다. "안녕하세요. 교수님." 이라 말하면서 민우는 즐거운 마음으로 스토킹 교수를 맞이했다.

"좋은 아침이구나. 신문 두 부 줘. 여기 1,000원." 교수님은 늘 안 받겠다고 말하는 민우의 말을 무시하고 1,000원을 꼭 놓으셨다. 오늘은 스토킹 교수가 가다가 돌아왔다. "혹시, 민우 너, 신문 파는 것 그만하고 빵집에 취직 안 할래?" 교수가 뜬금없이 빵집 이야기를 꺼냈다.

"갑자기 빵집이라뇨?" 민우는 놀라 대답했다.

"여기 위에, 학교 가는 길에 보면 신촌빵집 있잖아. 그 집에서 재고관리를 할 사람 좀 구해달라고 하는데, 너 가고 싶으면 내가 소개해줄게." 스토킹 교수가 말한 빵집은 이곳 신촌역 근처에서도 빵이 맛있기로 유명했다. 민우도 늘 그 앞을 지나가다 침을 흘리곤 했다. 하지만 최근에 신촌빵집 앞에 그 규모가 2배가 넘는 그레이트 브레드라는 체인점이 생기면서 예전 같지 않다는 이야기를 지수가 민우에게 해주었다. 지수가 일하는 빵집도 그레이트 브레드가 생기면서 영향을 받았지만 신촌빵집이 직격탄을 받았다는 것이 지수의 이야기였다.

"제가 무슨 빵집 재고를 관리할 수 있다고 그러세요? 신문도 겨우 팔고 있는데." 민우는 교수의 제안을 받아들이기 힘들었다.
"민우 너 재고관리 잘 하잖아. 빵집도 결국 재고관리가 핵심이야. 그리고 네가 지내는 환경도 여기보다는 좋을 것 같은데. 돈이야 거기 간다고 많이 벌 수 있는 것은 아니겠지만. 너도 기술을 배우고, 좀 더 규모가 큰 사업에서의 재고관리를 해보고 싶지 않니?" 스토킹 교수는 평소와 달리 적극적으로 민우에게 말했다.

"해보고는 싶지만, 저 같이 잘 모르는 사람이 할 수 있을까요?" 민우의 자신감 없는 말에, 스토킹 교수는 다시 한 번 말했다. 이번에도 민우의 찬성을 유도하는 투의 말이었다.

"한 번 새로운 것에 도전하는 것도 좋지 않을까? 네가 싫다면

어쩔 수 없는 일이고. 난 재고관리 잘 하는 사람 있다고 소개해주겠다고 했는데. 괜찮아. 그냥 가서 안 되겠다고 하면 되니까. 오늘 올라가는 길에 말을 전하면 돼." 스토킹 교수는 짐짓 침울한 표정을 지으며 말했다. 그리고는 뒤돌아서려고 하였다.

"잠시만요, 교수님. 할게요. 그 대신 많이 도와주셔야 해요." 민우는 자신이 없었지만, 교수님께서 도와준다면 못할 것도 없다는 생각이 들었다. 그리고 그 동안 도와준 교수님께서 자신을 잘못된 길로 인도할 것 같지 않다고 판단되었다.

"그럼, 그건 걱정하지 마라. 그러면 이번 주까지 신문 팔고, 다음 주 월요일부터 출근하는 것으로 말해 둘게. 되겠지?" 스토킹 교수는 바람과 같이 사라졌다. '아니 신문 파는 일을 정리하는 것이 얼마나 어려운데 1주일도 안 되는 시간 안에 하라시는지.' 민우는 너무 급히 서두르는 스토킹 교수의 제안에 대해 불만을 가질 수밖에 없었다. 하지만 이곳 신문판매대에서 신문을 팔겠다는 사람들이 많기 때문에 민우는 주말까지 정리할 수 있었다.

* * * * * *

민우는 지수와 함께 집에 가는 길에, 신촌역에 내렸다. 금요일의 밤 늦은 시간이었지만 거리에는 오가는 사람들이 많았다. 둘은 신촌빵집에서 가까운 1층 커피숍에 자리를 잡았다. 민우와 지수는 아메리카노 커피를 시켰다.

"갑자기 이 야밤에 커피를 마시자고 그래? 오빠 무슨 일 있어?" 지수가 민우에게 물었다.

"응, 뭔가 너랑 의논을 해야 할 것 같아서 말이야. 사실은 스토킹 교수님께서 신문 파는 일을 그만두고 새로운 일을 하라시는데. 어떻게 해야 할지 몰라서 말이야." 민우가 어렵게 말을 꺼냈다. 지수는 갑자기 무슨 말이냐, 그리고 자세히 말해보라고 민우에게 말했다.

"저기 앞에 신촌빵집 보이지? 저기 빵집에 취직 하라시는 거야. 난 빵에 대해 아무것도 모르니까 겁도 나고 그래. 그래도 교수님께서 도와주신다고 하니 약간 설레는 것도 사실이고." 민우는 약간 흥분된 어조로 말했다.

"뭐야 오빠 벌써 결정한 것 아니야?" 지수가 이미 결정한 것을 왜 묻냐며 퉁명스럽게 말했다.

"뭐. 한번 해보겠다고 말씀 드렸지만, 내일 아침에 못하겠다고 말씀드려도 돼. 넌 어떻게 생각하니? 내가 저 빵집으로 가는 것이 좋겠니? 아니면 안 가는 것이 좋겠니? 넌 빵집에서 일하고 있으니 잘 알 것 아니야?" 민우가 말했다.

"나 같은 아르바이트생이 빵에 대해 알게 뭐야. 그냥 상냥하게 빵을 팔고 있는 것이지. 나 정말 몰라." 지수는 민우가 이미 결정을 내려놓고선 자기에게 물어보는 것이 탐탁지 않았다. 그렇지만 생에 있어 중요한 문제를 자신에게 알려주고 같이 의논하겠다는 것은 반갑고 즐거운 일이었다. 민우는 진지한 대답을 원했다. 하지만 사실 지수는 단지 아르바이트생으로서 빵집에 나가고 있는 것이어서 빵집에서 신문을 팔던 사람이 무슨 역할을 할 수 있을 지 알 수 없었다. 지수는 민우에게 자신의 생각을 이야기해주지 못했다. 미안한 마음이 들었다. 지수의 마음 한 구석에선 불안한 마음이 여전히 남아 있었다. 지수는 가람이와 함께 있을 때 무한히 행복해

하는 민우의 표정을 숨어서 여러 번 지켜보았었다. 민우가 가람이와 관계된 무슨 행동을 하는 것이 탐탁지 않았다. 지수는 자신의 생활권 안으로 민우가 머물러 있으면 좋겠다고 생각했지만, 어쩌면 민우에게 새로운 기회가 될 수 있을 것 같다는 막연한 생각도 들었다. 결국 지수는 민우에게 더 이상의 말을 할 수가 없었다.

* * * * * *

월요일 아침, 민우는 신촌빵집 앞에서 스토킹 교수를 기다렸다. 하지만 스토킹 교수는 좀처럼 오지 않았다. 한참을 기다리다 민우는 혼자 빵집에 들어갔다. 아저씨 한 사람이 열심히 빵을 판매대에 진열하고 있었다.

"안녕하세요. 저…" 민우는 쭈뼛쭈뼛하면서 말을 더듬었다.

"아! 너 민우구나. 교수님께서 말씀하셨다. 이것 좀 날라라." 빵집 아저씨는 자기소개도 없이 민우에게 일을 시켰다. 민우는 한 판 가득한 빵을 진열대에 정성스럽게 놓았다. 서툰 솜씨지만 하나하나 조심해서 놓았다. 두 사람이 1시간쯤 일하고 나서야 어수선한 빵집이 정리되었다. 두 사람이 빵을 진열하는 와중에도 빵집을 찾는 손님들이 꽤 있었다.

"자, 이리로 와 보렴. 난 남기남이라고 한다. 돌아가신 우리 아버지 대를 이어 이곳에서 40년째 빵집을 하고 있지. 내가 맡은 지는 12년 되었어. 난 빵 만드는 기술자야. 그래서 재고는 잘 몰라. 난 늘 빵만 맛있게 만들면 된다는 정신으로 살고 있거든. 그런데 앞에 저 집이 생기면서 빵이 예전만큼 팔리지 않아 재고가 많이 생기게 되었어. 그래서 스토킹 교수님께 고민을 이야기했더니,

선뜻 네 이야기를 하시더라. 재고관리를 맡기면 잘 해낼 것이라고. 솔직히 너에게 무슨 기대를 하겠냐마는 교수님께서 말씀하시니 한번 믿어보기로 했어." 기남 아저씨가 장황하게 민우를 소개받은 경위를 설명했다.

"교수님께서 저를 왜 소개하셨는지는 잘 모르겠어요. 하지만 최선을 다하겠습니다. 사장님." 민우는 자신있게 각오를 밝혔다.

"사장님? 사장은 무슨, 이런 조그마한 빵집에서, 그럼 넌 부사장이냐? 사장 하나, 부사장 하나, 전 직원이 임원이 되겠다. 2명 있는 빵집에서 사장님하면 이상하니까 그냥 아저씨라고 불러." 아저씨의 유머스러운 말에 민우는 알겠다고 했다.

"제가 뭘 해야 하는지 좀 가르쳐 주세요. 신문 파는 것 하고는 차원이 다른 것 같은데요. 신문 재고는 어느 정도 가능할 것 같은데 빵은 너무 종류가 많은 것 같아요." 민우는 빵을 정리하면서 느낀 것을 말하였다. 별 차이가 없을 것이라 생각하였는데 막상 빵집에 와서 보니 민우가 생각한 것보다 다양한 종류의 빵이 있었다.

"민우야, 그래도 이 동네에서 잘 나가는 빵집인데, 네 생각처럼 작지도 않고, 간단하지도 않고 그래. 하지만 너무 걱정하거나 서두르지는 마라. 난 12년 일해도 잘 모르니까. 천천히 생각해." 아저씨는 뚱뚱한 배만큼이나 여유로웠다.

"정 불안하면, 이거나 외우렴. 빵에 대해 모르면 아무 것도 할 수 없잖아. 그것은 우리 빵집에서 팔 수 있는 빵의 리스트야. 기본적인 모양, 가격 등이 표시되어 있으니, 전부 외워라. 할 수 있겠지? 언제까지 다 외울 수 있겠니? 내일이면 되겠니?" 아저씨는 10페이지 넘는 카탈로그를 내밀면서 말했다. 아저씨도 민우가 다

내일까지 다 외울 수 있을 것이라 기대하지는 않았다.

“아저씨 10장이 넘어요. 이것을 어떻게 내일까지 외울 수 있어요?” 민우는 리스트를 한 장씩 넘기면서 대답했다.

“그래. 안 되면 말고. 교수님께서 너 똑똑하다고 하시길래.” 아저씨는 은근히 민우의 자존심을 건드렸다.

“알았어요. 내일까지 다 외울게요.” 말은 이렇게 했지만 민우는 자신이 없었다. 저녁에는 학교도 가야 하고 어떻게 해야 할지 속으로 걱정만 될 뿐이었다.

“민우야, 너 저녁에는 학교에 가야 한다고 들었는데, 언제 나가면 되니?” 아저씨가 좀 전과는 달리 낮은 목소리로 물었다.

“저 5시 30분까지 가면 돼요. 아저씨 학교가도 되는 건가요?”

“그럼 학교 안 갈려고 했니? 당연히 가야지. 네 나이에 안 배우면 어떻게 하겠니? 하지만 학교 끝나면 다시 와야 할 것 같다. 알다시피 우리 빵집은 12시까지 여는데 와서 정리하는 것 좀 도와줘야 할 것 같아.”

“네 아저씨, 학교만 보내주시면 뭐든지 다 할게요. 감사합니다. 아저씨.” 민우는 뛸 듯이 기뻤다. 빵집 아저씨는 무뚝뚝한 면도 있는 것 같지만, 정이 많은 분이라는 것을 민우는 느꼈다.

“그럼. 일 해라. 난 좀 쉬어야겠다. 밤 새 일하니까 피곤해. 난 이 시간에는 잠을 자야 하거든.” 안쪽으로 들어가시는 아저씨를 향해 민우는 90도로 인사했다.

* * * * * *

크림치즈 1,500원, 치즈후레시번 1,700원, 호두호밀롤 2,600원, 치즈야채스콘 600원, 카레빵 800원, 세사미치즈빵 1,200원…. 민우는 하나하나 읽어 내려갔다. 빵 종류가 300가지를 넘었다. 케익류는 150가지, 기타 제품군이 100가지가 넘었다. 빵류에는 다시 간식용빵, 식빵, 도넛, 샌드위치, 패스츄리 등이 있고, 케익에는 간식용, 축하용, 생크림, 무스류가 있었다. 기타 제품군에도 음료, 아이스바, 커피, 떡 등이 있었다. '와 정말 종류가 다양하네. 이런 것들을 모두 팔고 있다는 건가?' 민우는 한마디로 질려버렸다. 하지만 빵집에 진열된 빵은 200여 가지 밖에 되지 않았다. 550여 가지 중에서 일부만 판매되고 있었다. 민우는 나중에 왜 실제 팔고 있는 빵이 리스트에 있는 빵보다 적은지 아저씨께 여쭤봐야겠다고 생각했다. 정신없이 외우고 또 외웠다. 하지만 민우가 외울 수 없는 것들이 있었다. 사진만으로는 구별하기 어려운 것들도 있었다. 단팥빵과 호두단팥빵은 그 모양이 똑같지만 안에 들어가는 내용물이 달라서 이름이 다르게 붙여진 것이었다. 이런 것들은 어떻게 구분해서 외워야 할지 민우는 궁금했다.

"네, 어서 오세요." 민우는 빵 이름을 외우고 있던 종이에서 눈을 떼고 들어오는 손님을 맞이하려고 일어섰다.

"민우 오빠, 나야 가람이." 가람이 웃으며 말했다.

"너 어떻게 알고 여기로 왔니?" 민우는 조금 당황했다.

"아빠한테 들었죠, 뭐. 재밌어요?"

"미치겠다. 도대체 외워야 할 게 왜 이리 많은지. 이거 내일까지 다 외워야 해." 민우는 들고 있던 종이 뭉치를 흔들어 보였다.

"쉬운 일이 있겠어요? 신문 파는 것과는 차원이 다르잖아요.

규모가 이렇게 큰데요." 가람은 빵집을 둘러보며 말했다.

"너 시험 결과는 나왔니? 지난번에 국가대표 선발전 시험 봤잖아. 그 결과가 나올 때가 된 것 같은데." 민우는 혹시 떨어졌으면 어떻게 하지 하는 걱정으로 주저하였지만, 가람이 표정이 밝은 것으로 보아 기대하며 물었다.

"네. 잘 됐어요." 가람은 싱긋 웃었다.

"뭐야. 그럼 너 국가대표 된 거야. 국제 대회에 나가게 된 거야? 와! 대단하다. 정말 축하해." 민우는 뛸 듯이 기뻤으나 어떻게 표현해야 할지 몰랐다. 민우에게 이처럼 기쁜 일은 없었기 때문이다.

"아뇨, 아직 확정된 것은 아니고요, 여기서 몇 명은 다시 떨어지나 봐요. 어쨌든 오빠가 좋아해줄 것 같았어요. 고마워요." 가람은 자신보다 기뻐하는 민우를 보면서 쑥스러워했다.

민우는 가람의 고생을 잘 알았다. 가람은 초등학교 3학년 때부터 수학 공부를 시작했다. 어릴 때부터 가람이 수학에 천재성이 보이자 가람 엄마는 가람이를 데리고 영재성 평가를 받았다. 그 영재성 평가에서 가람이가 탁월한 성적을 보여, 초등학교 1학년에 멘사 협회 회원으로 가입되었다. 가람은 4학년 때부턴 전국 수학경시대회에서 계속 1등을 기록하였다. 6학년 때부턴 가람은 중학교 대회에 참석하였고, 중학교 대회에서도 계속 1등을 차지하였다. 하지만 중학교 3학년 때부터 수학보다 여행에 관심을 가졌고 3년 동안 거의 전 세계를 다 둘러볼 정도로 여행에 몰입했다. 그러다가 가람이 고3이 되면서 수학에 다시 집중하게 되었고 급기야 국가대표 상비군까지 되었다. 늘 밝고 어린애 같은 얼굴을 가진 가람이에 대해 대부분의 지인들은 수학 천재라는 생각보다는 귀여운 이웃집 동생 정도로 느꼈다.

"오늘 축하파티라도 해야 하는데, 어떻게 하지? 나 오늘 밖에 나갈 시간이 전혀 없는데. 여기 지키다, 저녁에 학교 갔다가, 다시 여기로 돌아와야 하는데, 도저히 시간이 안 되는데 어떻게 하지?" 민우는 지난번 자신의 신문판매 수익이 증가하였을 때에 가람이 기꺼이 축하파티에 동참했던 것을 기억했다. 하지만 민우는 그렇게 과감한 의사결정을 내리지 못했다. 빵집에 나온 첫 날부터 먼저 나간다고 말할 용기가 없었다. 그래서 민우는 가람에게 미안한 마음이 들었다.

"다음에 하면 되죠, 뭐. 그냥 기쁜 소식을 오빠에게 알려 주고 싶었어요. 부담 갖지 마세요. 오빠가 시간 없을 것 같아서, 엄마랑 데이트하기로 했어요. 곧 엄마가 여기로 오실 거예요." 가람은 전혀 개의치 말라고 손을 들어 괜찮다는 표현을 하였다.

그 때 한 중년 부인이 빵집으로 들어왔다. 민우는 가람이가 아빠를 안 닮고 엄마를 닮았다는 것을 알았다. 우아한 자태하며, 단정한 옷맵시가 스토킹 교수와는 전혀 달랐다. 밝은 미소를 항상 머금은 듯하여, 그 목소리까지 궁금케 하였다.

"엄마." 가람은 손을 들어 부인을 맞이하였다. 가람 어머니는 민우와 가람이 있는 곳으로 다가왔다.

"박민우씨? 가람 아빠에게 얘기 많이 들었어요. 얘기로 들을 때보다 훨씬 미남이네요. 고생이 많다고 들었어요. 만나서 반가워요." 가람 엄마는 민우에게 반갑게 인사를 건넸다.

"네. 안녕하세요. 전 박민우라고 합니다." 민우는 자신도 모르

게 차렷 자세로 씩씩하게 인사하였다.

"우리 가람 아빠가 좀 괴롭히지는 않아요? 워낙에 엉뚱하신 양반이라."

"아니에요. 교수님 덕분에 저 돈 많이 벌었고요. 새로운 것도 많이 알게 되어 좋아요." 민우는 스토킹 교수에게 늘 감사하다는 생각을 가지고 있었지만, 그것을 말로 표현하는 방법은 잘 몰랐다.

"그래요. 만약 가람이 아빠가 괴롭히면 저에게 연락하세요. 제가 혼내줄 테니까요." "아니에요. 절대 그런 일 없어요." 민우는 두 손을 앞으로 뻗어 흔들면서 말했다. "가람이 너도, 민우 오빠가 이렇게 고생이 많은데 매일 여기 와서 방해하면 안 된다." 가람 엄마는 가람에게 주의를 주었다.

"제가 뭘 방해했다고 그래요. 민우 오빠, 내가 오빠 방해했어요?" 가람이 억울하다는 투로 말했다.

"아니에요, 아주머니. 가람이도 많이 도와주었어요. 늘 감사하게 생각해요." 민우가 웃으면서 말했다.

"그러면 다행이고. 자, 우리는 나가자." 가람 엄마는 가람이를 데리고 빵집을 나섰다. 둘은 서로 장난을 치면서 걸어갔다. 민우는 가람이와 가람 엄마의 다정한 뒷모습을 멍하니 쳐다보았다.

* * * * * *

민우에게도 중학교 3학년 때까진 부모님이 계셨다. 민우는 겨울방학 때 스키 캠프를 갔었다. 민우 엄마와 아빠는 민우를 데리러 강원도 용평에 가다 그만 교통사고를 당했다. 음주운전 차량이 중앙선을 침범했고, 그 바람에 민우 부모님은 큰 부상을 당했고

병원으로 옮겨졌으나 곧 돌아가셨다. 벌써 단란했던 가족들과의 생활은 아련한 추억으로만 늘 가슴 속에 남아 있었다. 부모님의 갑작스러운 죽음으로 민우의 생활은 완전히 달라져 버렸다. 민우는 혼자 사시는 할머니에게 맡겨졌고 열심히 돈을 벌며 학업을 이어나가야 했다.

민우에게 가람과 가람 어머니의 다정한 모습은 더 없이 부러운 것이었다. 민우는 자신도 모르게 가물가물한 기억을 더듬어 엄마와 놀던 때를 떠올렸다. 하지만 민우에게 남은 엄마와의 기억들은 많지 않았다.

* * * * * *

이른 새벽 민우가 빵집에 도착했을 때, 기남 아저씨는 이미 일을 하고 있었다. 아저씨는 밤새 주방에서 일했고, 새벽부터는 공장에서 배달된 빵을 트럭에서 내려 매장 안으로 옮기고 있었다. 민우는 빵 나르는 일을 도왔다. 한 번에 겨우 한 상자나 두 상자를 나를 수 있었다. 빵 공장에서 매일 배달되는 빵은 무척 많았다. 핵심적인 빵 몇 가지만 아저씨가 직접 만들었고, 나머지는 모두 빵 공장에서 제공받았다. 빵 정리가 끝나고 두 사람은 쉬기 위해 테이블에 앉았다. 이미 두 사람의 몸은 땀에 절어 있었다.

"제품의 종류뿐만 아니라 그 양도 참 많구나."라고 민우는 혼자 중얼거렸다. 아저씨는 아침부터 무슨 염불 외냐고 민우에게 말했다.

"아저씨, 이것들 안 팔리면 어떻게 해요?" 민우는 아저씨가 예상하지 못한 것을 질문했다.

"공장에서 받은 것은 받은 가격의 20%를 빼서 반품할 수 있고,

일부는 우리가 먹을 수도 있어. 많이 남을 땐 근처 양로원이나 고아원에 가져다주기도 하지. 하루 정도 지난 것은 괜찮은데 손님들은 예민해서 안 사거든. 그렇다고 양로원이나 고아원에 하루 지난 것을 드린다는 것은 아니야. 날짜가 지난 빵은 폐기처분하지." 아저씨는 정말 골치 아픈 일이 안 팔리는 빵이라고 했다.

"아저씨. 그런데 반품이라는 것은 뭐예요?" 민우는 궁금한 것이 있으면 바로바로 물어보는 성격의 소유자였다.

"반품은 되돌려 주는 것이야." 아저씨가 간단하게 대답했다. '정말 신문이랑 비슷하다. 신문처럼 데이터분석 작업을 해 봐야겠는걸.' 민우는 다시 속으로 중얼거렸다. 그 때 갑자기 아저씨가 말했다.

"너 다 외웠니? 테스트 한 번 해볼까?"

밤 새워 외웠지만 민우에겐 아직도 헷갈리는 것이 여럿 있었다. 가격도 외워야 하기 때문에 여간 힘든 일이 아니었다. 가격이 800원에서 900원인 제품이 많고, 2,000원 전후의 제품도 많아서, 외우기가 까다로웠다. 아저씨는 바구니 하나를 잡으시더니, 진열대에 놓여 있는 빵 중에서 5개를 바구니에 담았다. "총 5개를 골랐다. 이름과 가격을 정확히 말하면 네가 먹을 수 있게 해주지. 아침도 제대로 안 먹었잖아. 그렇지? 5개를 다 맞추면 특별히 우유 한 잔은 보너스로 주겠다. 물론 다 틀리면 너의 아침은 없어." 아저씨의 얼굴에는 장난기가 가득했다.

"아저씨. 그냥 종이 보고 물어보시는 것 아니었어요?" 민우는 종이에 적힌 글만 냅다 외웠다. 실제 빵을 보고 말을 해야 하는 상황이 될지는 꿈에도 몰랐던 민우는 적지 않게 당황했다.

"그깟 종이에 있는 것이 무엇이 중요하겠니? 그런 것은 진열대에 있는 이름표 보면 다 나와 있는데. 이렇게 친절하게 설명해 놓았잖아. 이름과 가격. 그건 손님들 몫이고, 너는 빵을 보고 그게 무엇인지 알아야 하잖아." 민우는 뭔가 말하고 싶었지만, 모두 아저씨의 말이 옳다고 생각했다. 그래서 반대를 할 수 없었다.

"자 그럼, 첫 번째. 이건 뭐니? 내가 일부러 쉬운 것을 골랐다." 아저씨는 둥글고 납작한 빵을 가리켰다.

"그건 호떡요." 한참을 망설이다 민우는 대답했다.

"땡, 이건 달콤한 호떡빵이다." 아저씨는 빵을 둘로 쪼개면서 속을 민우에게 보여주었다.

"아니 호떡하면 맞는 것 아니에요? 밖으로 보면 차이가 안 나잖아요." 민우는 불만을 토로했다.

"무슨 소리. 달콤한 호떡빵과 호떡은 엄연히 다른 것이지." 호떡에 비해 달콤한 호떡빵이 나중에 나온 것이었다. 내용물에서 차이가 났고 그래서 가격도 달콤한 호떡빵이 100원이 비쌌다.

"네가 틀렸으니까 이건 내가 먹도록 하지."라고 말하면서 아저씨는 달콤한 호떡빵을 입으로 가져가서 한 입에 쏙 넣었다. 아저씨는 정말 맛있다는 표정을 보였다. 민우의 속은 쓰리기 시작했다.

"이건 뭐지?"라고 말하면서 아저씨가 이번엔 고로케 하나를 가리켰다.

"고로케인데 종류가 많잖아요. 겉모양만 봐서는 잘 모르겠는데요." 민우는 부당하다는 듯이 말했다.

"답만 말해봐." 아저씨는 민우의 말을 들은 체도 안 했다.

"잡채 고로케, 1,100원." 민우는 할 수 없이 찍었다.

"땡. 이건 김치 고로케다." 아저씨는 역시 고로케를 둘로 쪼개면서 내용물을 민우가 확인토록 해주었다.

"아저씬 안에 들어 있는 게 김치인지 잡채인지 어떻게 알아요? 그것 잡채 맞는 것 같은데요. 제가 한 입 베어보면 확실히 알 수 있을 것 같은데." 민우가 짐짓 억지를 부렸다. 분명 민우도 김치 냄새를 맡았다.

"얘가 배가 고프긴 고픈가 보군. 그런 술수를 쓰면 내가 속아 넘어갈 줄 아냐? 이건 김치 고로케가 맞아. 맞는지는 내가 먹어보면 되지 왜 네가 먹어보겠다는 거냐? 그리고 한 10년 일하다 보면 이게 김치인지 잡채인지 다 보여." 그러고는 아저씨가 김치고로케를 한 입씩 베어 먹었다. 갓 만들어서인지 베어 물린 고로케에서는 김이 모락모락 났다.

"세 번째 문제다. 이건 뭐지?" 아저씨가 이번에는 머핀을 가리켰다. 하지만 머핀도 들어가는 재료에 따라 다양하게 구분된다. 초코, 치즈, 블루베리 등이 있다. 색깔을 볼 때 약간 노란색을 띠는 것으로 보아 치즈머핀이 확실했다.

"치즈머핀, 1,800원." 민우는 자신 있게 대답했다.

"땡, 아까운데. 치즈머핀은 맞는데 2,000원이거든. 이것도 내가 먹어야겠다."

아저씨가 치즈머핀을 먹으려는 순간

"아저씨, 이름 맞추면 절반은 주셔야 하는 것 아니에요?" 민우가 애절한 눈빛으로 말했다. 하지만 아저씨는 치즈머핀을 한 입에 쏙 다 넣어버렸다.

결국 민우는 한 문제도 못 맞췄다. 굶주린 민우의 배에서는 연신 꼬르륵 소리가 났다. 배가 고픈데다 갓 구워낸 빵 냄새가 민우를 견딜 수 없게 만들었다.

"내일 다시 해요." 민우는 억울한 생각에 아저씨에게 조르듯이 말했다.

"그래? 그거야 좋지. 그런데 오늘은 배고파서 어떻게 하냐?" 아저씨는 민우가 하나도 먹지 못한 것이 못내 걱정되는 듯 하였다.

"아니에요. 약속은 약속이잖아요." 민우는 비장한 각오라도 한 것처럼 말했다.

"아휴 기특해라. 그런 정신이면 금방 하겠네." 아저씨는 민우의 어깨를 톡톡 두들기고서는 안쪽 방으로 들어갔다..

대학가 앞이어서인지, 손님들이 꾸준히 들어왔다. 아침엔 등교하면서 한 손에는 커피, 한 손에는 빵 한 조각 사는 학생들이 있었고, 점심시간에도 빵을 점심 대용으로 먹는 사람들이 있었다. 저녁에는 선물용 케익이나 내일 아침을 위한 토스트, 샌드위치 등이 잘 팔렸다. 민우는 빵 하나하나를 팔면서 이름을 외우고, 또 외웠다. 민우는 빵들을 정리하면서 포장지를 자세히 관찰했다. 똑같은 모양이지만 안에 들어가는 재료가 다른 경우에는 포장지에 쓰인 글씨의 색깔이 달랐다. 호떡빵 중에서도 달콤한 호떡빵의 투명 비닐에는 노란색 글씨가 쓰여 있었고, 그냥 호떡빵에는 파란색 글씨가 쓰여 있었다. '그럼 그렇지. 뭔가 있을 줄 알았어. 내 이럴 줄 알았다니까.' 민우는 기남 아저씨가 어떻게 빵의 내용물을 정확히 맞춘 비밀을 풀었다고 생각했다. 하지만 민우의 생각이 짧았다.

* * * * * *

민우는 그날 밤 퇴근하지 않고, 빵집에 남아 밤을 새웠다. 밤새 안 쪽 주방에서는 아저씨가 갖가지 빵을 만들었다. 밀가루 반죽을 하고, 갖가지 재료들을 넣어서 요리조리 처리하여 오븐에 넣었다가 빼면 멋진 빵이 등장하였다. 민우는 옆에서 그 과정을 지켜봤다. 민우에게는 매우 신기한 광경이었다. 아저씨는 빵을 구우면서도 그 과정을 민우에게 하나하나 설명해주었다.

"민우야, 장사를 하면서 가장 중요한 것은 정직이다. 너도 꼭 명심해야 한다. 손님들은 결코 배신하지 않는다는 게 내 지론이야. 좋은 재료로 맛있게 만들면 손님들은 끊임없이 찾아주게 되어 있단다. 특히 재료는 정말 중요해. 싸다고 아무 거나 사면, 제대로 맛을 낼 수 없어. 너도 이건 잘 알고 있어야 할 거야." 아저씨는 민우를 친 자식인양 자상하게 대했다.

"네, 명심하겠습니다." 민우는 돌아가신 아빠를 떠올렸다. 명확한 기억은 없지만 막연히 아저씨 같은 분이었을 것 같다고 생각했다.

"이렇게 빵을 만들고 있으면 난 마냥 행복하단다. 마치 빵이 살아 숨 쉬는 것 같아. 이것들이 잘 팔리면 좋은데, 안 팔리면 마음이 너무 아파. 애초에 안 만들었으면 좋은데, 맛있게 만들었는데, 아무도 안 사가면 내가 뭘 잘 못했나 생각도 들고 그래. 그러니 네가 재고관리를 잘 해줬으면 좋겠다." 아저씨는 민우에게 당부의 말도 잊지 않았다.

"아저씨. 저 빵 구별하는 법 알아냈어요. 포장지에 쓰인 색깔이 다르던데요. 미리 가르쳐 주셨으면…" 민우는 그랬으면 좀 더 빨리 외울 수 있었을 텐데라는 말을 하지는 않았다.

"관찰력이 뛰어나구나. 하지만 말이다. 이렇게 빵을 하나하나 만들다보면, 물론 모든 빵을 여기서 만드는 것은 아니지만, 포장지가 없어도 알 수 있단다. 네가 그 정도 수준까지 올라가기를 당장 바라는 것은 아니다만, 그래도 그 정도는 알아야 한다. 아마 너도 곧 알게 될 거야." 아저씨는 밀가루가 묻은 손으로 민우의 콧등을 살짝 꼬집었다.

* * * * * *

다음 날 아침 아저씨는 민우에게 함께 빵을 먹자고 했다. 하지만 민우는 어제 한 약속이 있어 아저씨에게 시험을 보게 해달라고 하였다.

"네가 정 원하면, 하는 수 없지." 아저씨는 이렇게 말하고는 빵을 세 가지 골라 왔다. 포장지는 벗겨지고 없었다.

"이건 뭐니?" 아저씨가 민우에게 물었다. 민우는 호떡 같이 생겼지만 약간 모양이 다르고 부드러움을 느꼈다. 냄새는 호박냄새와 치즈 냄새가 나는 것 같았다.

"단호박크림치즈빵, 1,500원, 맞죠?" 민우는 자신 있게 대답했다.

"제법인데, 그럼 이건 뭐야?" 아저씨가 이번엔 단팥빵을 가리켰다. 모양은 똑같지만 들어가는 내용물에 따라 그냥 단팥빵이 있고, 호두 단팥빵, 엘핀 단팥빵 등이 있다. 민우는 겉모양으로 이 둘을 구분할 수 없었다. 냄새로도 거의 차이를 알 수가 없었다.

"단팥빵 700원…" 자신 없는 목소리로 민우는 대답했다.

"너, 호두 단팥빵하고 어떻게 구분했니?" 아저씨는 너무 놀라워서 민우에게 물었다.

"저 찍었어요. 아저씨라면 그냥 단팥빵을 선택하실 것 같아서

요.” 민우는 자신의 생각을 솔직히 아저씨에게 말했다.

“내가 이걸 선택할 것으로 생각했다 이거지. 독심술하냐?”

“그건 아니고요. 그냥 평범한 것을 하나쯤은 선택하실 것으로 생각했어요. 다른 것들은 모두 기본 빵에다 재료를 일부 바꾼 것들을 고르고, 그 중 하나는 가장 평범한 것을 고를 것으로 생각했어요.” 민우의 말에 아저씨는 기가 막혔다. 자신이 생각한 것을 정확히 알고 있는 민우가 의아스럽기도 했지만 자랑스럽기도 했다.

“그럼 이건 뭔지 알겠네.” 하면서 아저씨는 마지막 빵을 내밀었다.

“콘소보루빵, 700원, 옥수수가 올려져있어요.” 민우는 순식간에 대답했다.

“와. 너 이 많은 걸 다 외웠니? 그것도 이틀 만에. 대단한데. 기네스북에 오르겠어.” 아저씨는 따뜻한 우유를 잔에 따라 빵과 함께 민우 앞에 내 놓았다. 민우는 태어나서 가장 맛있는 빵을 먹었다. 하지만 민우의 마음이 편한 것만은 아니었다. 잠시 아저씨의 마음을 잘 예상했을 뿐이라는 생각이 들었다. 사실 단팥빵과 호두단팥빵은 아무리 봐도 구분이 잘 되지 않았다. 좀 더 열심히 해야겠다고 민우는 결심했다.

* * * * * *

오후 해가 남아 있었지만, 학교로 올라가는 사람보다는 지하철역 쪽으로 내려오는 사람이 많을 때였다. 가람이가 빵집에 들어왔다. 민우가 학교 가는 길에 가람이도 학원에 같이 가려고 들른 것이라 하였다. 지수에게는 빵집 일이 있어 늦게 갈 수밖에 없고, 먼저

가 있으라고 말한 후였다. 가람이 나타나자 민우는 빵집 일을 제쳐두고 가람과 함께 빵집을 나섰다.

민우와 가람은 사당 쪽으로 가는 지하철 2호선을 탔다. 사람은 그리 많지 않았지만 둘이 함께 앉을 자리가 없어 나란히 섰다.

“넌 학원이 어딘데 2호선을 타고 가니?” 민우가 먼저 어색한 분위기를 깨려는 듯 가람이에게 물었다.

“대치동까지 가야 해요. 좀 멀죠? 아쉽게도 수학경시 학원은 대치동에 많이 몰려 있거든요.” 가람이 짧게 답했다.

“그럼 몇 호선으로 갈아타야 하는 거야?” 민우는 지하철 노선표를 보려고 고개를 돌렸다.

“그냥 삼성역에 내려서 버스 타고 가면 되요. 오빠는 어디서 내려요?” 이번에는 가람이 민우에게 물었다.

“난, 신대방역에서 내리면 돼.”

“그럼, 오빠가 먼저 내리겠구나.” 가람이는 약간 아쉬운 표정을 보였다.

“교수님은 잘 계시니?” 민우는 삼성역까지 바래다줘야지 마음속으로 생각하면서 말을 딴 곳으로 돌리려고 스토킹 교수 이야기를 꺼냈다.

“우리 아빠야 늘 그렇죠 뭐. 이번에 푼 수학문제 때문에 여기저기서 인터뷰해달라고 난리들이에요. 우리나라 사람들은 수학에는 관심도 없으면서, 무슨 상을 타면 난리법석인지 몰라요.”

“왜. 넌 그런 게 안 좋으니. 아빠가 유명해지면 좋은 거잖아.”

“나한테 뭐가 좋아요. 너무 바쁘셔서 잘 놀아주시지도 않지, 수학문제 하나도 풀어주실 시간도 없고. 얼굴도 제대로 못 봐요.”

가람은 평소 가지고 있던 아빠에 대한 불만을 털어놓았다.

"교수님께서 방송에 나오셔서 인터뷰하시는 모습은 못 봤는데…" 민우는 의외라는 표정을 지으며 가람에게 물었다.

"아니 인터뷰하러 다니시느라 바쁘신 게 아니고, 그것 피해 다니시니라 바빠서. 집에도 전화 올까봐 늦게 들어오시고." 가람이 웃으면서 말했다.

"하하. 정말 특이하신 분이시라니까." 민우도 가람이를 따라 웃었다.

"그리고 요즘에는 비행기 공포증 없애시려고 심리치료를 받고 계신 것 같아요. 지난번에 배타고 왔다갔다하시면서 뱃멀미 때문에 엄청 고생하셨나봐요." 가람이의 표정은 여전히 재밌다는 투였다.

"왜 아니겠니. 요즘 세상에 태평양을 배로 건너는 사람이 어디 있니? 치료 잘 받으셔서 비행기 자유롭게 타시면 좋겠다." 민우는 걱정스러웠지만, 민우의 얼굴에는 재밌다는 표정이 역력했다.

"참. 아빠가 오빨 위해 뭘 준비하고 계신 것 같던데요. 나에게 '너 이거 이해하겠니?'하고 자꾸 물어보시는 게 오빠에게 설명하기 전에 미리 나한테 테스트해보시는 것 같았거든요. 만날 '이거 어떻게 설명하지…' 그러시면서 혼잣말만 하시더라고요." 가람이 민우에게 말했다.

"많이 어려운 것인가 보다. 지난 번 평균과 표준편차와는 다른 것인가? 요즘 빵집에서 일하다 보니까, 빵하고 신문하고 비슷한 것이 너무 많더라고. 그래서 교수님께서 나를 빵집에 소개해주신 거구나 생각하고 있는데, 뭔가 다른 게 더 필요하다는 것인가?" 민우는 정말 궁금했다.

"그건 잘 모르겠어요. 그런데 내가 좀 들어봤더니 가격과 마진 뭐 그런 것에 대한 이야기였던 것 같아요. 오빠 마진이 뭔지 알고 있어요?"

"마진? 처음 듣는 말인데, 마진이 뭔데." 오히려 민우가 가람에게 반문했다.

"마진은 하나 팔아서 얻는 이익이라고 하시던데. 영어로 'Margin'에서 온 말로, 판매가격에서 원가를 뺀 것을 말한대요. 왜 신문 하나에 500원에 파는데 250원에 사왔으면 250원이 남잖아요. 그게 마진이래요." 가람이 마진에 대해 차분히 설명했다. 민우는 쉽다고 대답했고, 그렇게 쉬운 것을 뭐가 어렵다고 그러냐면서 가람에게 핀잔을 주었다.

"그걸로 끝나면 내가 어려워하겠어요? 그것 말고, 오버리지 코스트가 어떻고 언더리지 코스트가 어떻고 이야기하시는데 도대체 한 마디도 못 알아 듣겠더라니까요. 조금 있으면 오빠도 당할 테니까 그 때 한 번 느껴봐요. 얼마나 괴로운지. 왜 어른들은 그렇게 어려운 단어들을 지어내고, 연구하는지 몰라." 민우는 가람이의 불평어린 표정도 귀여워보였다. '오버리지 코스트, 언더리지 코스트 정말 어렵네.' 민우는 마음속으로 중얼거리며 가람이 이야기한 몇 가지 단어들을 기억하려고 노력했다.

"그건, 네가 어려운 수학문제 푸는 것과 마찬가지 아닐까? 너 남들이 못 푼 수학문제 풀면 기분 많이 좋지? 아마 어른들도 남들 모르는 문제 만들어 놓고 그걸 해결하면서 기뻐하는 것 아닐까?" 민우가 예를 들어 가람에게 설명하고선 동의를 구했다.

"수학문제 어려운 것 풀고 나면 정말 기분 좋은데, 오빤 어떻게

그런 기분을 알아? 수학 잘 안하잖아요."

"나 수학 잘해. 너만큼은 안 되어도…"

"누가 못한다고 했어요? 안 한다고 했지." 민우의 말에 가람이가 가볍게 웃으면서 말했다.

"어제 밤 새워서 빵 이름 다 외웠거든. 그리고 오늘 아침에 빵집 아저씨께서 시험을 하셨는데 내가 다 맞췄잖아. 하하. 아마 이런 기분일거야. 수학문제 푸는 것 말이야." 민우는 자랑하듯 이야기했다.

"난 빵 이름을 외우질 않았으니 그 기분을 어떻게 알꼬? 그래도 비슷한 기분일 것 같아요." 민우와 가람은 이런저런 이야기를 나누면서 삼성역까지 갔다. 가람은 자신을 바래다준 민우에게 미안하다고 계속 말했다. 물론 민우는 괜찮다고 걱정하지 말라고 했다. 민우는 돌아오는 지하철에서 가람이와 나눈 이야기를 다시 생각하면서 스토킹 교수가 말했다고 하는 몇 가지 단어들을 되새김질했다. 마진, 오버리지 코스트, 언더리지 코스트.

* * * * * *

민우는 재고에 대해 살펴보기로 결심하고 빵집으로 향했다. 역시 아저씨는 어제도 밤을 새웠다. 아저씨는 늘 밤에 일하고, 아침에 자는 힘든 일정을 보냈다. 민우가 오늘부터 방학이 시작되기 때문에, 오후에도 일할 수 있어 아저씨를 좀 더 도울 수 있었다.

"아저씨 재고관리가 어려운 빵이 어떤 것이에요?"

"모두 어렵지. 내가 직접 만드는 빵은 몇 개 만들어야 할지 몰라 어렵고, 공장에서 받아오는 빵은 몇 개를 구매해야 할지 몰라 어렵지. 몇 개가 팔릴지 모르니까 어려운 것이지. 12년 일해 왔지만, 아직도 수요는 잘 파악이 안 돼!" 아저씨가 고개를 절레절레 흔들었다.

"그래도 재고관리가 특히 중요한 것들이 있을 것 같은데요." 민우의 이런 질문에 아저씨는 잘 모르겠다는 표정을 보였다. 그때 빵 집 문이 열리면서 반가운 사람이 들어왔다. 스토킹 교수였다.

"교수님. 이런 아침 일찍 웬일이세요?" 아저씨가 먼저 인사를 건넸다.

"늘 이른 아침에 출근하지 않습니까? 자주 안 들렀지만 오늘부턴 매일 아침 빵을 사러 와야 할 것 같습니다. 제 아내가 아침을 여기서 사 먹으랍니다. 그러면서 아침을 주질 않는 겁니다. 그래서 할 수 없이…" 스토킹 교수가 머리를 긁적이며 기남 아저씨를 보면서 말했다.

"네? 사모님께서 갑자기 왜 그런 결정을 하셨답니까? 좌우지간 여기 오셔서 빵을 고르세요. 교수님께는 돈 안 받을 터이니 마음 놓고 고르십시오. 교수님께서 여기 오시다니 정말 영광입니다." 아저씨의 얼굴엔 행복감이 가득 차 있었다.

"교수님. 어떤 빵 드릴까요? 아침이시니까 샌드위치 드릴까요?" 민우로선 늘 고마워하는 분이라 더 좋은 빵을 고르려고 이리저리 찾아보았다.

"저기 샌드위치 하나 하고 커피 한 잔 사서 연구실에 가서 먹을 거란다."하면서 교수는 햄에그토스트와 아이스라떼를 선택하였다.

"그런데, 들어올 때 보니까, 재고에 관해 이야기하고 있던데,

무슨 문제라도 있니?" 이번에는 스토킹 교수가 민우에게 물었다.

"아니, 재고관리가 중요한 빵이 어떤 것이냐고 민우가 물어보길래, 제가 다 중요하다고 했죠." 아저씨는 축약해서 내용을 교수에게 말했다.

"재고관리가 중요한 품목이라. 그건 매출 비중이 높은 품목이지." 교수는 당연하다는 듯이 가볍게 이야기하였다.

"교수님. 매출 비중이라는 것은 뭐예요?" 민우는 마진, 언더리지 코스트, 오버리지 코스트 이야기를 가람을 통해 들었었다. 그러나 매출비중이라는 말은 처음 들었다. 하지만 민우도 대략 그 뜻을 이해할 수는 있었다.

"내가 또 너무 어려운 용어를 썼나? 이익에서 차지하는 비율이 높은 빵을 말한단다. 이렇게 말하면 좀 알아들을 수 있을 것 같은데. 그러니까 100가지의 빵을 파는데, 어떤 것은 마진이 100원인데 100개가 팔리고, 어떤 것은 마진이 1,000원인데 100개 팔린다면 어떤 것이 더 이익이 크다고 할 수 있겠니?" 교수는 민우의 이해를 돕기 위해 최대한 쉬운 용어를 사용하였다.

"교수님. 또 모르는 단어. 마진이 뭐에요?" 사실 민우는 가람이를 통해 마진이 무엇인지 들었다. 하지만 민우는 모르는 척 해야만 할 것 같았다. 교수를 통해 다른 이야기를 들을 수 있을 것 같다는 생각도 들었기 때문이었다.

"음. 마진이라, 그것까지는 생각 안 해봤는데, 영언데, 빵 하나당 남는 돈으로 생각하면 어떨까? 100원에 사와서 200원에 팔면 마진은 100원이 된단다." 스토킹 교수는 여기까지 이야기하더니 잠시 머뭇거렸다.

“아니다. 100원만으로는 좀 부족하다. 밀가루나 참깨 등 빵을 만드는 데 들어가는 돈을 재료비라고 하는데, 원가는 이 재료비에 빵을 팔기 위해 쓰는 돈도 포함되어야 한단다. 가게를 여는 데 들어가는 돈, 예를 들면, 임대료, 그리고 민우 같은 직원에게 드는 월급 등도 모두 원가에 들어가야 해.” 교수의 말 속도가 보통 때보다 2배는 빨라졌다. 빠른 가운데서도 계속 민우가 이해할 수 있는 단어들을 사용하려고 스토킹 교수는 노력했다.

“그러니까 마진은 순수하게 버는 돈을 말하겠네요.” 민우가 교수의 말이 끝나자마자 교수의 말에 대한 자신의 이해 정도를 피력했다.

“그래, 바로 그거다.” 스토킹 교수는 민우의 머리를 쓰다듬었다.

“자, 다시 돌아가보자. 여기 이 빵집에서 하루에 100만원의 이익이 생긴다고 하자. 좀 더 많이 버시나요?” 하면서 스토킹 교수는 아저씨를 보았다. 동의를 구하는 표정이었다.

“그 정도 가지고는 힘듭니다. 100만원 벌어서는 임대료, 민우 월급 주고 나면 남는 게 없으니까요.” 아저씨는 순이익을 매출액으로 잠시 착각한 것 같았다.

“아니. 그게 아니고…” 스토킹 교수는 말을 머뭇거렸다.

“아저씨, 아까 원가에 임대료, 제 월급 다 들어간다고 교수님께서 말씀하셨잖아요. 그러니 다 빼고 순이익이 100만원이라는 뜻인데…” 민우는 ‘아차. 내가 너무 무례했다’는 생각이 들었다.

“아, 그랬었구나. 이 몸이 어제 밤을 새워서 정신이 오락가락합니다.” 아저씨는 창피하기도 할 터인데, 그런 기색 없이 웃었다. 민우는 다시는 그런 실수를 하면 안 되겠다고 생각했다.

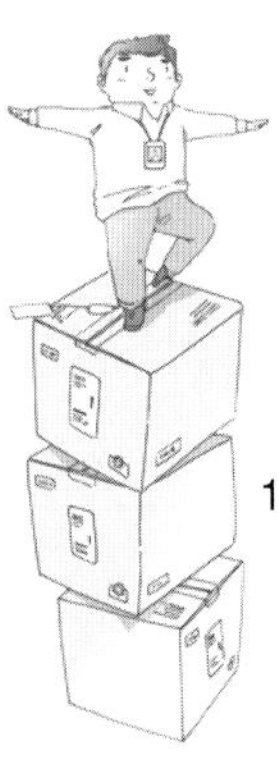

"아저씨 죄송해요. 제가 그만 말실수를… 죄송해요." 민우의 사과에 아무렇지 않다는 듯 괜찮다고 아저씨가 말했다.

"아저씨 같이 생각하는 사람들이 실로 많습니다. 하지만 그리 중요한 문제는 아니니까. 너무 신경 쓰지 마세요. 이야기를 다시 돌려보죠. 마진이 100원인 빵 10개 팔면 이익은 1,000원이 되지? 마진이 20,000원인 케익 1개를 팔면 이익은 20,000원이 되지. 그러면 어떤 것이 보다 중요하겠니? 당연히 마진 20,000원의 케익이겠지? 빵집을 하는 이유가 돈을 벌고자 하는 것이니까, 돈을 많이 벌게 해주는 게 중요한 품목인거지." 스토킹 교수의 말은 처음에는 기남 아저씨에게서 시작했으나 중간부터는 민우를 향했다.

"만 개가 팔리든 천 개가 팔리든 중요하지 않다는 말씀이시네요." 민우가 중간에 지금까지 스토킹 교수의 말을 잘 이해하고 있다는 뜻을 전했다.

"그렇단다. 이익은 마진 곱하기 수량이기 때문에 그 곱이 큰 것이 중요한 것이란다." 스토킹 교수는 단정지어 말했다.

"저는 지금까지 많이 팔리는 것, 수량이 많은 것이 중요한 것이라 생각하고 있었는데…" 아저씨는 자신이 잘못 생각하고 있었던 것을 부끄러워하지 않고 중간 중간에 말했다.

"그것 또한 많은 분들이 그렇게 생각합니다. 하지만 대부분의 경우 많이 팔리는 것이 중요한 품목이 됩니다. 마진이 거의 비슷하기 때문이죠. 하지만 속단하진 마세요. 안 그런 경우도 종종 있으니까요. 커피의 경우, 빵집에서 많이 팔리는 주력 품목은 아닐지 모르겠지만, 마진이 워낙 높은 것이라 중요한 품목이라고 할 수 있지요."

"만날 연구실에서 연구만 하시는 분이 커피 마진 높은 것은 어떻게 알고 계십니까?" 아저씨는 스토킹 교수가 별 걸 다 알고 있다는 생각에 놀라워했다.

"그냥 예로 든 것입니다. 어떻게 제가 그런 걸 다 알겠습니까?" 아저씨의 칭찬에 스토킹 교수는 어색해했다.

"그런데, 이건 내 얘기가 아니지만, 나도 그럴 것이라 생각하는 건데, 일부 제품이 이익의 대부분을 차지한다고 해. 학자들에 의하면 20대 80의 법칙이라고 불리는 것인데, 100개 중 20개의 품목이 전체 이익의 80%를 차지한다는 것이야. 이런 중요한 품목을 A 품목이라고 한단다. 그리고 그 다음은 100개중 30개 품목이 이익의 15%를 차지하는 데 이를 B급 품목이라고 해. B급 품목이 매출에서 차지하는 비중은 대략 15% 정도지. 마지막으로 50개의 품목이 단지 5%의 이익을 올릴 뿐이라는 것이지. 이러한 상황이라면 당연히 A 품목이 중요한 것 아닐까 생각하는데." 스토킹 교수는 민우를 향해 설명했다. 옆에서 듣고 있던 아저씨는 간혹 고개를 끄떡 끄덕 하였다.

"교수님 말씀이 맞습니다. 우리 빵집에서도 아주 많이 팔리는 주력 빵들이 있어요. 그런 것들은 되도록 제가 만들려고 하지요. 하하하." 아저씨는 때로 자랑스럽게 이야기하면서, 신촌빵집에서의 일로 쉽게 해석해주었다.

"그럼 아저씨께서 매일 100종류의 빵을 만들고 계시는 거예요? 아저씨께서 주신 빵 리스트에는 전체 500개가 넘는 빵이 있었거든요." 민우는 궁금해서 아저씨에게 물었다.

"아니 그건 아니고, 계산이 그렇게 되나? 내가 밤에 만드는

빵은 20가지 정도인데.” 아저씨는 당황스러워했다.

“그건 아마도, 예전에 만들었던 빵과 케익이 모두 기록되어서 그럴 거다. 여기 매장을 한 번 둘러봐라. 어떻게 500여 종의 빵이 있다고 볼 수 있겠니? 또 유행이 바뀌면 다시 만들 수도 있기에 빼지 못하는 것이겠지.” 스토킹 교수가 아저씨를 도와서 나름의 이유를 설명하였다.

“바로 그겁니다. 제가 말하려고 했던 것이…” 아저씨는 민우와 교수님을 번갈아 보면서 동의를 구하였다. 그 때였다. 스토킹 교수가 벌떡 자리에서 일어났다.

“아이고, 또 지각이다. 학생들 기다리는데, 전 이만 물러가겠습니다.” 스토킹 교수는 급하게 나가느라, 햄에그토스트와 아이스라떼를 가지고 가는 것을 까먹었다. 그래서 민우가 스토킹 교수를 쫓아가 전달하였다. 민우가 빵집에 돌아오니 아저씨는 이미 자러 안으로 들어가고 없었다.

‘그래 오늘부터 재고관리가 중요한 빵이 어떤 것인지 골라봐야겠다.’ 라고 생각하고, 민우는 종이를 꺼내 품목, 가격 등을 적어놓고 팔리는 개수는 바를 정자를 이용해서 적어보았다. 어떤 것은 하루 종일 하나도 팔리지 않았고, 어떤 것은 100개를 갖다 놓았는데 다 팔린 경우도 있었다. 많은 빵들이 1개씩 밖에 안 팔렸다. 다섯 가지 다른 종류를 사겠다고 하나씩 선택하는 사람들이 있었고, 하나를 집중적으로 구매하는 사람도 있었다. 원하는 것이 다 팔리고 없으면 다른 빵을 선택하는 사람도 있었고, 원하는 것이 없다고 그냥 가게를 나가버리는 사람도 있었다. 기록을 시작한 첫 날 민우는 아무런 결론을 내릴 수가 없었다. 평균이라는 것 자체를 구할 수 없었다.

* * * * * *

대벌이는 민우가 신촌역 신문 가판대에서 사라진 것을 보고는 강석과 종두에게 민우가 무엇을 하는지 알아보도록 지시하였다. 강석과 종두는 신촌 바닥을 이 잡듯 샅샅이 헤매고 다녔다. 물론 새로 나온 게임 소프트웨어 하나씩을 받는다는 조건과 일이 잘 되면 밥 한번 얻어먹는다는 조건에서 움직였다. 그러다가 종두가 빵을 사러 갔다가 우연히 민우를 보게 되었다. 이는 바로 대벌이에게 전달되었다.

'걔는 신문 팔다가 갑자기 왜 빵집에 간 것이지? 신문팔이에서 망한 것 아니야? 그것도 우리 아빠 지점 바로 앞 빵집엘 가다니. 어떻게 된 일인지 알아봐야겠다.' 대벌이는 지난번 방해공작이 성공을 거둔 것이라는 확신이 들었다. 대벌이는 가람이에게 전화를 걸었다.

"가람이니? 나 대벌이."

"응. 웬일이니? 너 학원 그만뒀니? 요즘 안 보이더라." 가람이 대벌이에게 물었다.

"응. 아빠가 그런 것 하지 말고, 아빠 사업 물려받으라고 하셔서. 경영자 수업을 받고 있어." 대벌이는 경영자 수업이라는 말을 강조했다. 하지만 가람이는 대벌이의 말에 별 반응을 보이지 않았다.

"근데 하나 물어볼게 있는데. 지난번 신문 팔던 그 녀석 말이야. 어디로 간 줄 아니? 오늘 가보니까 그 녀석이 보이질 않아서…" 대벌이가 민우의 행방을 가람에게 물었다.

"네가 민우오빨 왜 찾아?" 가람이는 대벌이가 민우를 찾는 이유가 궁금했다.

"아니. 경영자 수업을 받다보니까 지난 달 신문의 기사가 좀 필요한데, 그 녀석은 가지고 있을 것 같아서 말이야." 대별이는 가람이의 질문을 예상하고 있었기 때문에 당황하지 않고 둘러댔다.

"음. 그런데 그 오빠 이제 신문 안 파는데. 인터넷으로 찾아보든지 아니면 신문사에 직접 가서 구하면 되잖아." 남의 말을 의심해 본 적이 없는 가람은 다른 방법을 대별이에게 일러주었다.

"그런 방법이 있구나. 알았어. 근데 왜 걔는 신문팔이 그만두었데?" 대별이는 예정된 순서대로 질문을 계속했다.

"우리 아빠가 신촌역 위에 있는 빵집에 소개시켜 주셔서. 거기서 일하게 되었어. 보다 안정적이고 기술을 배울 수 있는 직장이 필요하다고 생각하신 것 같아."

"그럼 아직도 너네 아빠는 그 녀석을 포기하지 않으셨단 말이야?" 스토킹 교수의 소개로 빵집에 들어갔다는 말에 대별이는 흥분하여 조금 높은 톤의 목소리로 가람이에게 물었다.

"포기? 갑자기 포기는 무슨 말이야?"

"아냐. 아냐." 대별이가 얼버무렸다.

"너도 민우 오빠가 있는 빵집에서 빵 좀 많이 사줘라." 가람의 이 말에 대별이는 화가 났다.

"알았어. 또 전화할게." 서둘러 대별이는 전화를 끊었다.

'뭐야. 신문팔이를 그만두었다 이거지. 틀림없이 아빠가 말한 방해공작이 성공을 거둔 것 같군. 그런데 또 교수님께서 도와주신다는 것이지. 이렇게 있을 게 아니라 이번에는 확실히 보내버려야겠다.' 대별이는 서둘러 지하실로 내려갔다. 거기엔 여전히 대별이 아빠가 골프 연습을 하고 있었다.

"아빠." 대별이는 온갖 애교를 다 떨면서 아빠를 불렀다.

"우리 대별이구나. 웬일이니?" 반갑게 맞아주시면서, 옆에 있던 골프 코치에게 오늘은 그만하겠다는 사인을 보냈다.

"지난번 신문팔이 녀석 망한 것 같아. 아빠의 작전이 그대로 들어맞은 것 같아. 아빠는 역시 대단해." 대별이는 엄지손가락을 위로 치켜세우면서 말했다.

"그래? 잘 되었네. 내 그럴 줄 알았지." 대별이 아빠는 나온 배를 더 내밀면서 목에도 힘을 주었다.

"근데, 아빠 저 경영자 수업 받고 싶어요." 뜬금없는 아들의 요구에 대별이 아빠는 조금 당황해했다. 대별이는 늘 아빠에게도 반말을 했지만, 뭔가 부탁이 있을 때에는 뒤에 요자를 붙여 약간의 예의를 표했다.

"갑자기 무슨 경영자 수업이냐? 너 같이 어린 애가 무슨 경영자 수업이야?" "아니, 어릴 때부터 그런 걸 잘 받아야지요. 아빠가 늘 그렇게 말씀하셨잖아요. 학교에서 가르쳐주는 것은 살아있는 지식이 아닌 것 같아서 늘 흥미가 없어요." 대별이는 생긴 것과 어울리지 않게 때로는 아양있게, 때로는 단호한 표정을 지으며 말했다.

"그래도 너무 어리다고 생각하지 않냐?" 대별 아빠는 난감해 했다.

"저 경영학원론, 마케팅관리 이런 책 아빠 서재에 있는 것들 다 봤어요." 대별이는 자랑스럽다는 듯이 말했다. '그건 나도 안 본 건데, 그건 그냥 진열해 놓은 것들인데' 대별 아빠는 아들의 말에 당황해 하면서도 대견스럽다고 생각했다.

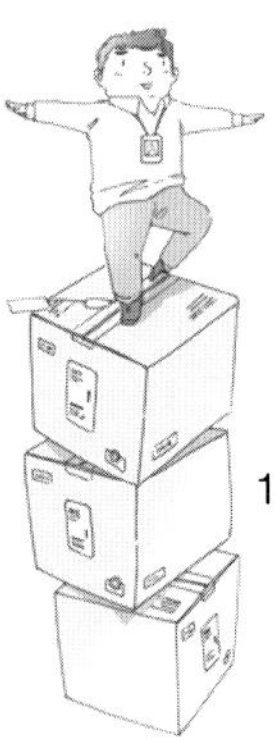

"그래, 뭘 하고 싶은데 그러니?" 대벌 아빠가 더 이상 당할 수 없다고 생각했다.

"저, 그레이트 브레드의 신촌 지점에서 일하고 싶어요. 제가 거기를 대박 나게 만들어 드릴께요. 저 같은 젊은 시각으로 보면 무엇이 잘 팔릴지 잘 알 수 있잖아요." 대별이의 말에 대별 아빠는 황당해 했지만, 이것저것 공부해온 것 하며, 구체적인 목표를 설정해온 것 하며, 모든 것이 대견스럽다는 생각에 승낙하였다.

"그래도, 너 명심해야 한다. 그 곳은 우리 그룹이 시작한 곳이야. 거기서 돈을 벌어 체인점을 만들고, 패션 산업에 뛰어들 수 있었던 거야. 지금은 안정적인 수익을 내고 있으니 아마 너도 거기 가면 많이 배울 수 있을 거다. 내일부터 나가면 될 것이고, 내가 미리 전화를 해 놓도록 하마." 대별이 아빠가 말했다.

따르릉, 따르릉, 다섯 번째 신호음이 가고서야 전화를 받았다. "거기 황 사장 바꿔, 왜 이렇게 늦게 전화를 받는 거야?" 대별이 아빠는 화가 났다. "네, 전화 바꿨습니다."

"황 사장, 나야."

"예, 회장님."

"나랑 골프 좀 치지. 내일 어때 괜찮지? 그리고 내일부터 저녁에 내 아들 대별이가 거기로 일 배우러 간다고 하니까. 잘 좀 가르쳐 줘. 알았어?" 대별 아빠의 말은 부탁조라기보다는 강압조였다.

"네? 아 네. 그렇게 하겠습니다. 그럼 제가 부킹하고 비서를 통해 알려 드리겠습니다. 아드님 걱정은 하시지 마시고요. 그럼 내일 뵙겠습니다." 황 사장의 이 말이 채 끝나기도 전에 전화가 끊겼다.

"이런 놈이 다 있나. 자기가 회장이면 회장이지. 그리고 골프도 못 치면서 자꾸 골프는 치자고 그래? 내일 또 용돈을 벌려고 그러시나? 아휴 골치야." 황 사장은 고개를 절레절레 흔들며 혼잣말로 중얼거렸다.

* * * * * *

다음 날 황 사장이 골프를 치러 간 사이, 대별이는 그레이트 브레드 신촌역 지점에 나타났다. 점원 4명이 일하고 있었다.

"모두들 저에 대해 들었을 줄 압니다." 가게에 들어서자마자 점원들에게 대별이는 말했다. 이리저리 눈치를 살피던 중 한 점원이 나서서 말을 했다.

"너 회장님 아들? 사장님께 말씀을 들었어. 여기서 일 배우고 싶다고?" 박정식이라는 점원이었다.

"어디라고 반말로 그러세요? 짤리고 싶으세요?" 대별이의 이 말에 점원 4명은 아연실색하였다. 하지만 아무 말도 하지 못했다. 박정식 점원도 기분이 무지 나빴지만 오랫동안 아르바이트해오던 곳이라 선뜻 그만둘 수는 없다는 생각에 참았다.

"빵집 경영. 뭐 어려운 것 있나요? 저의 경영 철학을 말씀 드리겠습니다. 모두 잘 따라 주시길 바랍니다." 대별이는 한두 마디 주워들은 어설픈 지식을 가지고 말했다.

"우리 그레이트 브레드의 경영 철학과도 같이, 전 고객만족을 최우선으로 하겠습니다. 다들 고객만족이 무엇인지 잘 아시죠? 고객은 왕입니다. 그러니 고객이 원하는 것은 무엇이든지 들어줘야

한다는 말입니다." 대벌이는 반장 선거에서 정견 발표라도 하듯 한 손을 위 아래로 흔들며, 웅변하듯이 말하였다. 대벌이는 스스로 자신이 이렇게 말을 잘 하나 하는 자부심이 들 정도였다.

모두 대벌이의 눈치를 보며, 빵을 팔고 있을 때, 황 사장이 골프를 마치고 들어왔다.

"회장님 아드님이세요? 말씀 많이 들었습니다." 황 사장은 대벌이를 회장 대하듯 깍듯하게 대했다. 이에 우쭐해진 대벌이는 주제넘은 이야기로 일관했다.

"황 사장님, 제가 여기를 대박 나게 만들어 드리겠습니다. 그리고 회장님께도 황 사장님 말씀 잘 전달하겠습니다." 대벌이는 황 사장의 약점을 잘 간파하고 있는 것 같았다. 황 사장은 계속 머리를 조아리며 대벌이가 원하는 것은 다 들어주려는 자세를 취했다. 영업실적이 나빠도 회장님 눈에만 잘 들면 다른 큰 지점으로 옮겨갈 수도 있고, 본사 조직에도 발탁될 수 있을 것이라는 기대감 때문이었다.

"황 사장님. 점원들의 예절 교육이 잘못 된 것 같아요. 특히 저 점원은 저에게 반말부터 하더라구요. 저런 점원이 어떻게 고객을 생각하겠습니까? 자르는 게 좋지 않을까 생각합니다." 대벌이의 이 같은 말을 박정식도 옆에서 듣고 있었다. 박정식은 어이가 없었다. 짜증나고 더 이상 다닐 수 없는 처지가 된 것을 직감하고는 박정식은 말했다.

"제가 그만두겠습니다. 참 불쌍하십니다. 사장님." 박정식은 황 사장의 오른팔과도 같이 일해 왔지만, 두말 않고 옷을 벗어 던지고 문을 박차고 나왔다. 황 사장도 박정식을 신임하고 있었으나, 이 같은 일이 벌어지자, 뭐라 말도 못했다. 다른 점원들도 불안해했다.

"대신, 제가 잘 아는 사람으로 아르바이트 학생을 하나 뽑겠습니다." 황 사장은 대별이의 이 같은 말에 계속 황당해했지만 당분간 참기로 하였다. 대별이는 종두를 아르바이트 점원으로 고용해야겠다는 생각을 하였다. 조직을 장악하기 위해서는 자기 사람이 있어야 한다는 생각을 어린 대별이가 했을 리는 만무했다. 이는 대별이 아빠가 대별이에게 시킨 일이었다. 대별이는 종두에게 전화를 걸어 거의 명령조로 부탁을 했고, 빵을 좋아하는 종두는 물론 허락했다. 다음 날부터 대별이와 종두가 함께 나타났다.

* * * * * *

민우는 계속 판매 데이터를 수집했다. 신문 팔 때의 경험을 살려, 평균과 표준편차를 구하기 위해서였다. 현재 팔고 있는 200여 가지 품목 중에서 하루에 한두 개 팔리는 품목이 120개를 넘었다. 이들 품목의 표준편차는 매우 컸다. 어느 날은 1개 팔리고 어느 날은 2개 팔리니까 당연히 엄청난 표준편차를 보이게 되었다. 민우는 이들 품목에 대해 표준편차를 개별적으로 구해봤더니 예상대로 매우 높았다. 200여 제품 중에서 45여 개 품목의 표준편차가 120여 개의 품목만큼은 아니었지만 여전히 높았다. '이것이 교수님께서 말씀하신 B군이구나. 아까 것이 C군 제품이고' 민우는 다시 한 번 교수님의 예지력에 놀랐다. 나머지는 A군 제품들이었다. 36개 제품으로, 이는 민우가 임의대로 구분한 것이지만, 평균 판매량이 상당히 많았고, 표준편차도 대체로 작았다. 신촌빵집에서의 A군,

B군, C군은 대략 36대 65대 105 정도로 나타났다. 정확히 2대 3대 5는 아니었지만 비슷한 값이었다.

민우는 빵을 판매하면서 빵이 다양하기 때문에 생기는 일들을 하나하나 일기를 쓰듯이 적어보았다. 신문 팔 때와 비슷한 몇 가지 현상이 몇 가지 나타났다. 사람들이 원하는 빵이 없으면 다른 가게로 가기보다는 비슷한 빵을 선택한다는 것이었다. 예를 들면 우유식빵을 사러 왔는데 다 팔리고 없으면, 데니쉬식빵을 샀다. 또 쵸코머핀을 사러왔는데 없으면, 치즈머핀을 선택한다는 것이다. 모두 그런 것은 아니지만 그런 사람들이 많았다. 신문의 경우에도 원하는 신문이 없으면 다른 신문을 사는 경우가 많았다.

요일에 따라 팔리는 제품이 달라지는 것은 신문과 조금 차이가 있었다. 신문의 경우 프로야구나 스포츠 이벤트에 따라 많이 좌우되는 경향이 있었는데, 빵의 경우에는 요일별로 판매되는 종류가 사뭇 달랐다. 식빵 같은 경우에는 금요일과 토요일에 많이 팔렸다. 또한 시간대별 빵의 판매도 다른 모습이었다. 아침과 밤에는 베이글이 잘 팔렸지만, 낮에는 베이글이 잘 팔리지 않았다. 커피는 아침에 잘 팔렸다. '도대체 이렇게 복잡한 것을 어떻게 관리한다는 말인가?' 민우는 도저히 뭘 먼저 시작해야 할지 알 수가 없었다. '사람들도 몇 십 년 동안 내가 알아온 사실들을 알고 있을 텐데, 아저씨도 이러한 사실들을 다 알고 있을 텐데, 내가 어떻게 할 수 있단 말인가' 민우는 처음 빵집에 대해 알아갈 때는 신문과 별 차이가 없다고 생각하여 자신만만하였으나, 알면 알수록 자신감이 없어졌다. '난 이제 무엇을 해야 하나' 계속 이러한 생각만 민우의 머릿속에 자리 잡고 있었다.

* * * * * *

오래간만에 스토킹 교수가 빵집에 들렀다. 매일 아침 빵을 사먹으러 빵집을 들를 것이라 예상했었는데, 스토킹 교수는 그러지 않았다. 스토킹 교수가 빵집에 들어왔을 때 민우는 카운터에 앉아 스스로 분석한 자료를 보면서 한숨을 쉬고 있었다.

"왜 한숨을 쉬고 있나?" 민우에게 스토킹의 목소리는 구원의 목소리와 같았다.

"교수님. 왜 이제 오시는 거예요? 얼마나 기다렸는지 아세요?" 민우는 불평어린 목소리로 말했다.

"전화하지 그랬니? 나도 좀 바빴어." 아무 일도 없다는 듯 스토킹 교수는 말했다.

"전화번호를 알아야지 전화를 하죠?"

"아 참, 난 전화 없구나. 그런 것 귀찮아서 안 가지고 다니는데. 미안하군. 그래도 가람이 통해서 연락하면 되는데, 가람이 번호는 알잖아."

"가람이 공부 방해될까봐, 가람이한테는 연락 못 했어요."

"그런데 무슨 문제 때문에 그렇게 한숨을 쉬고 있나?" 스토킹 교수가 다시 민우에게 물었다.

"교수님 빵집에는 빵 종류가 너무 많아요. 그리고 빵마다 특징이 다 달라요. 어떤 것은 요일지수가 높고, 어떤 것은 아침에만 팔리고, 어떤 것은 없으면 다른 걸 사기도 하고, 어떤 것은 없으면 그냥 가 버리고, 정말 제각각이에요." 민우는 그동안 빵집에서 느낀 것 중 중요하다고 생각하는 것을 우선 말했다.

"그럼 사업하는 게 그리 쉬운 줄 알았니? 네가 고민하는 것은

무엇인지 알겠는데, 왜 그렇게 서두르니? 소비자는 빵을 하나씩 고르는데, 너는 그걸 뭉뚱그려서 날걸로 먹으려고 그러니? 내가 볼 때는 말이다. 하나씩 하나씩 해라. A, B, C로 구분은 해봤니?"

"네, 신기하게도 교수님 말씀대로 구분이 되더라구요. A에 해당되는 게 36개, B에 해당되는 게 65개, C에 해당되는 게 105개 나오더라구요. 정확히 2대 3대 5는 아니지만 대충 비슷한 것 같아요." 민우는 며칠을 고생해서 분석한 것을 스토킹 교수에게 말했다.

"그러면 A부터 시작하면 되겠네. 중요하니까." 교수는 원칙적인 이야기를 했다. "교수님 죄송한데요, 뭘 해야 하는지 잘 모르겠어요. 좀 가르쳐 주시면 안 되겠어요?" 민우가 스토킹 교수에게 간절히 부탁했다.

"이익에서 중요한 것이면, 대부분 소비자가 많이 찾는 것이지? 어떤 것은 아저씨께서 직접 만드시고, 어떤 것은 본사에서 아침에 배달받는 형태로 운영되고 있을 거다. 아저씨께서 직접 만드시는 것에 대해서든 본사에서 직접 가지고 오는 것이든 결국 얼마나 만들 것이냐 얼마나 사올 것이냐의 문제이지. 수량에 대한 의사결정이 이루어져야 한단 말이야. 그러니까 신문하고 동일한 것이지."

"그러니까 교수님 말씀은 A에 대해서 일단 얼마가 팔릴지 알고 그 양만큼을 사오든지 생산하든지 해야 한다는 것이네요." 민우는 스토킹 교수가 설명한 것을 확인하고 자신이 어떻게 해야 하는지를 물었다.

"그렇지. 이제 시작할 수 있겠니. 뭐든지 복잡할 때에는 기본부터 시작하는 거란다. 서두를 필요 없이." 자신 있게 스토킹 교수가 말했다. 민우는 너무 많은 것을 한꺼번에 생각하여 아무 것도 시작할 수 없었다는 것을 깨달았다. 이것을 하려니까 저것이 걸리고, 저것을 하려니 이것이 걸렸다. 아무것도 못하고 해야 할 것만 많으니 스트레스만 쌓였다.

"알겠어요. 중요한 품목, 그러니까 A에 해당하는 제품 하나하나씩 시작하면 되는 것이죠? 교수님 감사합니다. 이제 시작할 수 있을 것 같아요." 민우는 자신감을 되찾은 듯 했다.

"매번 도와줄 수 없어 미안하구나. 처음에는 느린 듯 하지만 차근차근 하면 조금만 지나도 금새 다 하게 된단다. 그리고 하나 더 참고로 알려줄게. 네가 품목별로 평균을 구하고 하는 것들 말이야. 저 컴퓨터 보이지? 그리고 너 빵 팔 때마다 저 컴퓨터에 붙은 바코드 인식기로 찍고 있지? 얼마나 팔리는지 시간대별로 모두 저장되어 있단다. 저걸 POS라고 한단다. Point of Sale의 약자인데, 판매시점에서의 정보관리라는 것이지. 인터넷을 통해 볼 수 있을 것인데, 아저씨께 여쭤봐라. 네가 자료를 분석하는 데 도움이 될 것이니까." 스토킹 교수는 컴퓨터와 총같이 생긴 인식기를 가리키면서 말했다.

"그런 게 있어요? 저는 단순히 가격 계산해주고 영수증 발급하는 기계인줄 알았는데. 그런데 바코드 인식기라고 하셨어요?" 민우는 자기가 궁금한 것은 늘 바로 물어봐야 직성이 풀렸다.

"그래 바코드라는 것은 제품마다 자신의 이름을 숫자로 표현해 놓은 것이라 생각하면 된단다. 여기 봐봐." 스토킹 교수는 빵에 프린트되어 있는 바코드를 직접 들어 보이면서 설명하셨다.

"가늘고 두꺼운 줄들이 일렬로 나열되어 있지? 숫자에 따라 두께가 달라지게 되어 있단다. 컴퓨터에 연결된 이 인식기에서 불빛

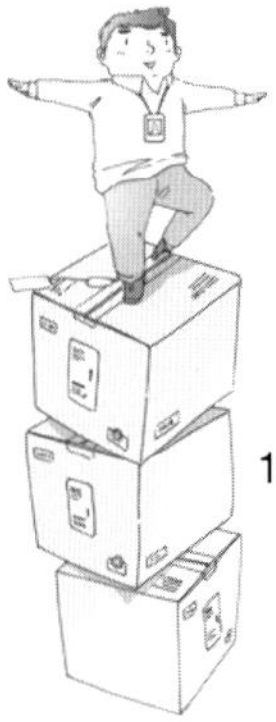

이 나와서 줄과 줄 사이의 간격을 읽어 들이는 것이란다." 이번에는 바코드 인식기를 들고서 스토킹 교수는 설명을 계속하였다.

"산업에 따라 다른 숫자들을 사용하기도 하는데, 국가 차원에서 공통된 숫자 모임을 만들었지. 그게 한국표준코드라는 것이란다. 표준코드는 간단한 형태의 코드라고 할 수 있지, 13자리 수란다."

"여기에 있는 숫자가 13자리라는 것이에요?" 민우가 바코드 숫자를 직접 세어보면서 물어보았다.

"그래, 맨 앞에 있는 3자리가 국가를 나타낸다. 거기에 보면 880으로 시작하지? 그게 우리나라를 나타내는 숫자란다. 네 가방에 있는 모든 학용품들을 살펴보더라도 국산이면 모두 880으로 시작할 거다." "880이라 재밌네요. 880번째 국가라는 뜻인가?" 민우는 전 세계에 880개 국가가 있나 생각하면서, 또 하나의 질문을 하였다.

"아니 교수님, 우리나라에서 공통으로 사용하기로 약속했다는 의미인데, 그렇다면 우리나라를 뜻하는 숫자가 왜 있는 것인가요?"

"좋은 질문이네, 거기까지 생각 못 해봤는데, 아마 그 13자리 코드는 전 세계적으로, 가장 일반적으로 활용하는 코드이고, 우리나라도 전 세계에서 가장 많이 활용되는 코드를 따른 것 같구나." 교수님의 설명에 민우가 고개를 끄덕였다.

"한 때, 그 코드에 대해 사람들의 찬반 논의가 많았단다. 왜냐하면 이 코드를 잘 보면 처음 부분에 길게 두 줄이 있고, 중간부분에 또 두 줄, 마지막 부분에 두 줄로 끝나지. 잘 보이니?" 스토킹 교수는 코드를 민우의 눈앞에 가까이 해서, 민우가 보기 쉽게 해주었다.

"이 가느다란 두 줄이 뜻하는 숫자가 6이거든, 이 표준코드는

6, 6, 6을 말하는 것이잖아. 666이라는 숫자가 악마의 숫자라는 말이 있잖아? 그래서 사람들이 이 코드를 사용하는 것을 반대하곤 했단다. 우연의 일치일거야."

"재밌네요. 교수님. 그럼, 880 다음에 있는 숫자들이 회사이름, 제품이름이겠네요?" 민우가 궁금한 것을 교수에게 물었다.

"그래 그 다음 4자리가 회사명을, 그 다음 5자리가 제품명을 의미한단다."

"교수님, 그러면 총 12자리잖아요. 그런데 13자리 코드라고 하셨잖아요."

"그래. 마지막 하나의 숫자는 암호가 포함되어 있는 것이란다. 아무나 이 코드를 만들면 안 되기 때문에, 이 코드가 제대로 만들어 졌는지 확인시켜주는 숫자라고 생각하면 된단다. 이 코드에 대해서는 나중에 알기로 하고, 난 오늘도 지각하겠다. 난 이제 간다. 혼자 잘 하겠지?" 스토킹 교수는 급하게 빵집을 나서려 할 때, 민우가 교수 가는 길을 막았다.

"교수님, 빵하고 커피는 가지고 가셔야지요. 제가 교수님 오실 날을 기다리면서 늘 준비해 놓고 있었어요."하면서 스토킹 교수에게 포장된 커피와 샌드위치를 건넸다.

스토킹 교수가 가자마자 제빵실에서 아저씨가 나왔다.

"오늘은 조금 늦으셨네요." 평소보다 조금 늦게 빵 굽는 것을 마친 아저씨에게 민우는 인사를 했다.

"응, 오늘은 조금 어려운 빵을 만들었거든. 아휴 피곤하다. 아침에 누가 찾아온 것 같던데. 교수님이시니?"

"네, 교수님께서 오셨다 가셨어요. 오셔서 이것저것 많이 가르

쳐 주셨어요. POS인가를 말씀하셨는데, 아 참. 아저씨 이 컴퓨터에 POS라는 것이 있나요?" 민우가 컴퓨터를 가리키면서 아저씨에게 물었다.

"그것 들어있지. 공장 직원들이 와서 설명하겠다고 말하던데, 나는 귀찮아서 한 번도 들어가 본 적이 없는데. 거기에 뭐 좋은 게 들어있다고 하시던?"

"빵이 시간대별로 어떻게 팔렸는지 정보가 다 들어 있다고 하시던데요. 그런 것 있는 줄 알았으면, 제가 생고생 안 해도 될 뻔 했는데요. 아저씨 아이디하고 패스워드 알고 계세요? 그것 좀 제가 써도 될까요?"

"물론 써도 되는데, 내가 아이디하고 패스워드 그런 걸 어떻게 했더라…" 아저씨는 계산대 아래에 있는 서랍을 뒤지기 시작하였다. 하지만 찾을 수 없었다. 결국 본사에 전화를 걸어 아이디와 패스워드를 알아내었다.

민우는 인터넷에서 운영되는 POS로 들어가 보았다. 교수님 말씀대로였다. '첨단화되면서, 이런 것까지 이루어지다니, 역시 신문과는 차원이 다르구나'하는 생각이 들었다. 민우는 이것저것 뒤져보았다. 품목별로 판매가 언제, 얼마만큼 되었는지 알 수 있었다. 하지만 아쉬운 것은 개별 품목에 대한 평균이나 표준편차 등은 제공되지 않았다. 공장 위주의 정보 제공에 초점을 두고 있었다. 공장에서 제공하는 재료나 빵에 대해서는 구체적으로 제시되어 있는데, 우리 빵집에서 판매하고 있는 빵에 대한 자료는 언제 팔렸는지 정도만 나와 있었다. 빵을 만들 때 원재료 중에 생지빵이라는 것이 있는데, 이 생지빵이 얼마나 구매되었는지는 요일별로 잘 정리되어 있었다. 하지만 생지빵으로 여러 종류의 빵을 만들 수도 있는데, 그 다양한 빵에 대한 정보는 없었다. 결국은 민우가 일일이 해야 하는 일이었다. '이런 소프트웨어를 만들 거면, 좀 더 편리하게 만들 것이지' 다음에 공장 직원 아저씨들을 만나면, 이 부분에 대해 좀 고쳐달라고 해야겠다고 생각했다.

* * * * * *

오후가 되었을 때, 아저씨가 매장으로 나왔다. 민우는 아저씨에게 여러 가지를 물었다. "너 오늘은 나한테 질문 많다." 민우의 질문에 대답을 하다가 지루한 듯 아저씨에게 그만 하라는 신호를 보냈다. "그러니까 아저씨께선 요일에 따라 잘 나가는 빵을 기억하셨다가, 지난 주 월요일에 좀 부족하였으면, 이번 주 월요일에는 10%정도 늘리고, 남았으면 10%정도 줄인다는 이야기시죠? 정말 이건 마지막이에요."

"그래. 그렇다고. 이제 그만 좀 해라. 넌 형사고 난 범인 같다."

"알겠어요. 그만 할게요." 민우는 서둘러 정리하였다.

"아 참, 너 개학하면, 오후에 아르바이트 학생이 하나 필요할 것 같아서 내가 어제께 한 사람을 만나봤다. 빵집에서 많이 일해본 것 같아서 너한테도 도움이 될 것 같더라. 오늘 인사하러 온다고 했으니 그렇게 알고 있어라." 아저씨의 갑작스러운 말에 민우는 당황스러웠지만 아저씨가 알아서 할 일이지 민우 자신이 신경 쓸 일이 아니라고 생각했다.

오후에 민우보다 나이가 많아 보이는 사람이 신촌빵집에 나타났다. 아저씨가 그 사람과 먼저 인사를 나누었고 민우에게 소개시

켜 주었다.

"응 안녕. 네가 민우구나. 난 박정식이라고 해. 잘 지내자."

"네 형. 형이라고 불러도 되요?"

"안 그럼 누나라고 할 거니?" 박정식의 이 말에 셋은 웃었다. 박정식의 부드러운 태도가 마음에 들었다.

"재고 관련한 문제는 이제 제발 좀 나에게 물어보지 마라. 여기 이 형이 잘 설명해줄 것이니까. 둘이 잘 알아서 했으면 좋겠다. 이 형이 빵집에서의 경력이 오래되어서 웬만한 것은 다 대답해줄 수 있을 거다." 아저씨의 말대로 정식은 민우가 모르는 것을 잘 알고 있었다.

* * * * * *

민우는 정식의 도움을 받아 각 빵에 대한 평균, 표준편차, 요일지수, 시간지수 등을 구할 수 있었다.

"이제 완성이다. 여기 지수들을 곱하면 그날그날 만들거나 구매해야 하는 양이 나오는 거예요." 민우는 자신이 만든 보고서 종이를 정식에게 자신 있게 보여주었다.

"대단한 걸. 나보다 낫다." 정식은 민우가 만든 것을 꼼꼼히 살펴보았다. 모르는 것은 민우에게 질문하면서 잘못된 것이 있으면 수정해주었다.

"그런데 민우야, 기분 나쁘게 듣지 말고 잘 들어봐. 네가 정한 양이 대체로 좀 작은 것 같다는 생각이 안 드니? 아저씨께선 호두단팥빵을 월요일에 40개씩 4판을 만드시니까 총 160개를 만드시는데, 너의 계산대로 하면 평균 140개 정도밖에 안 되잖아. 원래 이렇게 만들어야 하는 것인지? 아니면 계산이 좀 틀릴 수도 있는 것 아닐까? 전반적으로 내가 생각하는 것보다 양들이 좀 적은 것 같다는 느낌이야." 민우는 의아스러웠다. 과거 자료를 통해 평균을 구한 것인데, 그 평균들이 대체로 좀 작다는 정식의 말이었다.

"한번 교수님께 여쭤보는 것은 어떨까? 대체로 말이야 여기 있는 평균만큼 빵을 만들거나 사면 안 될 것 같은 느낌이 든단 말이야." 민우는 정식이 괜히 이야기하는 것이 아니라는 것을 알았다. 그래서 스토킹 교수에게 질문해야겠다고 민우는 생각했다.

며칠 후 스토킹 교수가 빵집에 왔다. 민우는 정식 형이 이야기한 내용을 스토킹 교수에게 물었다.

"그건 정식의 말이 맞다." 스토킹 교수는 간단하게 대답했다. 민우에게 이 말은 청천벽력과도 같았다. 신문을 팔 때에는 잘했다는 말을 스토킹 교수로부터 들었다. 그래서 자신 있게 신문 팔 때와 똑같이 빵에도 적용했다. 그런데 이번에는 스토킹 교수로부터 잘못 되었다는 말을 듣게 된 것이다.

"하지만, 신문 팔 때는 평균만을 가지고 구매량을 정했는데, 빵의 경우에는 또 다른 방법을 적용해야 한다는 것인가요?" 민우가 물었다.

"신문의 경우에는 내가 충분히 설명을 못 해준 것이 사실이다. 이 이야기는 좀 길어질 수 있는데. 너 시간이 되겠니?"

"네." 급한 것은 민우였으니 당연히 네라고 답할 수밖에 없었다.

"이 샌드위치는 얼마니?"

"햄에그 샌드위치로 3,000원입니다."

"그럼 이것의 원가는 얼마나 들어가니? 임대료, 인건비 등을

빵의 개수로 나누어 대략의 간접비용도 포함해야 한다."

"이것 만드는데, 재료비가 1,000원 정도 들어가고요. 정식이 형하고 간접비라는 것을 대략해서 구해봤더니 빵 하나에 100원 정도 나오더라고요." 민우는 나름 추정하여 대답했다.

"그래. 그럼 계산을 좀 편하게 하기 위해 1,000원에 구매해서 3,000원에 팔고 있다고 하자. 이것이 하루에 몇 개 정도 팔리니?" 스토킹 교수의 이 질문에 민우는 자료를 뒤져서 평균이 20개이고 표준편차가 5.1개 정도 나온다는 것을 알렸다.

"그럼 한번 생각해보자. 이 샌드위치를 하나 팔았을 때 얻는 이익이 2,000원 정도라고 생각해보자. 이것은 마진과 같은 것이지? 만약에 재고가 없어서 손님이 와서 돈을 2,000원 벌지 못했다면 네가 입게 되는 손해 금액은 얼마일까? 그러니까 재고가 있었으면 이익을 낼 수 있었는데 재고가 없어서 이익을 못 본 것 말이다."
"그야 2,000원이죠."

"그래 2,000원 맞단다. 이것을 학자들은 언더리지 비용(underage cost)이라고 이야기하는데, 언더리지라는 말 앞에 쓰인 언더라는 의미가 아래라는 뜻이거든, 그러니까 재고를 덜 가지고 갔을 때 입게 되는 비용이라는 의미다. 그 용어가 중요한 것은 아니니 외울 필요는 없어." 민우는 지난번에 가람이에게 들은 바 있는 언더리지 코스트(비용이 코스트라는 것이지!)가 스토킹 교수의 말 속에서 나오자 약간 흥분이 되었다. 민우는 다음은 오버리지 코스트일 것이라 예상하였다. 민우의 예상대로였다.

"한편, 재고를 많이 가져갔는데, 안 팔리는 경우에도 손해를 보게 되지. 10개의 재고를 준비하였는데 9개만 팔렸으면 손해를 보게 되는 것이지. 아까 원가가 1,000원이라고 했잖아. 1,000원이 그대로 손해가 되는 것이지. 이것을 오버리지 코스트라고 한단다. 오버는 초과해서 많다는 뜻이란다. 이것도 이해되니?"

"네. 오버리지 코스트요." 가람이가 미리 알려주었기 때문에 오버리지 코스트라는 단어가 친숙하게 들렸다.

"지금부터 잘 들어야 할 거다. 언더리지 코스트와 오버리지 코스트에 따라서 재고량은 달라져야 한단다. 이러한 코스트는 고객이 매일 사가는 양과는 상관없는 것이거든. 판매가격과 원가의 관계에서 나오는 것이니까. 이 샌드위치가 아까와 같이 언더리지 코스트가 2,000원이고, 오버리지 코스트가 1,000원이라고 하자. 손님이 평균 10개를 산다고 하면 넌 지금까지 10개의 재고를 가져가야 한다고 생각하지. 맞지? 요일지수나 야구지수, 뭐 시간지수 같은 것은 모두 평균을 구하는데 사용된 것이고. 맞지?" 갑자기 스토킹 교수가 많은 이야기를 하니까 민우는 혼란스러웠다.

"네. 지금까지는 이해돼요." 이렇게 민우는 대답하였지만, 지금부터 이야기를 제대로 알아들을 수 있을지 걱정이었다.

"그럼 계속해서, 만약에 네가 11개의 재고를 가져간다면, 평균은 10개인데 말이야, 너는 돈을 벌 가능성이 크겠니? 돈을 잃을 가능성이 크겠니?" 갑자기 스토킹 교수가 민우에게 질문을 하였다.

"1개가 팔리면 2,000원을 벌게 될 것이고, 안 팔리면 1,000원을 잃게 되겠지요." 민우는 지금까지 자신이 이해한 것을 말했다.

"그래. 어느 쪽의 가능성이 크겠냐고?"

"그거야 11개가 팔릴지 안 팔릴지에 따라 다른 것이지요."

"그래. 정확히 맞췄다." 스토킹 교수의 이 같은 말에 민우는

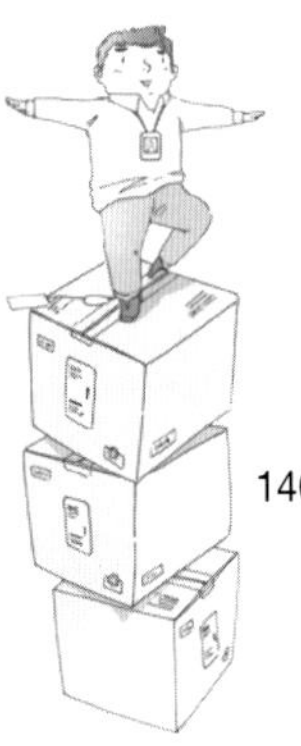

당황스러웠다. 무심코 말하였는데 자신이 맞추었다고 하였기 때문이었다.

“너 표준편차라는 말 알잖아. 표준편차는 곧 불확실하다는 의미잖아. 10개 팔릴 때도 있지만 11개가 팔릴 수도 있고 2개만 팔릴 수도 있잖아. 그렇지? 그러면 이 단팥빵이 11개 팔릴 가능성은 표준편차의 크기에 따라 다르겠지만, 여전히 존재하겠지? 평균 10개인데 1개 더 팔릴 가능성은 대체로 좀 높은 편일 거야. 평균이 10개인데 20개, 100개 팔릴 가능성보다는 11개가 팔릴 가능성은 그래도 좀 높은 편이겠지?”

“네. 빵이 생각보다 표준편차가 높더라고요. 특히 교수님께서 말씀하신 C급 품목은 표준편차가 매우 크게 나타나더라고요.”

“그래. 다시 돌아가서 11개까지 팔린다면 그 때는 이익이 2,000원 늘어나잖아. 네가 평균인 10개만 재고로 가져가다, 재고를 1개 늘렸을 때 돈을 벌 가능성이 크겠니? 잃을 가능성이 크겠니?”

“그러니까 음. 돈을 벌 가능성이 큰 것 같은데요. 2,000원을 벌 것인지 1,000원을 잃을 것인지에 대한 문제이니까, 아무래도 벌 가능성이 큰 것 같은데요.”

“그래. 바로 그거다. 그렇다고 무한정 많이 가져갈 수는 없단다. 평균 10개인데 30개 재고를 가져간다고 생각해봐. 30개까지 팔릴 가능성은 거의 희박하잖아. 그러면 30개째에는 손해를 볼 가능성이 크지. 그럼 다시 29개로 가봐, 29개도 크지. 11개가 되면 돈을 벌 가능성이 더 크다고 했잖아. 그러니까 그 중간쯤 되는 개수에서 돈이 벌 가능성과 돈을 잃을 가능성이 같은 지점이 있을 수 있겠지? 바로 그 지점이 네가 재고를 가져가야 하는 양이란다.”

스토킹 교수의 설명은 차근히 전개되었다. 하지만 민우는 완전히 이해할 수는 없었다.

"신기하기는 한데요, 교수님. 어려운데요. 솔직히 이해가 되는 것 같기도 하고, 안 되는 것 같기도 하고 그래요."

"사실 그럴 거다. 교수들 중에서도 이해 못하는 이들이 많으니까. 이해가 간다. 조금 고민을 해보렴."

"교수님, 그럼 원가가 2,000원이고 마진이 1,000원이면 어떻게 되는 건가요?"

"평균이 10개인데 10개가 팔릴 가능성은 얼마라고 생각하니?"

"50%요. 평균이 중간 값이니까. 중간보다 적게 되는 경우와 많게 되는 경우가 같은 것이잖아요. 9, 10, 11, 12의 평균은 10.5니까 10.5보다 많이 나올 가능성이 절반, 적게 나올 가능성이 절반이니까 50%정도라고 볼 수 있죠."

"아휴. 똑똑한 우리 민우. 바로 그거다. 그럼 평균 10개의 재고를 가져갔으면, 10번째 제품까지 팔릴 가능성과 팔리지 않을 가능성은 같지. 그러면 가능성은 같은데, 팔리면 1,000원을 벌고, 안 팔리면 2,000원을 잃게 되는데 너 같으면 재고를 10개까지 가져가면 되겠니?"

"정말 어려워요. 지금까지 제가 생각하고 있는 것을 완전히 뒤집어 버리는 것 같은데요. 교수님 말씀은 평균 10개가 팔릴 것으로 예상되지만, 10개의 재고를 가져가면 손해를 볼 수 있다는 의미잖아요. 교수님께선 늘 말씀하시길 수요에 재고를 맞추는 것이라고 하셨잖아요. 그것이 재고관리에서 제일 중요하다고 말씀하셨는데, 좀 다른 것 같은 느낌이 들어서요." 민우가 스토킹 교수

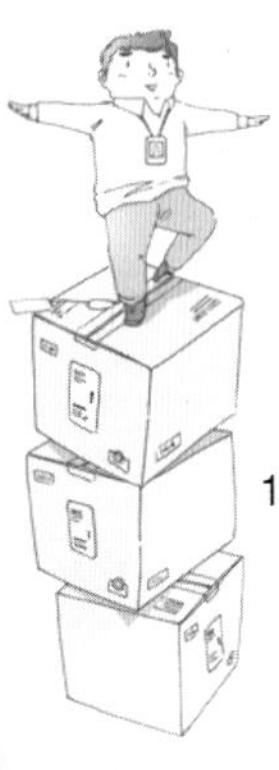

에게 느낌을 토로했다.

“그래, 그랬지. 하지만 수량을 맞추는 것과 돈을 버는 것은 다르단다. 지금까지 어렵게 설명한 것은 네가 돈을 가장 많이 벌 수 있는 재고량을 결정하려면 어떻게 해야 하는 것인지. 쉽게 이야기하면 때로는 손님이 제품을 찾는데 재고가 부족한 경우가 더 이익이 될 수 있다는 뜻이란다. 그렇다고 10개 팔리는데 11개의 재고를 가져가란 의미는 아니란다. 지금 말하고 싶은 것은 몇 개 팔릴지 모르기 때문에 모두 발생하는 문제란다.”

“교수님. 제 머리가 어지러워요. 정말 이해가 될 듯 말 듯 하거든요. 좀 더 생각해볼게요. 죄송해요. 가람이 같으면 쉽게 이해할 텐데.” 교수는 더 이야기하려 하였지만 민우가 거부하였다. 민우는 혼자 생각을 좀 더 해 봐야겠다는 생각이 들었다.

“그래, 알았다. 난 이제 가 볼게. 이해 안 되면 가람일 통해서 연락하렴.” 안쓰럽다는 듯 스토킹 교수는 몇 번을 뒤돌아보면서 빵집을 나갔다. 민우는 여전히 테이블에 앉아 있었다.

* * * * * *

오후에 민우는 가람이를 만났다. 아침에 있었던 스토킹 교수와의 대화 내용을 가람이에게 설명하였다. 그리고 잘 이해가 안 간다는 것을 가람이에게 털어 놓았다. 가람이도 잘 모르겠다고 했다.

다음 날 아침 일찍 가람이가 빵집에 들렀다.

“아침 일찍 웬일이니?” 민우는 반갑기도 하고 놀랍기도 하였다.

“우리 아빠 안 오셨죠?” 가람이는 주변을 둘러보았다.

“벌써 왔다 가셨어. 오늘은 일찍 학교에 가셔야 한다고, 질문이 많았는데 말도 붙일 수 없었어."

"다행이다. 만나면 어떻게 하지 걱정하면서 왔거든요. 자, 이거." 가람이가 종이 한 장을 민우에게 내밀었다.

"이게 뭐야?" 민우가 종이를 받으면서 물었다.

"우리 아빠 낙서장요. 혹시 오빠에게 도움이 될까 해서 쓰레기통에 버리신 걸 몰래 훔쳤어요. 그래도 알아볼 수 있을 거예요." 가람이가 내민 종이를 펼쳐보았다. 하나의 그림이 그려져 있었다.

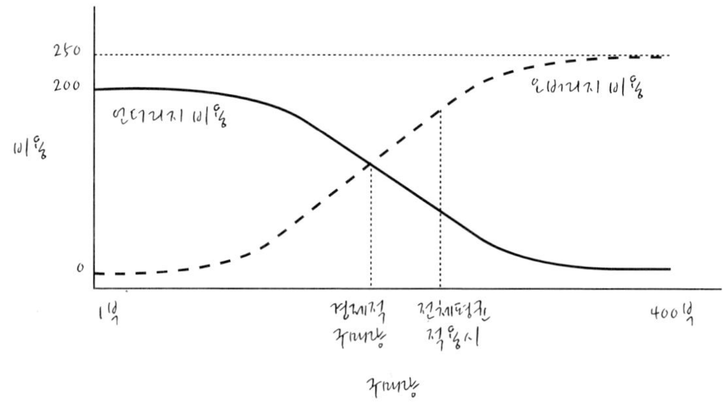

민우가 자세히 봐도 무슨 그림인지 언뜻 이해하기 힘들었다. 물고기 모양도 아니고, 모래시계 옆으로 누워놓은 것 같은 그림이었다.

"응, 고마워. 많이 고민해볼게." 민우는 급하게 돌아서는 가람이에게 아침에 구운 빵을 아저씨 허락을 받아 몇 개 싸 주었다. 말랑말랑하고 하얀 김이 나는 것이 너무나 먹음직스러운 빵이었다. 가람이는 손사래를 쳤지만, 민우가 억지로 빵을 가방에 넣었다.

민우는 가람이가 가져온 그림을 계산대 아래에 붙여 놓고

하루 종일 보면서 그 의미를 생각했다. 그래프에서 가로축은 구매량으로 표시되어 있었다. 세로축은 비용으로 표현되어 있었다. 실선은 언더리지 비용이고 점선은 오버리지 비용이었다. 민우가 모르는 용어도 있었다. 경제적 구매량과 전체평균 적용시라는 글자도 있었다. 오버리지 비용은 최대 250이고 언더리지 비용은 최대 200으로 표현되어 있었다. '언더리지 비용이 마진이라고 하였으니까 마진이 200이고, 남는 재고는 250의 손실을 준다'는 의미로 민우는 받아들였다.

'밑에 1부에서 400부까지 표현된 것을 보면 교수님께서 신문을 가지고 이 같은 그림을 그리신 것 같은데, 언더리지 비용이 200인 것으로 봐서는 신문이 아닌 것 같네. 교수님께서 여러 제품에 적용해보시려 한 것인가? 이 그림이 신문을 가지고 그린 것이라고 한다면 신문 1부를 구매하면 언더리지 비용은 200이고 오버리지 비용은 0인 것이다. 400부를 구매하였을 때 오버리지 비용은 250까지 증가하고 반대로 언더리지 비용은 0으로 가지. 그러니까 아침에 신문을 1부 사가지고 오면 1부 정도는 반드시 팔리기 때문에 마진인 언더리지 비용이 200원 생긴다는 뜻이군. 그리고 오른쪽 끝에 가면 400번째 신문이 안 팔리니까 그 때는 오버리지 비용이 그대로 발생할 수 있다는 이야기군. 엑스자로 이 두 가지 비용은 교차하게 되고 두 가지 비용이 같게 되는 지점에서 뭔가가 이루어져야 한다'고 민우는 생각했다. 민우는 자신의 생각을 거듭하면서 내용을 정리해갔다.

'아. 이제 좀 알겠다. 오버리지 비용이 언더리지 비용보다 높을 때는 평균 적용하는 것보다 적게 구매하는 것이 경제적이다. 여기서 경제적이다라는 의미는 아마도 이익이 보다 높다는 의미인 것 같은데. … 바로 이거다.' 갑자기 무릎을 치면서 민우가 일어나자, 옆에서 일하고 있던 정식이가 놀라 무슨 일이냐고 다가왔다.

"너 드디어 풀었구나. 축하한다, 축하해. 짜식 뚝심이 대단하단 말이야." 정식은 무슨 뜻인지 자신에게 말해주길 바라면서 그래프가 그려진 종이를 들어 자신의 눈앞에 갖다 대고 그래프를 들여다 보았다.

"이게 도대체 뭘 뜻하는지. 나에게 설명 좀 해봐. 나도 궁금해 죽겠단 말이야." 정식이가 민우에게 설명을 부탁했다.

"잠깐. 뒤에 뭐가 적혀 있잖아." 민우는 정식이 들고 있는 종이의 뒷면에 뭔가 적혀 있다는 것을 그때에서야 발견했다. 뒷면에는 다음과 같은 글씨가 써어 있었다.

$$\text{중요도} = \frac{U}{U+O}$$

"중요도? 유(U)는 뭐고 오(O)는 또 뭐야? 암호의 연속이구만." 정식은 민우가 불쌍하다는 듯 말하면서 종이를 민우에게 주었다.

"정말 산 너머 산이네요. 교수님께서 중요도에 대해서는 말씀을 안 하셨는데. 무슨 중요도이지? 그리고 U와 O는 또 뭘 의미하는 것일까?" 민우의 말은 푸념 섞인 말투였고 정식도 이런 민우에게 한마디 말을 걸지 못했다.

* * * * * *

신촌빵집의 길 건너 대벌이네 그레이트 브레드는 대규모 할인 세일

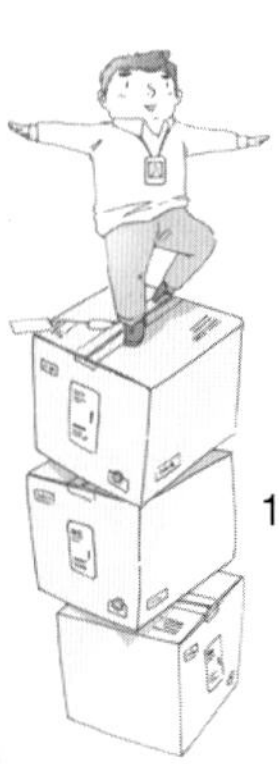

을 기획하고 있었다.

"황 사장님. 빵 하나를 팔면 무지 많이 남네요." 대별이가 황 사장을 향해 말했다.

"빵이 고마진인 것은 사실입니다만 안 팔리는 경우도 있고, 새로운 빵을 만드는 데도 돈이 들기 때문에 그렇게 남지는 않습니다." 황 사장은 여전히 깍듯하게 대별이를 대했다.

"아니 이렇게 마진이 높으면 할인해서 팔면 더 많이 팔리고 이익이 높아질 것 같은데요." 대별이는 황 사장의 이야기는 듣지도 않고 나름대로 분석한 걸 바탕으로 가격할인을 제안하였다.

"그렇지만, 상도덕도 있고, 한 번 가격을 내리면 나중에 정상적인 가격에 잘 안 사려고 하는 사람들이 있어서, 가격할인을 잘 못합니다." 황 사장은 자신 있게 대답하지는 못했다.

"황 사장님 해보셨어요? 안 해보셨죠? 제 생각엔 말이죠. 할인행사를 해서 고객을 더 많이 확보하고, 확보된 고객에게 지속적인 판매를 한다면 우리 가게는 2배로 당장 키울 수도 있을 것 같은데요. 손해를 보고 팔자는 게 아니고, 조금만 마진만 붙여서 많이 팔자는 것이지요." 대별이는 강력하게 자신의 의견을 말했다. '어차피 내 가게도 아니고, 나도 고용된 사람인데. 뭐 손해난다고 내 손해인가. 회장님께서 뭐라고 하시면, 대별이 핑계되면 되겠지 뭐.' 황 사장은 이런 생각을 하며, 대별이의 의견에 찬성하였다.

"그럼 다음 주부터 1주일 동안 30% 할인행사를 하겠어요. 모든 제품을 지금보다 3배 정도 더 만들거나 구매하세요. 30% 할인만 해도 3배는 올라갈 것 같습니다. 누차 말하지만 우리 가게에서 제일 중요한 것은 고객만족입니다. 고객이 물건을 찾았는데 없어서는 안 된다는 말입니다. 재고가 남아도 좋으니까 충분한 양을 만들어야 합니다." 이 같은 대별이의 말에 아무도 반대하지 못했다.

* * * * * *

정식이 갑자기 빵집 안으로 뛰어 들어왔다.

"사장님, 그리고 민우야. 큰일 났다. 큰일." 숨을 헐떡이며 정식은 말을 제대로 잇지 못했다.

"무슨 일인데 그렇게 호들갑이냐?" 아저씨가 빵을 정리하다 말고 정식을 쳐다보면서 말했다.

"글쎄, 제가 저 그레이트 브레드에서 일했었잖아요. 거기 점원들하고 잘 알고 지내고 있는데요. 걔들이 말하길, 그레이트 브레드가 30% 할인행사를 다음 주 일주일 동안 한대요." 정식이 숨을 몰아쉬며 말했다.

"아휴 저것들이 미쳤나. 요즘 장사가 안 되어서 죽겠는데. 할인행사까지 하면, 우리는 어떻게 하라고? 저것들은 상도덕도 없어." 아저씨는 씩씩거리며 말했다. "아저씨, 저 집이 할인행사를 한 적이 없었나요?" 민우는 궁금해서 두 사람에게 물어보았다.

"저렇게 모든 제품을 할인행사한 경우는 없었어. 보통은 밤늦게 안 팔리는 빵이 있으면 묶어서 반값에 팔고는 하지만 저렇게 멀쩡한 제품을 할인해서, 그것도 30%씩이나, 할인해서 판적은 한 번도 없었는데." 정식은 그 동안 자신이 경험했던 것을 바탕으로 말했다.

"저 집에 무슨 문제가 있니? 갑자기 왜 저런 데냐?" 아저씨는

정식을 보고 물었다. "회장 아들인데, 이름이 뭐더라. 대벌이, 그래 대벌이라는 애가 있는데, 아마 민우보다 두세 살 어릴 거예요. 글쎄 그 놈이 경영자 수업한다고 지난달인가부터 들어왔어요. 걔 똘마니도 하나 새로 들어왔고요. 저 집에 있는 제 친구들이 말하길, 대벌이라는 애가 자기 마음대로 경영에 참여하고 그런대요. 이번 할인행사 계획도 바로 그 대벌이 머리에서 나왔다고 들었어요." 정식이 알고 지내던 친한 점원들로부터 들은 정보를 바탕으로 차근히 설명했다.

"그 아버지에 그 아들이구만. 그 회장이라는 사람도 물불 안 가리고 장사하더니, 그 씨앗이 어디 갈까?" 아저씨는 옛날 생각에 치가 떨리는 모양이었다.

"사장님. 그나저나 우리도 할인해야 하는 것 아니에요? 다음 주, 한 주 동안은 우리 잘 안 팔릴 거란 말이에요." 정식은 아저씨에게 맞불 작전을 하자고 제안하였고, 아저씨는 망설였다.

"형, 앞집에서 할인행사를 하면 우리 손님이 얼마나 줄어들 것 같아요?" 민우는 궁금해서 정식에게 물었다.

"못 해도 50%는 떨어질 걸. 바로 앞집인데 누가 빵을 사러 오겠니. 물론 사장님께서 단골 관리를 잘 하고 계시지만, 그래도 바로 앞에서 싼 가격에 팔고 있는데 누가 올까?" 정식은 답했다.

"그런데 왜 50%? 하나도 안 팔려야지, 왜 50%만 떨어지냐고요?" 민우가 따지듯 정식에게 물었다.

"그거야, 팔리는 빵이 좀 다르니까 그렇지. 그리고 우리 빵이 더 좋다고 생각하는 사람들은 있으니까 말이야. 하지만 정확하게 그 수치를 구하기는 힘들어." 정식이 대답했다.

"형은 우리도 할인을 해야 한다는 생각이에요? 아저씨도 우리가 할인을 해야 한다고 생각하세요?" 이번에는 민우가 아저씨와 정식 모두에게 물었다.

"난 반대다. 가격은 한번 무너지면 신뢰가 깨지게 되어 있다. 할인이 끝나면, 손님들은 빵에 쓰인 가격표에 의심을 가지게 되고, 그러면 그 동안 쌓아온 신뢰가 무너질 수도 있는 것이거든. 우리는 일주일 동안 판매 감소를 이겨내는 수밖에 없을 것 같은데. 그냥 우리 셋이서 어디 일주일 동안 여행이나 갔다 올까?" 아저씨가 뜻밖의 제안을 하였다.

"난 대 찬성이요. 사장님께서 돈을 내실 거죠?" 정식이 웃으면서 아저씨를 향해 말했다.

"그럼. 하지만 일주일 동안 월급은 없다. 당연한 것 아니냐?" 아저씨 또한 웃으면서 말했다.

"그럼 안 되는데, 돈은 벌어야 하는데. 사장님, 방금 한 말은 취소입니다." 정식은 일주일 동안 쉬는 것에 대해 반대하였다. 민우는 아무 말도 않고 옆에서 골똘히 생각에 잠겨 있었다.

민우는 지수를 찾아갔다. 지수네 빵집에서도 역시 난리가 났다. 그레이트 브레드의 가격할인에 어떻게 대응을 해야 할지 몰라 모두가 멍하니 앉아 있었다. 민우는 지수를 가게 앞으로 불러냈다.

"지수야. 너네는 어떻게 한대? 우리는 지금 난리가 났는데." 민우가 지수에게 먼저 물었다.

"몰라. 정말 오랜만에 만나고서는 대뜸 일 얘기야? 그동안 내가 어떻게 사는지 궁금하지도 않았어?" 지수가 민우의 물음에 답하지 않고 불만을 토로했다.

"미안. 나 정말 바쁘게 지냈어. 연락도 못하고 미안해." 민우는 자신의 성질이 급하다고 생각했다.

"미안할 것까지는 없고…" 한동안 둘 사이에는 오고가는 말이 없었다. 사실 민우는 지수에 대한 생각을 전혀 못하고 있었다.

"난 정말 모르겠어. 다만 좀 전에 우리 사장님도 할인을 해야겠다는 말만 하시고는 저렇게 계산대에 멍하니 앉아만 계시거든." 침묵을 깨고 지수가 먼저 말을 꺼냈다.

"그래? 너네도 할인을 할 것이라는 것이지? 고맙다. 조금 있으면 개학이니까 학교가서 많이 이야기하자. 요즘은 시간 내기가 어렵거든. 미안해." 민우는 지수에게 길게 할 말이 없었다.

"오빠는 미안하다는 말 말고는 할 줄 아는 말이 없어?" 지수는 토라져서 가게 안으로 들어가 버렸다. 민우는 신촌빵집으로 급하게 돌아왔다.

"아저씨, 우리 이렇게 하면 어떨까요?" 민우가 지수를 만나고 돌아온 후 몇 시간이 지난 후 먼저 이야기를 꺼냈다. 민우가 신촌빵집의 판매를 분석한 바에 의하면, 가장 마진이 높은 제품은 빵이 아니라 커피였다. 그래서 민우는 아저씨와 정식 형에게 먼저 제안을 하였다.

"우리가 비록 빵집을 하지만, 빵을 공짜로 제공하면 어떨까 해요. 일주일 동안만요." 민우의 제안은 파격적인 것이었다.

"뭐야. 빵을 다 공짜로 주면 손해가 막심한데. 그건 말도 안 되지." 아저씨가 강력하게 반대하였다.

"아저씨 그게 아니고요. 커피를 한잔 사면 빵을 하나 공짜로

준다는 거예요. 커피가 가장 마진이 높은 제품이니까. 커피 원가가 300원 정도인데 3,000원에 파니까 마진이 2,700원이나 되더라구요. 물론 여기에는 가게세 등은 포함되지 않은 것이고요. 특별한 상황이니까 다른 것은 좀 무시하고요. 일단 제 말씀을 들어보세요. 빵 하나의 가격이 1,000원이고, 마진이 500원이면, 빵 하나와 커피 한 잔을 팔면 4,000원인데요. 전체 마진은 빵 마진 500원에 커피의 2,700원 마진을 합하면 3,200원인데 비해, 빵을 공짜로 주면 2,200원(빵의 원가 500원 차감) 마진만 생기는 셈이지요. 하지만 빵을 공짜로 주기 때문에 사람들이 많이 올 것 같아요." 민우는 그동안 자신이 분석한 것을 바탕으로 의견을 제시했다.

"그런데, 비싼 빵을 선택하면 어떻게 해." 정식이 걱정스러운 듯이 물었다.

"그게 문제인데요. 제가 볼 때는 우리 빵집에서 그레이트 브레드와의 경쟁에서 가장 경쟁력이 있는, 그러니까 상대적으로 가장 맛있는 빵 몇 가지만 골라서 진열을 하는 거예요. 제가 볼 때는 단팥빵, 소보루, 쵸코머핀, 참깨 베이글 등 10가지가 좋을 것 같아요." 민우는 그동안 잘 팔리는 A급 품목에 대한 분석을 한 바 있으며, 이를 바탕으로 공짜로 제공할 빵을 제안했다.

"왜 안 팔리는 빵을 공짜로 주질 않고, 잘 팔리는 것을 공짜로 주겠다는 것이냐? 그건 잘 이해가 안 간다." 아저씨는 민우의 설명에 의문을 제기하였다.

"제가 말한 빵들은 주로 아저씨께서 만드시는 빵이에요. 이것들은 솔직히 말하면, 원가가 싼 것들이에요. 달리 말하면 마진이 높은 제품들이죠." 민우가 그 이유를 설명했다.

"맞아. 마진이 높은 제품을 공짜로 주면 안 되는 것이잖아." 아저씨는 여전히 이해를 못 하겠다는 표정을 지었다.

"아저씬, 놀러가자면서요. 우리가 일주일 동안 그레이트 브레드에게 이길 수는 없을 것 같아요. 단지 이익 상에서 현상 유지만 하면 좋을 것 같아요."

"그래, 민우 네 말대로 하면 무엇이 좋은데." 이 때 정식이가 민우에게 물어 보았다.

"제 생각에는요. 이 기회에 우리가 고객을 많이 확보할 수 있을 것이라는 점이에요. 아직도 커피를 전문점에서 사는 고객들이 많은 데, 이런 고객들이 우리 집 빵 맛을 보면, 이후 계속 우리 고객으로 남을 것이라는 생각이 들어요. 이런 분들께 보다 좋고, 경쟁력 있는 빵을 제공하는 것이 좋을 것 같다는 생각이 들어서요." 민우가 이런 말을 하는 동안 정식이도 한동안 생각에 잠기더니 한마디 하였다.

"사장님, 민우의 전략이 좋은 것 같아요. 첫째, 약간의 수익을 포기하더라도 나중을 생각하면 오히려 도움이 될 것 같구요. 둘째, 커피 전문점과의 경쟁을 통해, 커피점을 주로 이용하는 고객들을 우리 고객으로 만들 수 있다는 전략이라는 점이구요. 셋째, 공짜로 주게 되면, 고객들에게 일시적인 행사라는 이미지를 확실히 줄 수 있다는 점이 좋아요." 정식은 민우가 미처 생각지도 못한 점까지 말하였다. 아저씨도 둘의 이야기를 듣고, 한참을 생각하더니 말했다.

"좋다. 그렇게 하자. 나의 경영 철학에도 반대되지 않고 너무 좋을 것 같다. 잘 하면 우리가 잘 견딜 수 있을 것 같은데. 아니면 여행 갔다 온 걸로 생각하면 되지 뭐." 아저씨는 민우, 정식과 함께 파이팅을 외쳤다. 정식은 민우에게 어떻게 이런 생각을 하게 되었는지 물었다.

"아니 친구가 바로 이 골목 위쪽 빵집에서 아르바이트를 하고 있는데, 거기 가서 그 빵집은 어떻게 할 것인지 물어보았거든요. 그랬더니 역시 가격할인을 할 거란 이야기를 하더라고요." 민우는 지수와 나눈 이야기를 정식에게 해주었다.

"그러면 우리도 가격할인을 해야 한다는 결론이 나와야 하지 않니?" 정식이 반문했다.

"남들처럼 하면 차이가 생기지 않잖아요. 뭔가 달라야 하는 것 아닌가요?" 민우는 차별성을 강조했다.

"모르겠다. 일단 이 일은 성공해야 하지 않을까. 너의 생각대로 될는지 모르겠다." 민우도 적잖이 걱정되었다.

* * * * * *

대별이의 그레이트 브레드 빵집 간판에는 '이번 주 파격 대 세일, 30% 할인'이라는 플래카드가 붙었다. 길 건너에 있는 신촌빵집에는 '빵이 공짜. 커피 한 잔을 드시면 빵을 하나 무료로 드립니다.'라는 플래카드가 붙었다.

일주일이 지난날이었다. 정식이를 통해 알아본 바에 의하면 그레이트 브레드의 할인 정책은 대성공을 거두었다. 이상한 것은 모두가 신촌빵집이 엄청난 낭패를 볼 것이라는 예상이 빗나가버렸다는 점이다. 두 빵집 간의 전쟁이 있던 일주일 동안 신촌빵집의 수익은 비슷한 수준을 보였다. 정식의 분석에 의하면 의외로 커피

를 좋아하는 고객들이 많았고, 공짜로 얻은 빵이 맛있어서 신촌빵집을 찾는 손님이 많이 줄어들지 않았다는 것이었다. 예전에는 길을 지나가다 우연히 신촌빵집을 들르는 손님들이 많았었는데 행사기간 동안 그러한 손님들은 눈에 띄게 줄어들었다. 신촌빵집에 문제가 전혀 없었던 것은 아니었다. 케익이나 다양한 빵을 사러 들어왔다가 빵이 몇 가지밖에 없는 것을 보고는 불평을 토로하는 손님들이 있었다.

"죄송합니다. 손님, 저희가 지금 감사행사를 하고 있어서 그렇습니다. 다음 주부터는 다시 판매하도록 하겠습니다. 정 급하시면 앞에 있는 그레이트 브레드로 가십시오. 거기에는 빵이 다양하게 있습니다."라고 민우와 정식이는 입을 맞추어 응대하였다. "이 집 점원들은 웃기네요. 앞집하고 경쟁관계에 있는 것 아니에요."라고 손님들은 말하면서 나가버렸다.

대별이가 있는 그레이트 브레드는 30% 할인을 통해, 판매가 급증하였다. 평소 팔리는 것의 2배가 넘는 판매량을 나타냈다. 할인 기간 동안 발 디딜 틈 없이 손님들로 가득 찼다. 하지만 일부 잘못된 조짐도 보였다. 그레이트 브레드의 점원들은 일당을 받아서 일하고 있는데 갑작스럽게 일이 많아지니까 불만이 쌓였다. 고객들에게 불친절해지는 경우가 발생했다. 그리고 월요일부터 수요일까지는 손님들이 많아서, 목요일부터는 재고량을 대폭 늘렸었다. 그런데 잘 팔리는 제품들은 오후 3~4시 되면 모두 팔렸지만, 인기가 없는 빵들은 아무리 할인을 하더라도 팔리지가 않았다. 대별이는 매장을 찾은 손님들이 급증하였기 때문에 너무나 기뻤다. 목요일부터 토요일까지 팔리고 남은 빵들을 점원들에게 위로 차원에서 제공하였다. 대별이는 황 사장이나 대별이 아빠 앞에서 어깨에 힘을 주며 으스댔다.

그레이트 브래드와 신촌빵집 간의 일주일 전쟁은 그렇게 저물었다. 가격할인과 감사행사라는 전쟁 같은 일주일이 지나고 난 다음 신촌빵집은 과거와는 다른 현상들이 나타났다. 신촌빵집에는 아침마다 커피와 빵을 찾는 사람들이 많아졌다. 스토킹 교수가 신촌빵집에 들르는 이른 시간대에는 늘 한가했었는데, 감사행사가 끝난 다음부터는 가장 손님이 붐비는 시간대로 변했다. 손님들이 커피에 빵을 묶어서 싼 가격에 사는 것에 호응이 크자 아저씨는 계속해서 묶어서 싼 가격에 팔기로 했다. 단 시간을 9시까지로 한정했다.

신촌빵집에서는 일주일의 판매촉진 행사 이후에 제품들의 A, B, C 구분이 명확해졌다. 커피와 함께 팔리는 주력 빵들의 판매고는 월등히 올라갔다. 공장에서 공급받으면서 그런대로 팔리는 제품들이 B급으로 구분되었고, C급은 공장에서 제공되지만 한두 개씩 팔리는 제품들이었다. 아저씨는 이 과정에서 과감하게 안 팔리는 제품들을 제거하였다.

* * * * * *

민우에게는 하나 안 풀리는 문제가 있었다. 바로 스토킹 교수의 공식이었다. 민우는 중요도가 무엇인지 몰랐지만, U와 O가 무엇을 뜻하는지 알 것 같았다. U는 언더리지 코스트의 첫 번째 영어 스펠을 딴 것이고, O는 오버리지 코스트를 의미하는 것으로 민우는 생각했다. 그래서 민우는 일부 제품을 가지고, 오버리지 코스트와

언더리지 코스트를 구한 다음 스토킹 교수의 중요도 공식에 대입해 보았다.

빵에는 일단 공장에서 완제품 형태로 제공되는 것이 있었다. 이 제품들은 마진이 별로 높은 편은 아니지만, 안 팔리는 경우 공장에 반품할 수 있었다. 반품할 때는 제공받은 가격의 20%를 물어야 한다. 아저씨가 원재료를 공장에서 제공받아 구워내는 빵들은 직접이라고 표기하였는데, 마진은 높은 편이지만 반품이 되질 않기 때문에 오버리지 비용이 높은 편이었다. 하지만 이런 빵들은 언더리지 비용이 동시에 높았다. 단팥빵의 경우 700원의 판매가격에서 원가(여기에는 임대료 등이 포함되어 있는데)를 제외한 350원이 언더리지 비용이었다. 오버리지 비용은 안 팔릴 경우 350원의 원가를 회수할 수 없기 때문에 350원이었다. 반면 공장에서 만들어서 제공되는 야채빵의 경우 650원을 주고 사오지만 안 팔릴 경우 520원을 받고 되팔 수 있었기 때문에 오버리지 비용은 130원이었다.

생산	빵 이름	가격	원가	반품(80%)	언더리지	오버리지	중요도
직접	단팥빵	700	350	0	350	350	0.50
직접	찹쌀스틱	800	300	0	500	300	0.63
공장	야채빵	900	650	520	250	130	0.66
직접	찹쌀페스츄리	1,100	600	0	500	600	0.45
공장	커피케익도넛	1,300	910	728	390	182	0.68
직접	우유식빵(소)	1,900	700	0	1,200	700	0.63
공장	모카빵	2,000	1,000	800	1,000	200	0.83
직접	모닝토스트	2,500	800	0	1,700	800	0.68
공장	모카롤케익	8,000	5,500	4,400	2,500	1,100	0.69

언더리지 비용과 오버리지 비용을 구한 다음, 민우는 중요도라는 것을 계산하였는데 그 의미에 대해서는 구체적으로 알지 못했다. 단팥빵이 0.5가 나왔는데 0.5가 무엇을 뜻하는지 몰랐다. 옆에서 지켜보고 있던 정식이 민우가 만든 표를 보고는 물었다.

"민우야, 여기에 쓰인 반품, 언더리지, 오버리지, 중요도가 뭐냐?"

"형, 지난번에 봤었잖아. 교수님의 공식에서 U하고 O라고 적혀 있었던 것 기억하죠?" 민우는 자신이 이해하고 있는 것을 자세히 설명하였다.

"이렇게 어려운 걸 어떻게 풀었어? 머리 아프지 않냐? 난 잘 모르겠다." 정식은 더 이상 깊이 들어가 봐야 이해할 자신이 없어 적당한 선에서 물러섰다.

'어쩔 수 없다. 교수님께 여쭤보는 수밖에.' 이렇게 생각한 민우는 가람이에게 문자를 보냈다.

[나, 민우, 잘 지내지? 도저히 못 풀겠음. 교수님 만나고 싶음. 전달 좀 해줄 수 있을까?]

민우는 매우 사무적인 어조로 문자를 보냈다.

[흥, 싫어. 오빠가 직접해. 한 번도 연락 없다가 겨우 문자 보낸 게, 자기 필요한 것만 한다 이거지?]

가람이의 답 문자는 민우를 당황케 했다.

[아냐. 그게 아니고, 난 너 공부 방해할까봐. 미안해]

급하게 민우는 다시 문자를 보냈다.

[농담 메롱. 집에 가서 아빠에게 말할 것임. 걱정마삼. 가끔 문자라도 보내삼]

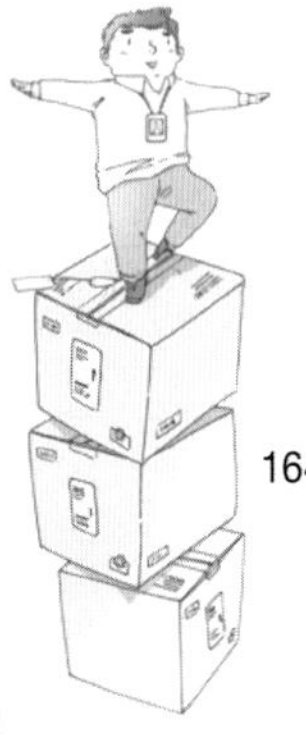

다시 가람이에게서 답 문자가 왔다. 민우는 안도의 한숨을 내쉬었다.

* * * * * *

그레이트 브레드에서는 이상한 일이 벌어졌다. 할인행사가 끝난 다음 주부터는 할인행사 기간 주와는 판이하게 다른 양상이 일어났다. 파격세일이 끝난 다음부터 사람들의 발길이 뚝 끊어졌다. 손님 몇이 와서는 "이번 주는 왜 할인 안 하나요?"라고 묻는가 하면 "이 빵 싸게 주시면 안 되요?"라고 묻기도 했다. 심지어는 "지난주에 30% 할인하는 걸로 봐서는 30% 싸게 팔아도 남는다는 건데…"라고 구체적인 할인 폭을 이야기하는 손님들도 있었다. 들어와서는 빵을 둘러보고는 나가버리는 손님들이 많았다. 황 사장도 대별이에게 별로 할 말이 없었다. 지난주에 판매가 급증하였을 때 황 사장은 필요 이상으로 기뻐했었기 때문이다. 황 사장도 한번 매장을 찾은 손님들이 계속 매장을 찾아 줄 것으로 생각하였는데 완전 판단 착오였다. 할인행사가 끝나면서 행사기간의 절반은 판매가 이루어질 것이라 예상해 본사에 많은 양을 주문했었다. 지점에서도 엄청난 양을 만들어 진열했는데 판매량이 절반에도 미치지 못했다. 안 팔린 빵이 산더미처럼 쌓여갔다.

황 사장은 할인행사 기간 동안 판매량은 늘었으나 이익이 늘지 않았음을 알았다. 많은 손님들이 찾아왔지만, 마진이 높지 않았고, 재고량이 많아서 이익은 높지 않았다. 황 사장은 과거에 비해 이익이 오히려 좀 줄었다는 생각마저 들었다. 물론 할인행사가 끝난 다음 주의 이익은 급격히 떨어졌다. 손님이 줄고, 안 팔린 빵도 2배는 많아져서 손실이 발생하였다. 하지만 황 사장은 이 같은 사실을 언급하지 않았다. 대별이와 회장이 싫어할 것이 자명했기 때문이었다.

할인행사가 끝나고 2주가 지난 어느 날이었다. 그레이트 브레드에서 한번 감소한 고객들은 늘어날 기미가 보이지 않았다. 이제는 확연히 고객 수가 줄어들었고, 손실도 대규모로 발생하고 있는 것을 대별이도 느낄 수 있었다.

"황 사장님. 이럴 땐 어떻게 해야 하는 겁니까? 저 팔리지 않는 빵들은 어떻게 하지요?" 대별이는 아쉬운 마음에 황 사장에게 의견을 구했다.

"저 재고는 걱정하지 않아도 된다. 내일 다시 팔면 되지 뭐." 황 사장이 대별이에게 반말로 답했다. 황 사장의 반말에 예전 같으면 분개했을 대별이지만 이번에는 꼼짝도 못했다.

"내일 다시 판다고요? 제조연월일이 포장지에 적혀 있는데, 어떻게 하려고요?" 대별이가 황 사장의 의견에 제동을 걸었다.

"그거야 포장지만 바꾸면 되지. 늘 해오던 것이니까 걱정하지 마." 황 사장은 포장지의 날짜를 바꾸는 일이 예전부터 많이 행하던 업계의 관행이라는 듯이 말했다.

"그래도 소비자들은 망각의 동물이라 곧 찾아올 거다. 당분간은 야간세일을 좀 강화할 필요가 있을 것 같다." 황 사장이 덧붙였다.

"황 사장님 야간세일이 뭐예요?" 대별이는 아는 것이 없었다.

"9시 이후에 안 팔리는 빵들에 대해 50% 이상 세일을 하면 된다." 황 사장은 대별이의 질문에 대답하는 대신 자신의 의견을 피력했다. 더 이상 대별이에게 끌려 다니지 않겠다는 듯이 한 마디

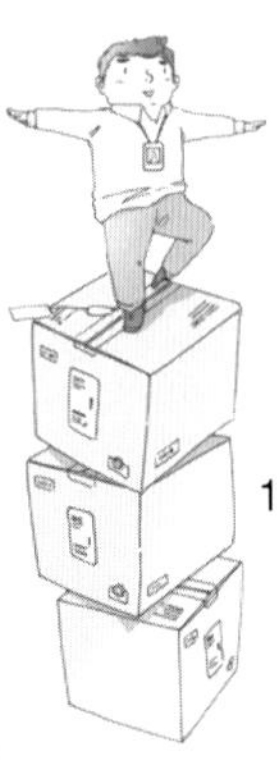

한 마디 강조하여 말했다.

* * * * * *

대별이는 기분이 나빴다. 지난 번 신문 파는 것은 아버지로부터 조언을 얻어 멋지게 성공을 거두었고 이번에도 황 사장이나 대별이 아버지가 처음에는 얼마나 좋아했었는지 잘 알고 있었다. 대별이는 자신의 뜻대로 일이 풀리지 않는 것과 황 사장이 갑자기 반말로 말하는 것도 기분이 나빴다.

집으로 돌아온 대별이는 다짜고짜 울기 시작했다. 세상이 무너진 것처럼 울어댔다. 옆에서 지켜보던 대별이 엄마는 대별이에게 무슨 안 좋은 일이 있냐고 계속 물어보았지만, 대별이는 대답 대신 울어대기만 했다.

"여보, 도대체 대별이에게 무슨 일이 있기에 이렇게 울고 있는 거예요." 대별이 엄마는 급한 마음에, 대별이 아빠는 이것을 알고 있을지도 모른다는 생각으로 대별이 아빠에게 물었다.

"대별아. 너 이번 일로 이렇게 우니?" 대별이 아빠는 확인하듯 물었다.

"아뇨. 자존심이 너무 상해서 그래요. 제가 볼 때는 제가 틀린 것 같지 않은데, 아무도 제가 왜 잘못 되었는지 말해주지도 않고, 모든 책임을 저에게 돌리고 있어요. 황 사장은 이제 날 무시하고 있고요. 손님 많아졌다고 좋아할 때는 언제고, 손님 줄었다고 나를… 정말 억울해요." 대별이는 흐느껴 울면서 자신이 의도했던 말을 또박또박 말했다. 대별이 엄마는 하나뿐인 아들이 저토록 실망해 우는 모습을 본 적이 없었기 때문에 적지 않게 놀랐다.

"울지마라. 네가 울면 내 마음이 얼마나 아프겠니? 여보, 어떻게 좀 해 봐요." 대벌이 엄마는 대벌이 아빠에게 어떻게 해보라고 강요했다.

"대벌아, 잘 들어라. 난 소비자들이 그렇게 배신을 할 줄 몰랐다. 통상 소비자들은 빵집에 대한 충성도가 높은데, 이상하게 지난 주에 비해 이번 주 판매가 급락한 것은 이상한 일이기는 하다. 네 잘못이 아니야." 대벌이 아빠의 이 같은 말에 대벌이는 눈물을 닦으며 이야기했다.

"정말이야? 내가 엄청난 실수를 한 줄 알았어. 그런데 황 사장은 왜 그렇게 대하는 거야? 내가 모든 걸 망쳐버린 것처럼 말이야."
"그래 내가 그건 황 사장한테 전화를 하마. 이제 울지마라. 네 엄마가 걱정하시잖아."

대벌이 아빠는 이렇게 말하면서 전화기를 들고, 황 사장에게 전화를 걸었다.

"야, 황 사장, 나다." 대벌이 아빠의 목소리에는 거만함이 담겨 있었다.

"네, 회장님. 이렇게 늦은 시간에 웬일이십니까?"

"야. 너 내 아들한테 뭐라고 했어. 도대체 어떻게 했기에 얘가 이래? 너 오늘 사장하고 있는 게 누구 때문인데, 내 하나뿐인 아들이 너 밑에서 경영 수업을 받겠다는데, 뭐 불만 있어? 얘가 실수를 한 것도 아닌데 말이야. 그리고 실수를 좀 하면 어때? 넌 만날 잘 하고 살았어? 경영 수업 때 많은 실수를 해야 나중에 잘 되는 것인데 말이야. 너 앞으로 한 번 더 그러면…" 대벌이 아빠는 황 사장이 대꾸할 시간도 주지 않고 일방적으로 몰아붙였다. 황 사장

은 변명을 하려고 해도 회장님의 추궁에 어찌할 바를 몰랐다.

"아닙니다. 회장님, 제가 어찌 감히. 뭔가 오해가 있는 듯 합니다. 무조건 잘못 했습니다. 앞으로 잘 하겠습니다. 걱정하지 마십시오." 황 사장의 이 같은 말이 떨어지자, 대별이 아빠는 전화를 끊어버렸다.

"내가 혼냈으니까, 이제 걱정하지 마. 네 생각대로 한 번 해봐." 대별이는 언제 울었냐는 듯, 밝은 표정으로 아빠에게 물어보았다.

"아빠, 아빠는 이런 경험이 많잖아. 늘 산전수전 다 겪었다고 했잖아. 그럼 이럴 땐 어떻게 해야 하는 거야?" 대별이는 아빠의 의견을 구했다.

"그래요. 여보, 당신이 좀 가르쳐줘요. 잘 알잖아요." 대별이 엄마까지 거들었다. 대별이 아빠는 여러 가지 이야기를 해주었다. 대별이 아빠는 가격은 소비자들이 제품을 선택하는 데 있어 가장 중요한 것이고, 그러려면 원가를 어떻게든 떨어뜨리는 것이 중요하다는 것을 말하였다. 그리고 경쟁전략에 대해서도 말했다. 대별이 아빠의 오랜 경영 노하우 중의 하나는 상대 가게를 죽이는 것이었다. 그러면서 짧지만 의미심장한 이야기를 해주었다.

"나는 지금까지 참 다르게 경영해 온 것 같다. 흔히들 책에서 배운 것들, 그런 것은 현장에서는 절대 통하지 않는 것이라는 얘기야. 난 누가 잘 된다고 하면, 바로 옆에 2~3배 더 큰 가게를 냈다. 시설도 초현대식으로 해서 말이야. 그리고 가격 할인을 했다. 소비자들은 싼 가격을 따라 헤매는 하이에나와 같은 것이거든. 상대방이 가격을 떨어뜨리면, 난 더 할인을 해줬어. 처음에는 손해를 많이 봤단다. 하지만 수단과 방법을 가리지 않고 돈을 끌어댔지.

그렇게 두 달, 석 달 길게는 6개월 동안 가격 전쟁을 벌인 거지. 그랬더니 상대가 문을 닫더군. 내가 이긴 거지. 그 다음엔 가격을 올렸지. 소비자들은 가격을 비교할 곳도 없고, 독점이니까 어디 갈 곳이 없잖아. 너도 길게 생각하고 끈질기게 승부하면 이길 수 있단다."

대별이는 대별이 아빠의 이 같은 이야기를 너무도 재미있게 들었다. 대별이는 자신이 잘못한 것이 아니라고 확신했고, 그런 경영을 해 온 아빠가 자랑스러웠다.

* * * * * *

스토킹 교수가 빵집에 들어왔다. 밤색 바지에 연한 갈색의 남방을 입고 있었다. 스토킹 교수는 한 번 옷을 입으면 좀처럼 다른 옷으로 갈아입지 않는 것 같았다. "이제 좀 적응이 되어가는 것 같군. 완전 빵집 냄새가 네 몸에서도 나는 것 같아. 잘 적응하는 것 같아 기쁘구나." 스토킹 교수는 언제나 그렇듯이 낙천적으로 말했다.

"사실은 잘 적응이 안 되는데요. 너무 복잡해서, 아직도 어떻게 해결해야 할지 잘 모르겠어요. 하지만 교수님께서 좋은 곳을 소개해주셔서 감사해요. 아저씨도 그렇고, 정식이 형도 그렇고 너무 잘 해주시니까. 행복해요." 민우는 신촌빵집에 들어온 이후 행복감에 젖어 살고 있었다. 늘 외톨이였고, 집에 돌아가도 할머니하고만 있어 심심하기도 했었다. 그런데 여기 신촌빵집에 들어온 이후에는 늘 자신의 고민을 들어주고, 같이 밥을 먹고 할 사람이 있었다.

"그래, 오늘은 무슨 일로 날 불렀니? 잘 하고 있는 것 같은데. 내가 뭘 좀 도와주면 될까?" 시간이 좀 없다는 듯, 스토킹 교수는

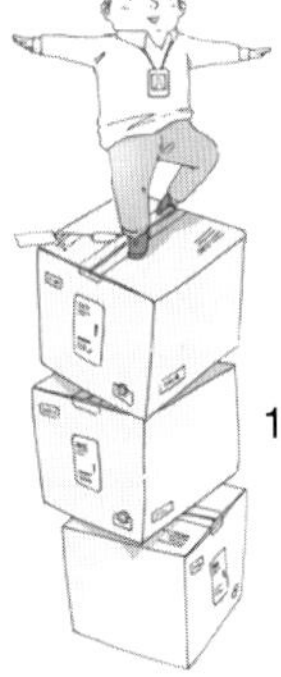

본론으로 빨리 들어가려고 하였다.

"교수님. 지난번에 말씀하신 오버리지 비용, 언더리지 비용을 제품별로 구해봤어요." 민우는 이렇게 말하며, 자신이 분석한 자료를 교수에게 보여주었다. 찬찬히 살펴보고는 스토킹 교수가 질문했다.

"여기 이 중요도는 어떻게 구한 것이니? 내가 설명하기 어려워 너한테 아직 이야기한 적이 없는 것인데. 혼자서 구한 것이니?" 교수의 이 질문에 민우는 놀랐다. '큰일 났다. 이것 가람이가 몰래 빼 준 종이에 있던 공식인데, 어떻게 하지.' 민우는 한동안 머뭇거렸다.

"그게, 저… 솔직히 말씀드릴게요. 사실은 가람이가 도움이 될 거라며 준 종이에 쓰여 있었어요. 죄송해요. 교수님." 민우는 아주 작아진 목소리로 용서를 구했다.

"가람이가? 하하. 그 녀석 공부하느라 정신 없는 줄 알았더니, 그래도 할 건 다하고 돌아다니는군." 스토킹 교수는 혼잣말 하듯 작은 목소리로 말했다.

"아니, 그게 아니고요. 가람이는 아무 잘못이 없어요." 민우는 어떻게든 가람의 잘못이 아니라는 것을 말하려고 했으나 딱히 다른 말이 떠오르질 않았다.

"괜찮다. 내가 할 일을 대신 해줬는데. 걱정하지 마라. 가람이가 널 좋아하나 보구나." 스토킹 교수는 웃으면서 민우에게 걱정하지 말라고 했다.

"그래, 중요도를 구했다까지 이야기했지? 그런데 뭐가 문제니?" 민우가 미안해하면서 아무 말도 못하자 스토킹 교수가 화제를 돌리기 위해 먼저 말을 꺼냈다. 민우는 '이제 가람이에게 야단맞겠구나' 생각하면서 스토킹 교수와의 화제로 되돌아왔다.

"이렇게 구하는 것이 맞나요? 그런데, 여기 이 중요도가 0.45에서 0.69까지 나오던데요. 이 숫자가 의미하는 것을 잘 모르겠어요." 민우는 그동안 궁금해오던 것을 종이 위의 숫자를 손가락으로 짚어가면서 교수에게 질문했다.

"공식에 집어 넣어보고, 그 의미는 파악하지 못했다는 이야기구나. 그런데 이건 나도 정말 이해시키기가 쉽지는 않을 것 같구나. 당연한 걸 네가 당연하지 않게 생각할 수 있으니까 말이다. 모르는 게 있으면 계속 질문을 해야 할 거다. 왜 너도 초등학교에 다니는 동생이 있어 그 동생에게 곱셈을 설명하려면, 어떨 때는 당연한 건데 왜 그러냐고 질문 받으면 당황스러울 때 있지 않니? 나도 마찬가지거든, 적분이나 확률 같은 것은 덧셈이나 곱셈처럼 당연한 것인데, 그걸 물어볼 땐 당황스럽단다. 내 말 무슨 말인지 알겠니?" 스토킹 교수는 뭔가 장황하게 이야기하기 위해 처음부터 예를 들어가면서 말했다. 민우는 자기에게는 초등학교에 다니는 동생이 없다는 말을 하고 싶었으나 말하지 않았다.

"중요도는 말 그대로 재고의 중요성이라고 생각하면 된단다. 숫자가 높을수록 재고를 많이 가지고 있어야 한다는 의미란다. 0에서 1사이의 값을 가지는데, 어떻게 구하냐 하면, 빵 1개당 오버리지 비용과 언더리지 비용이 같아지는 지점을 통해 구할 수 있지. 여기에는 좀 복잡한 과정이 들어 있는데, 확률이라는 것이 들어 있지. 재고를 하나 더, 또는 하나 덜 가져갈 때, 남거나 모자라거나 하는 상황이 늘 발생하지? 그 때 모자랄 때 버는 돈과 남을 때

버는 돈이 같은 지점이 바로 중요도란다." 스토킹 교수가 짧게 중요도에 대해 설명했다.

"정말 어려운데요. 지난 번 평균에서 구매량이 정해지지 않는다고 하셨는데, 그렇다고 계속 증가시킬 수는 없고, 구매량을 늘려가다 보면 언더리지 비용은 줄어들고, 오버리지 비용은 늘어나니까. 그 2개의 값이 같은 지점이 있다는 말씀이시죠?" 민우는 나름 해석한 것을 스토킹 교수에게 말했다.

"완벽하게 이해를 하고 있구나. 바로 그거란다. 그럼 이해 안 될 것 하나 없는데, 너 충분히 고민한 것 같구나. 그래. 바로 그거야." 스토킹 교수는 너무 기뻤다. 대학교에서 강의 시에 이런 걸 설명할 때, 알아듣는 사람이 별로 없었는데, 단번에 민우가 알아들으니 스토킹 교수는 절로 신이 났다. 스토킹 교수는 계속 설명하였고, 그 목소리는 점차 높아졌다.

빵을 사러 들어온 손님들도, 유명한 스토킹 교수를 보고는 사진이라도 한 장 찍으려고 옆에서 서성거렸고, 길을 지나가던 사람들도 큰 투명 유리창을 통해 스토킹 교수를 보고선 우르르 몰려서 안쪽을 보고 있었다. 민우와 스토킹 교수는 이러한 것도 모른 채 이야기를 주고받았다.

"그럼, 중요도가 0.5가 나온 것은 무엇을 뜻하나요?" 스토킹 교수의 설명을 한참 들은 후 민우가 질문을 했다.

"좋은 질문이다. 그건 평균만큼 구매할 때, 이익이 최대가 된다는 의미지. 오버리지 비용과 언더리지 비용이 동일할 때 나타나지." 스토킹 교수가 민우를 보며 뿌듯해하면서 질문에 답했다.

"그럼 중요도 0.6이 나왔으면, 이것은 평균보다 많은 재고를 가지라는 뜻이겠네요. 그리고 0.4가 나오면 평균보다 적은 재고를 가지라는 의미고요." 민우의 이 같은 말에 스토킹 교수는 고개만 끄덕일 뿐 말이 없었다.

"대충 무슨 뜻인 줄 알겠어요. 지난번에 구한 요일지수, 시간지수 등은 평균을 구하는데 쓰이는 것이고, 이 중요도는 평균을 가지고 몇 개를 만들지, 또는 사야 할지를 구하는데 쓰는 것이네요. 그런데 교수님. 정확하게 몇 개를 구매해야 하는지 이 지수로 구할 수 있나요?" 민우의 질문은 날카로웠다.

"아니, 그 지수만으로는 알지 못한단다. 사실 복잡하고 어렵다라는 것이 그 부분이란다. 중요도 0.5는 찾아오는 손님 중에 50%를 만족시킬 때 이익을 최대로 할 수 있다는 것과 동일한 의미란다. 사람들은 이 부분을 잘 이해를 못하더구나. 0.5인 경우에는 평균만큼만 재고를 가지고 있는다고 했지? 기억하지? 평균은 무얼 의미하니? 평균보다 많을 가능성이 50%이고 적을 가능성이 50%라는 의미잖아. 그러니까 평균만큼 재고를 가지고 있으면 50%의 손님은 빵이 없어서 돌아가야 한다는 의미란다. 그럼 0.6의 의미는 무엇이겠니? 바로 60%의 손님에게 빵을 팔 수 있고, 40%의 손님은 빵을 못 살 때, 빵집의 이익이 최대가 된다는 것이지." 스토킹 교수는 민우가 이해하고 있는지 눈치를 보면서 말했다.

"그럼 평균이 100이고 중요도가 0.6이면 몇 개를 가질 때 이익이 최고가 되는 거예요?" 민우가 물었다.

"또 좋은 질문이다. 당연히 그게 궁금해야 한단다. 하지만 그것은 이 자료들만으로는 말할 수 없단다. 표준편차가 있어야

하거든. 사람들이 표준편차를 어려워하는 데 더 이상 진도를 나가면 머리가 폭발할지도 모르겠구나." 스토킹 교수는 민우가 이해하는지를 살폈고, 더 이상은 무리라고 판단했다.

"그래도 좀 이야기해주세요. 교수님." 하지만 민우는 계속 말해줄 것을 종용했다.

"아주 엄격하게 적용해야 하는데, 사실 불가능한 이야기이고, 현실에서 편하게 사용하는 경우를 생각해보면 좋을 것 같구나. 표준편차는 평균을 구할 때 사용한 데이터가 평균으로부터 떨어진 거리를 말한다고 했었지? 이는 평균이 100이라고 할 때, 만약 표준편차가 크다면, 많게는 120이나 150, 적게는 40이나 50도 나올 수 있다는 것이고, 표준편차가 작다면 수요가 100 언저리에서 나타난다는 것을 알고 있을 것이다. 60%의 고객만족이나 50%의 고객만족 같은 의미는, 즉 중요도의 의미는 평균으로부터 얼마만큼 떨어진 수요까지 커버할 것인지 결정하는 것과 같단다." 스토킹 교수는 민우에게 미안해하면서 설명했다.

"교수님. 제가 이해할 수 있을 것이라 생각하세요? 저 알아들은 단어라고는 평균밖에 없는 것 같아요. 표준편차는 알아들었었는데, 이제 더 모르게 된 것 같아요. 안 들은 걸로 하면 안 될까요?" 민우가 너스레를 떨었다.

"내가 뭐라고 했냐? 못 알아들을 거라고 했잖아. 그냥 그 중요도 지수를 나에게 주면, 내가 자동으로 계산해서 몇 개를 구매해야 하는지 나오도록 소프트웨어를 만들어줄게. 그럼 됐지?" 스토킹 교수는 어쩔 수 없다는 듯, 자신이 손수 민우에게 필요한 소프트웨어를 만들어 주겠다고 했다.

"그래도 말이다. 아까 말한 중요도의 의미는 알고 있어야 한단다. 그걸로 재고를 관리하면, 수익이 20~30%는 올라갈 수 있단다." 스토킹 교수는 민우에게 신신당부하였다. 스토킹 교수는 원리를 모르면서 사용하면 금물이라는 것을 민우에게 일깨워주고 싶었던 것이었다.

"알겠어요. 교수님. 명심하겠습니다. 마지막 질문 하나만 더 하구요. 뭐냐 하면, 지금까지 이야기한 것은 전부 오늘 당장 팔아야 하는 것들이잖아요. 이것은 어찌 보면 신문 파는 것하고 비슷한 것 같아요. 그런데 공장에서 공급 받아서 냉장고에 넣어두고 판매하는 케익 같은 것들은 재고관리 하는 방식이 좀 다른 것 같아요. 우리 빵집에서 이러한 제품들이 차지하는 비중이 꽤 높은 데 어떻게 관리해야 하는 지 전혀 모르겠어요." 민우는 그동안 언급조차 하지 않았던 제품들의 재고관리에 대해 스토킹 교수에게 물었다. 종류도 많고, 고가이면서 고마진의 제품들이 공장에서 배송되어 냉장고나 냉동고에 넣어두고 판매되었다. 커피, 케익, 아이스 바, 전병 등이 모두 여기에 해당되는데 다른 제품들과 달리 재고로 쌓아두고 판매되기 때문에 민우는 관리 방식을 달리해야 할 것으로 생각하였다.

"음. 당연히 다르게 관리해야 하는데, 오늘은 좀 그렇고, 그건 내일 만나서 이야기해야 할 것 같은데. 민우 너 목욕한지 얼마나 되었냐?" 스토킹 교수가 갑자기 목욕 이야기를 꺼냈다. 민우는 곰곰 생각해보니 목욕한지 한 달은 넘은 것 같았다. 집에서 샤워는 매일 해도 바빠서인지 목욕탕 갈 시간이 민우에겐 없었다.

"한 달쯤 되었는데요." 민우는 부끄러워 얼굴을 붉히면서 대답했다.

"난 석 달 넘었는데, 그럼 내일 새벽에 같이 목욕탕엘 가자. 내일 5시에 여기 앞 목욕탕에서 만나자."

민우와 스토킹 교수는 이야기를 마치고 일어서려고 했다. 두 사람은 사람들이 빙 둘러싼 것을 보고 놀라 다시 자리에 앉고 말았다. 목욕한지 오래되었다는 이야기까지 나누었는데, 이 사람들이 모두 그런 이야기까지 다 듣고 있었다고 생각하니 두 사람은 창피하였다.

사람들은 민우와 스토킹 교수가 나누는 대화 내용에는 관심이 없었다. 언제 두 사람의 대화가 끝나나 기다리고 있었을 뿐이었다. 사람들의 손에는 모두 핸드폰이나 디카가 들려 있었고, 나름 머리를 정갈히 하면서 자신이 사진 찍을 차례를 기다리고 있었다. 모두들 유명한 스토킹 교수와 사진 한 장이라도 찍으려는 심산으로 옆에서 기다리고 있었던 것이다.

이러한 광경을 접한 적이 없는 스토킹 교수는 놀라서 주방 안쪽으로 도망쳤다. 민우는 그냥 자리에 멍하니 앉아 있었다. 스토킹 교수는 주방 안쪽에 있는 밖으로 통하는 문을 통해 빠져나갔고, 이를 눈치 챈 사람들 또한 주방을 통해 스토킹 교수를 뒤쫓았다. 창 밖에서 지켜보던 사람들 또한 합세하여 스토킹 교수를 쫓았다.

스토킹 교수가 신촌빵집에 들른다는 소문은 삽시간에 퍼져나갔다. 사람들 사이에서는 신촌빵집이 아닌 스토킹 빵집으로 불리기까지 했다. 혹시나 스토킹 교수를 볼 수 있을까 하는 생각에 빵을 사러 오는 사람들이 이곳저곳을 기웃거리면서 스토킹 교수를 찾았다. 빵 하나를 시켜놓고 몇 시간을 기다리는 손님들도 있었다. 어린 아이 손을 붙잡고 몇 시간이고 기다리는 아주머니들도 많았다.

* * * * * *

"교수님 인기가 대단하시더라. 덕분에 우리 빵집도 빵이 많이 팔려. 아저씨도 늘 싱글벙글이셔. 아저씨께선 교수님의 대형 브로마이드를 간판대신 사용하는 것이 어떤가 하는 농담도 하시더라." 민우는 가람이를 만나자마자 스토킹 교수 이야기를 꺼냈다.

"오빠, 그 말밖에 할 말이 없어?" 가람이는 화가 잔뜩 난 표정이었다. 지난 번 민우가 교수님께 무심코 한 말 때문에 가람이가 약간 곤란을 겪었던 것을 민우도 알고 있었다.

"정말 미안해, 내가 그러려고 한 것은 아닌데, 그만 너무 궁금해서… 어떻게 하지?" 민우는 가람에게 두 손을 모아 싹싹 빌며 용서를 구했다. "아빠가 뭐라고 그러시던?"

"아니. 아빠는 그냥 웃기만 하셨어요. 계속 민우 오빠 도와주라고도 하시고. 그래도 제가 뭐가 되요? 아빠 것 몰래 훔쳐서 오빠 가져다 준 꼴이잖아요." 가람이는 눈물까지 글썽거렸다. 민우는 안절부절 못했다.

"내가 어떻게 하면 되겠니? 제발 이렇게 비니까, 용서해주면 안될까?"

"제가 원하는 걸 들어주면 용서해주죠." 순간 가람의 눈에 번뜩임이 보였다. 물론 민우는 이것을 눈치 채지 못했다.

"그게 뭔데? 뭐든지 말해." 얼른 용서를 구하고 싶은 마음에 민우는 말했다.

"뭐든지 괜찮다고 했죠? 간단한 거예요. 매일 학원가는 길의 보디가드 좀 해줘요." 신촌역에서 대치동까지의 길은 멀었다. 왕복으로 2시간이 넘게 소요되었다. 역에서 내려 버스 타고 하면 3시간은 족히 걸릴 거리다. 하지만 민우에겐 대안이 없었다. "알았어.

나야 좋지 뭐.” 이렇게 말했지만, 민우는 아저씨에게 허락을 받고, 정식 형에게도 양해를 구해야 하는 일이라는 것을 알고 있었다. 아저씨가 허락은 해주시겠지만 민우 입장에서는 죄송한 마음을 가질 수밖에 없었다.

그러나 보디가드 역할이 오래가지는 않았다. 일주일 남짓 지났을 때, 가람이는 시험이 끝났다고 했고, 이제 발표 나면 대학 교수들에게 직접 수업을 들어야 한다는 것이었다. 물론 떨어지면 학원을 옮길 생각이라고 했다. 그래서 일주일만에 민우의 보디가드 생활은 마감되었다. 이러한 사정을 잘 알면서도 가람이는 민우가 어떻게 나오는지 한 번 보려고 장난을 친 것이었다. 비록 일주일 동안이었지만, 둘은 소중한 추억을 많이 만들었다. 같이 군것질도 하고, 재미나는 동영상도 함께 보고 해서 이제는 오누이처럼 편하게 이야기할 수 있는 관계가 되었다. 외로운 민우에겐 갑자기 찾아든 행복들이 불안하기만 했다. 교수님, 가람이, 아저씨, 정식 형, 지수, 보급소 소장 모두 민우에게 가족처럼 대해주었고, 이러한 생활이 계속되기를 민우는 기도했다.

* * * * * *

대벌이가 그레이트 브레드 신촌점에 들어섰다. 황 사장과 점원 셋이 있었다. 종두는 보이지 않았다.

“어이구. 지금 오셨습니까? 뭘 그런 걸 가지고 섭섭해하십니까. 제가 언제 잘못했다고 그랬다고, 전적으로 오해입니다.” 황 사장은 두 손을 모으고 비벼대면서 웃는 얼굴로 대벌이를 맞이하였다.

“종두는 아직 안 나왔어요? 그 자식 만날 이렇게 늦는 것 아니에요?" 대벌이는 다른 점원들을 보면서 물었다.

"요 며칠 계속 안 나왔는데…" 한 점원이 말끝을 흐리며 대답했다.

"그럼 전화를 해서 왜 그런지 물어보든지 해야지 원." 대벌이는 종두에게 전화를 걸었다. 한참 후에 종두가 전화를 받았다. 빵이라면 신물이 난다면서 이제 아르바이트 안 하겠다고 종두가 말했다. 대벌이는 싫으면 말아라 라고 대답하고는 전화를 끊어버렸다.

"황 사장님. 아빠와 이야기를 해봤는데, 이 기회에 저 신촌빵집을 완전히 박살내는 게 어떨까요? 지난 번 할인행사할 때, 우리 가게 판매가 잘 이루어졌잖아요. 일주일만 해서 그 다음에는 판매가 잘 이루어지지 않은 것 같은데, 제 생각에는 저 신촌빵집이 문 닫을 때가지 계속 할인을 하는 겁니다. 두 달 정도 계속하면 저 빵집은 문 닫을 것 같은데, 그 때 가서 가격을 올리면 소비자들은 어디 딴 데도 못 가고 우리한테 끌려올 거잖아요." 대벌이는 아빠에게 들은 이야기를 자기가 고안한 새로운 전략처럼 황 사장에게 말했다.

"하지만, 그게 잘 될까요?" 황 사장은 대벌이의 눈치를 살폈다.

"우리 아빠가 그렇게 해서 성공을 거두었데요. 보다 멀리 내다보면서 경영을 하라고 하셨거든요. 제가 볼 때는 성공합니다." 대벌이가 강력한 자신감을 보였기 때문에 황 사장은 더 이상 반대하지 못하고 대벌이의 말에 따르기로 했다.

"그럼 판매 촉진을 위한 슬로건을 무엇을 하면 좋을지?" 황 사장은 대벌이가 이 질문에 대해서는 대답을 못 할 것이라 생각하면서 물었다.

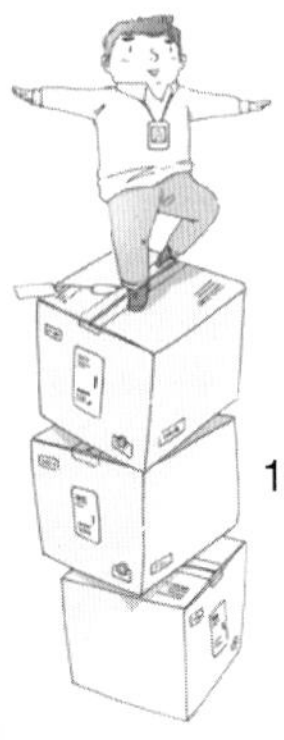

"계속 생각해보았는데요. 에브리데이 로우 프라이스 어때요? 매일 가장 낮은 가격으로 빵을 팔겠다는 뜻이죠. 영어 아시죠. Everyday Low Price." 대벌이는 영어 스펠을 하나하나 크게 말했다.

"그건, 유명한 할인점에서 사용하고 있는 것인데."

"어, 아시네요? 그 할인점은 에브리데이 로우 프라이스를 통해 엄청나게 성공했잖아요. 지금은 미국에서 시장 점유율 60% 넘게 장악하고 있다고 하던데요." 대벌이는 자신 있게 말했다.

"그게 빵집에도 통할까요?" 황 사장은 머뭇거렸다. 하지만 자신이 늘 생각해오던 방식과 다르지 않았고, 잘못 되더라도 대벌이 잘못으로 돌릴 수 있기 때문에 황 사장은 결국 찬성하였다.

"그 참 영어로 쓰면 뭔가 멋있단 말이야. 에브리데이 로우 프라이스." 황 사장은 동의의 뜻으로 에브리데이 로우 프라이스를 반복해서 말했다.

"자, 그럼 모든 제품을 지난번 할인행사 때처럼 많이 만들어 놓고, 지속적인 전쟁을 치루는 겁니다." 이번에는 황 사장이 먼저 나서서 점원들과 대벌이에게 의기투합할 것을 강요하다시피 했다.

* * * * * *

4시 50분, 목욕탕 앞. 스토킹 교수가 혹시나 기다리면 예의가 아니기에 민우는 미리 가서 기다렸다. 스토킹 교수는 5시 정각에 나왔다. 둘은 목욕탕 안에 들어갔다. 목욕탕 안에는 할아버지 몇 분께서 벌써 와 있었다. 탕이 여러 개 있었는데 작은 탕에 물이 차고 있었다. 목욕탕 관리인은 물을 트는 도구를 가지고 나와서 물을 틀고, 다른 사람들이 물을 틀지 못하게 가지고 들어갔다. 잠글 때 또 가지고 나올 것이라 민우는 생각했다.

"샤워하고 이 작은 탕으로 오렴." 민우와 스토킹 교수는 서로 떨어져서 샤워를 하고 나란히 작은 탕으로 들어갔다.

"내가 왜 목욕탕에 오자고 했는지 궁금했지?" 스토킹 교수는 평소에 끼던 안경을 그대로 쓰고 목욕탕에 들어왔다. 김이 안경에 끼었다. 김을 제거하기 위해 교수는 몇 번 안경을 벗어 물에 담갔다가 빼기를 반복하였다. 안경의 테두리에는 김이 서려 있었고, 가운데는 투명하게 되어 오히려 눈이 더 나쁜 것처럼 보였다. "목욕탕에 오자고 하신 이유가 따로 있었어요? 전 그런 건 잘 몰랐어요." 민우는 갑자기 그 이유가 궁금해지기 시작했다.

"특별한 것은 아니고, 우리 집에는 여자밖에 없잖아. 목욕탕에는 늘 혼자 와야 했거든. 그러니 등에는 때가 산더미처럼 쌓여 있는데 팔이 짧아 밀지도 못하잖아. 늘 목욕탕 한 번 같이 가서 등 밀어달라고 해야지 생각했단다."

"교수님. 그런 거면 저 잘해요. 힘이 세거든요. 오늘 완전 껍질 벗겨드릴게요." 민우는 너무나 기뻤다. 어릴 때 돌아가신 아빠가 생각나기도 하고, 스토킹 교수가 아빠 같다는 생각도 들었다.

"그건 그렇고, 여기 탕에 들어오면 난 재고관리가 생각난단다." 스토킹 교수가 이상한 이야기를 꺼냈다. 어디에 계시든지 공부 생각만 하시는구나 라고 민우는 생각했다.

"여기, 잘 봐라. 물통이 있고, 수도꼭지를 통해 물이 들어오지. 그리고 밑에 보면 물을 빼는 배수구가 있지. 물을 계속 받기만 하면 넘치게 될 것이고, 이것은 낭비가 되겠지. 그리고 배수구로 빠져나가거나 물을 퍼서 물이 줄면 목욕탕을 찾은 사람들의 기분은

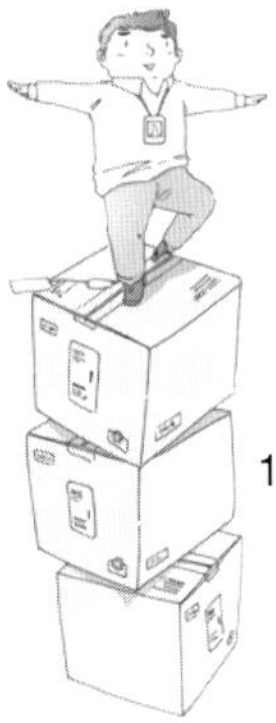

좋지 않을 거야. 물이 없으면 목욕탕을 찾은 사람들은 다른 목욕탕을 찾아가겠지." 스토킹 교수는 민우가 집중해서 이야기를 듣고 있는지 확인하고 말을 이었다.

"그런데 잘 보면 목욕통은 재고관리와 너무 유사하지 않니? 생각해보렴. 물이 빠져나가는 것이 무엇인지? 바로 수요 아닐까? 사람들이 물을 사용하는 것이니까. 그리고 수도꼭지를 통해 물을 받는 것은 공급, 구매, 생산 그런 것하고 비슷하지? 그럼 물통에 담겨 있는 것이 무엇이니?"

"재고네요. 사용되기를 기다리는 것이니까." 민우는 자신 있게 대답했다.

"그래, 재고가 맞지. 그런데 이 재고는 어때? 한 사람만을 위한 것은 아니지? 남아 있다가 다른 사람이 와서 또 사용하지? 물론 사람들이 한동안 사용하지 않는 밤에는 물을 다 빼지만 말이다." 스토킹 교수는 민우가 자신의 이야기를 알아듣고 있다고 생각했다.

"그러니까. 교수님. 이게 공장에서 사와서 냉장고 등에 넣고 판매하는 제품들의 재고관리인 셈이네요. 그쵸? 그럼… 이 목욕통이 진열대나 냉장고가 되고, 손님이 원하는 정도를 채워 넣은 양이 교수님께서 말씀하신 그 공식에 따른, 중요도에 따른 재고량이 되는 것이고요." 민우는 신나서 계속 말을 이었다. 그런 민우를 스토킹 교수는 잔잔한 미소로 쳐다보았다.

"그럼, 어떻게 재고관리를 해야 하는지도 알겠니?"

잠시 생각에 잠기더니 민우가 대답했다.

"빠진 만큼 채워 넣으면 될 것 같은데요. 그러니까 어저께 팔린 만큼만 오늘 채워 넣으면 바로 원하는 만큼 채울 수 있는 거잖아요." 민우의 대답에 스토킹 교수는 매우 놀랐다. 사물의 이치에 대한 이해가 민우만큼 빠른 사람이 있을까 하는 생각이 들었다.

"바로 그거란다. 아주 훌륭했어." 스토킹 교수는 젖은 민우의 앞 머리카락을 손으로 흩었다.

"하나만 더 말하면, 이 목욕통의 크기가 중요하단다. 목욕통의 크기는 역시 중요도를 고려해서 결정되어야 하고, 얼마만큼 자주 채울 것인가에 따라 달라진단다. 자주 채울 것이면, 매번 채울 때 작은 양만 채우면 되는 것이고, 가끔 채울 것이면, 한 번에 많은 양을 채워야 하겠지? 그 사이에 몇 명이 탕 안의 물을 사용할지는 모르니까, 자주 채우지 않고, 가끔 채우게 되면 목욕탕이 조금 더 커져야 한단다. 물이 말라버리면 손님들이 싫어하니까. 아까 여기 관리 아저씨 봤지? 저분이 이 목욕통의 물을 제대로 관리하려면 얼마나 자주 와야 하겠니? 요즘은 말이다. 판매하는 사람들은 판매에만 열중하고, 재고를 채우는 것은 공장에게 맡기는 경우가 많단다. 서로 약속해두고, 자주 찾아와서 빈 곳을 채워주고 가는 것이지."

"교수님. 이해가 되요. 지난번 말씀하신 POS라는 것을 사용하면 충분히 가능하겠네요. 공장에서는 우리 빵집에서 판매되는 것을 보고 있다가, 배달 올 때, 스스로 알아서 채워주면 되겠네요." 민우는 모든 것이 얽혀 들어가 연관성을 가지고 있다는 것을 알았다. '지금까지 이 분야에서 일해 오신 분들이 나 같은 어려움을 느끼고, 이를 해결하기 위해 많은 노력들을 해오고 있었구나'하는 생각을

민우는 하게 되었다. 그리고 빵집에 가서도 어떻게 제품별로 어떻게 구분해서 재고관리를 해야 할지 방향이 잡히는 것 같았다. 민우는 스토킹 교수의 등을 밀면서도 얼마나 때가 많이 나오는지 신경도 못 썼다. 온통 재고를 어떻게 관리해야 할지만 생각할 뿐이었다. 덕분에 스토킹 교수의 등은 벌겋게 되었다. 제대로 누울 수 없을 만큼 민우가 빡빡 밀어버린 것이었다.

* * * * * *

그레이트 브레드에 대한 정보는 바로 정식이에게 전달되었다. 정식은 아저씨와 민우를 불러 이 소식을 전했다. "이제 우리 망하는 것 아니에요. 사장님? 재네들은 돈이 많다고요. 전국적인 체인점을 가지고 있고, 매장 크기도 우리보다 크고, 그리고 회장이 직접 지원을 해준다면, 우리가 망하는 건 시간문제잖아요." 정식이 먼저 말을 꺼냈다. 망한다는 말에 아저씨는 불쾌감을 보였다. 하지만 아저씨도 걱정이 되는 듯 뒷말을 잇지는 않았다. 조금 시간이 흐른 후 애써 태연한 척 하면서 아저씨가 말했다.

"우린 우리 할 일만 하면 돼, 민우야 넌 교수님께 배운 것 아직 안 되었니?" 아저씨가 민우에게 마지막 구원의 손길을 바라듯 민우를 쳐다보면서 말했다.

"어저께 교수님께서 만드신 소프트웨어를 받았어요. 신기하게 몇몇 데이터만 입력하면 자동으로 몇 개를 사야 하는지, 만들어야 하는지 나오더라고요. 교수님 말씀이 이것 잘 활용하면 20~30%의 이익은 올릴 수 있다고 하셨는데. 전 아직 확신이 안서요." 민우는 자신이 없었다. 사실 모든 걸 이해하고 적용하려고 했는데, 모든 걸 이해하려면 얼마나 시간이 더 걸릴지는 짐작조차 할 수 없었다. "그럼 됐다. 교수님께서 어떤 분이시니? 빈말하실 분 아니시잖아. 무조건 따라가보자." 아저씨는 유일한 대안인 스토킹 교수에게 의지할 수밖에 없다고 누차 강조하였다.

"그런데, 한 가지 당부 말씀도 하셨어요. 지금 하는 이 일이 수요가 얼마나 될지 잘 예측하는 방법은 아니니, 크게 기대해서는 안 된다고 말씀하셨어요. 몇 개 팔릴지는 소프트웨어로 해결되는 문제가 아니라고, 정확히 예측하기는 불가능한 것이라고요. 사람들이 컴퓨터 소프트웨어를 사용하면 예측을 정확하게 할 수 있다고들 생각하지만, 사실은 절대 그렇지 않다고 하셨어요. 그러니까 절대 실망하지 말고 계속 사용해보라고 하셨어요." 민우는 어제 만났을 때 스토킹 교수로부터 들은 당부의 말을 아저씨와 정식에게 전했다.

"교수님 덕분에 우리의 매출이 얼마나 많이 늘었냐? 정말 고마우신 분이니까. 그냥 우리 교수님 말씀을 잘 따라야 할 것 같다." 아저씨는 재차 교수님에 대한 신뢰를 강조하였다. 정식도 이런 아저씨의 생각에 적극 동조하였다.

* * * * * *

신촌빵집과 그레이트 브레드의 2차전이 시작되면서, 신촌빵집을 찾는 손님들의 수는 절반가량으로 줄었다. 반면 그레이트 브레드의 손님은 50% 가까이 늘었다. 역시 가격 할인의 힘은 대단했다. 그레이트 브레드에는 손님들이 가득했고, 신촌빵집에는 단골손님들만이 찾을 뿐이었다. 그렇게 일주일이 흘러갔다. 그레이트 브레드의 대빌이, 황 사장, 점원들의 표정은 밝았지만 신촌빵집의 아저

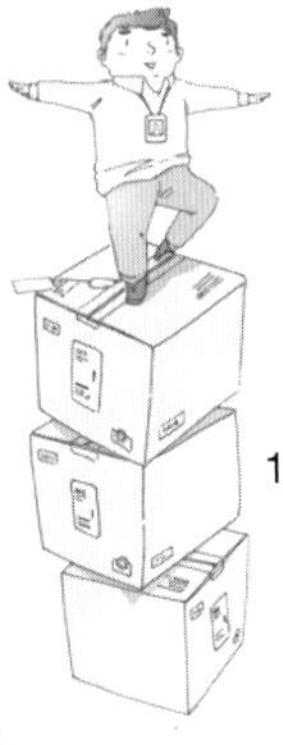

씨, 정식이 형, 민우의 표정은 더 없이 어두웠다.

민우는 일주일이 지난 다음 이익을 분석해보았다. 그런데 이상했다. 이익은 절반 이상 떨어졌어야 할 것으로 예상했었는데, 놀랍게도 이익은 10%밖에 줄지 않은 것으로 나타났다. 신기한 일이었다. 반면 그레이트 브레드의 이익은 오히려 20%가량 줄어들었다. 정식이 그레이트 브레드의 점원들과의 친분을 통해 얻은 정보를 바탕으로 알게 된 것이었다.

"이상하지 않냐? 우리들 손님은 엄청 줄었는데, 이익은 별로 줄어들지 않고 있어 왜 그런 걸까? 쟤네들은 손님이 저렇게 많은데 왜 이익은 또 줄었다고 하지? 도대체 이해할 수가 없어. 넌 뭐 좀 알겠냐?" 정식은 민우에게 물었다. 민우는 짐작은 하고 있지만 아직 확신할 수는 없었다. 그래서 말을 꺼내지 못하고 있었다. 정식은 민우가 뭔가 알고 있을지도 모른다는 생각에 계속 추궁했다.

"알고 있으면 빨리 좀 말해봐."

"저… 이건 순전히 제 생각이에요. 확신할 수는 없어요. 좀 더 데이터를 모으고 분석해봐야 알 수 있는 것이거든요." 민우는 계속 뜸을 들이면서 말해도 될까 고민했다.

"일단 말해봐. 내가 들어보고 맞는지 말해줄 테니까." 정식의 말에도 일리가 있다고 민우는 생각했다. 민우는 정식의 의견이 필요했다.

"그래요. 형의 생각도 들어보고 싶었으니까. 저 빵집이 이익이 생기지 않는 것은 당연한 것 같아요. 왜냐하면 우리 빵집을 죽이기 위해 원가 수준에서 빵을 팔고 있는데, 사실 숨겨진 원가가 많잖아요. 전기세나 수도료 등… 많이 팔다 보면 예상보다 돈이 많이 들어가잖아요. 저 간판비용 등도 다 원가에 들어가야 하니까요. 이것 이해되시죠, 형?"

"그래, 네 말을 듣고 보니 그러네. 너무 싸게 파니까, 팔리면 팔릴수록 손해가 난다 이거구나. 그것 참 말 되네. 근데 우리는 왜 그래?" 정식이 민우에게 신촌빵집은 왜 이익 감소폭이 낮은지에 대해 물었다.

"문제는 우리인데, 생각보다 많이 이익이 떨어지지 않은 것이 신기하죠. 좋기는 하지만 말이에요. 제 생각엔 말이죠, 수요가 많이 안정적으로 변하고 있는 것 같아요." 민우는 이익 이야기가 아닌 수요 이야기로 화제를 바꾸었다.

"형. 우리 가게를 찾는 손님들을 보면 절반 넘게 뜨내기손님들이잖아요. 지나가다가 그냥 들르는 그런 손님들 말이에요." 민우의 의견에 정식도 동의를 표했다.

"그 뜨내기손님들이 모두 저 그레이트 빵집으로 가버린 것 같아요. 그렇게 되니까 우리 빵집을 찾는 손님들은 대부분 매일 빵을 사거나 자주 빵을 사는 사람들인 것이죠. 그러니까 수요가 일정하게 되어 버린다는 것이죠. 사실 아직 좀 더 보면 알겠지만, 지난 주 경우를 보면 예전보다 표준편차가 떨어졌어요. 그러니까 예측이 많이 정확해졌고, 남는 빵도 많이 줄었어요. 빵이 모자란 경우도 많이 줄었고요. 그리고 교수님께서 말씀하신 공식을 사용하였더니, 이게 두세 배 효과가 나버린 것 같아요." 민우는 앞으로 이런 효과는 더욱 크게 나타날 것으로 예상했다.

"알 듯 모를 듯하다. 그런데 정말 일리가 있는 말이네. 그럼 크게 걱정하지 않아도 되겠구나." 정식은 안도의 한숨을 내쉬면서,

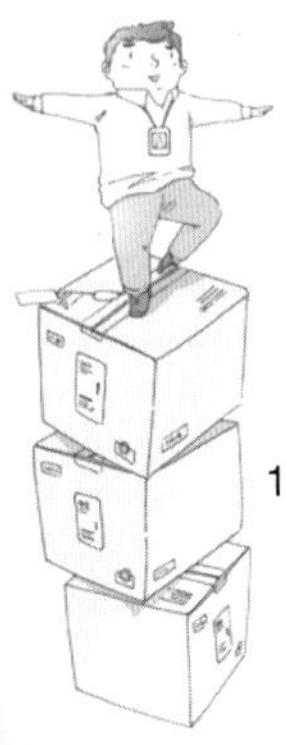

민우를 대견스러워 했다.

"형, 아직 안심할 때는 아닌 것 같아요. 우리 이익도 지금 감소하고 있으니까요. 그리고 상대편은 계속 저렇게 할인을 할 것이니까. 여전히 걱정해야 하는 것이죠."

"그 말도 그러네. 나야 알바니까 괜찮은데 우리 사장님은 속이 타시겠다." 정식이 아저씨를 걱정했다.

"형 그래도 걱정하지 마세요. 많이 좋아질 것 같아요. 왜냐하면 공장에서 받아서 파는 제품들의 수익도 높아졌어요. 지금까지는 워낙 숫자가 많아 관리를 제대로 못했었는데, 공장에서 자동으로 해줄만한 것과 우리가 직접 해야 하는 것으로 구분했거든요. 물론 여기서도 교수님의 그 공식을 이용했더니 차츰 이익이 커지고 있어요. 다음주나 다다음주 되면 더욱 커질 것으로 보여요." 민우는 확신에 차서 이야기하였고, 정식이도 그렇게 될 것이라 민우를 독려했다.

옆에서 아저씨가 지켜보고 있었다. 커튼 뒤에 있어서 민우와 정식은 몰랐지만, 둘이 나누는 대화를 처음부터 아저씨는 듣고 있었다. '어쩌면 저리 똑똑할까? 교수님께서 보시는 눈은 정말 대단하시군. 내 아들처럼 영원히 내 곁에 있어주면 좋겠다. 그리고 너무 걱정하지 마라. 빵은 맛이 중요한 거고, 장사는 신뢰가 중요한 거야. 저렇게 할인하고 하는 것을 내가 한두 번 겪어보았겠냐? 내 맷집이 얼마나 좋은데, 이 배처럼 든든하단다.' 아저씨는 혼자 이렇게 생각하면서 둘의 대화가 끝나자 몰래 주방 안쪽으로 들어갔다.

* * * * * *

대별이와 황 사장도 일주일 간격으로 판매액과 이익을 계산하고 있었다. 이익의 일시적인 감소는 예상하고 있었다. 하지만 이익이 예상보다 장기간 계속 줄고 있었다. 문제는 남는 빵에 있었다. 많은 빵이 팔릴 것으로 예상하여 재고를 충분히 비축하였는데, 예상보다 팔리지 않았다.

"사장님, 이 남는 빵들을 어떻게 하지요?" 대별이는 안타까운 마음에 황 사장에게 혜안을 구했다.

"그러게 말입니다. 예상보다 남는 빵들이 많이 생기고 있네요. 우리 지점 적자도 점점 커지고 있는데, 회장님께 부탁드려 자금지원을 좀 받아야 할 것 같은데…" 황 사장도 근심어린 얼굴로 말했다.

"돈이 필요하면, 저희 아빠에게 말씀드리면 될 것 같은데, 이 남는 빵들이 문제 같은데요." 대별이는 산처럼 쌓여 있는 빵들을 가리키면서 말했다.

"그건 그렇게 걱정하지 않아도 될 것 같은데요. 포장지만 좀 바꾸어서 다음 날 팔면 소비자들도 모를 것이라…" 황 사장은 짜증나는 상황이었지만, 대별이에게 반말도 못하였다.

"지난번에 말씀하신 방법말이죠? 소비자들은 잘 모르겠죠?" 대별이는 황 사장의 대안에 기뻐하면서 이제 한숨을 돌릴 수 있겠구나 하고 생각했다. 당일에 안 팔린 것을 다음 날 팔게 되면 그만큼 비용을 줄일 수 있어, 적자가 생긴 것을 어느 정도 메울 수 있을 것이라 대별이는 기대했다.

* * * * * *

한바탕의 전쟁이 진행되고 있는 동안 민우와 지수는 거의 만나지 못했다. 신촌빵집에서는 가격할인을 하지 않는다는 사실과 그 이유를 지수를 통해 지수가 일하고 있는 빵집 주인아저씨에게 전달했

다. 하지만 그러한 노력은 소용이 없었다. 지수가 아르바이트하고 있는 빵집 아저씬 지수의 말을 흘려들었고 그레이트 브레드와 같이 가격할인 정책을 폈다. 그 결과는 참담했다. 막대한 손해를 본 것은 물론이거니와 빵집의 이미지 실추를 경험해야 했다. 지수가 일하고 있는 빵집 아저씨는 누적된 적자 앞에서 특단의 조치랍시고 지수를 우선적으로 아르바이트에서 해고하였다. 빵집을 새로 낸다고 전에 일하던 곳에서 아르바이트생들을 데리고 올 때는 언제고, 자신의 경영상황이 안 좋아지니까, 우선적으로 아르바이트생들부터 해고하는 것이었다.

"지수야 미안해." 민우가 지수를 만나자마자 미안하다는 말부터 꺼냈다.

"뭐 오빠 때문인가? 걱정하지마. 나야 다른 곳에서 일하면 되는데 뭐. 그리고 잠시 아르바이트 안 해도 되잖아. 아빠한테 조금 미안하기는 해도…. 걱정하지 마."

"그래도 자꾸 신경이 쓰인다. 우리 빵집 아저씨께 이야기해볼까. 혹시 아르바이트생 구하는지?" 민우의 이 말에 지수는 한참 고민을 해야 했다. 왜냐하면 지수는 민우가 편하지 않았다. 예전 같았으면 너무 좋은 제안이었을 터인데, 받아들여야 하는지 망설이고 있었다. 여자의 직감이라고 밖에는… 충분한 이유가 있었던 것은 아니었지만, 지수는 민우가 가람이를 좋아하고 있다고 생각했다. 이 상황에서 민우의 옆에 있으면서 괜히 방해를 하고 싶지는 않았다. 이러한 미적거림을 보고 민우는 다시 말했다.

"일단 기회가 되면 한번 말씀드려볼게. 지금 확정된 것도 아니니까 그렇게 깊게 생각하지마. 난 너랑 같이 일하면 재미있을 것 같은데 말이야." 민우의 이 마지막 한마디는 지수를 헛갈리게 만들었다. 민우가 자기를 친한 동생 정도로 생각하는 것인지, 아니면 연인으로서 좋아하는 것인지 지수로서도 판단키 어려웠다.

* * * * * *

그레이트 브레드의 문제는 그리 오래지 않아 다시 불거졌다. 그리고 이번에는 아주 큰 쓰나미로 다가왔다. 문제는 당일에 안 팔린 빵들을 다음 날에 다시 판매하기 시작하면서 생겨났다. 그레이트 브레드는 포장지만 바꿔 '오늘의 빵'인양 어제의 빵을 팔았다. 하루가 지났다고 해서 품질 상의 하자가 바로 생기는 것은 아니지만, 신선한 빵을 제공한다고 하는 고객과의 약속을 저버린 것이었다. 그리고 어제의 빵인지 그저께의 빵인지, 심지어는 일주일 전의 빵인지 포장지로는 구별하기 어려웠다. 그레이트 브레드를 찾는 사람들은 하나 둘 외면하기 시작했다. 계속되는 할인 정책에 점원들의 노동강도는 더욱 심해졌다. 이를 견디지 못한 그레이트 브레드의 아르바이트 점원 하나가 그만둬버렸다. 그리고 이 점원은 그레이트 브레드가 날짜 지난 빵을 다시 판매하고 있다는 사실을 흘리고 다녔다. 이러한 소문은 순식간에 퍼져나갔다. 빵의 재고는 더욱 늘어났고, 이월되는 빵은 더욱 증가하였다. 할인 전쟁이 시작된 지 2주일이 되었을 때, 급기야 빵을 사먹은 사람들이 식중독을 일으키고 말았다.

9시 뉴스에 이 소식이 전해지면서 전국적인 체인점인 그레이트 브레드는 치명타를 입게 되었다. 언론에서는 연일 그레이트 브레드 신촌점에 와서 촬영을 해갔다. 급기야 황 사장은 구속되었고 신촌점은 영업정지를 당했다. 일은 여기서 그치지 않았다.

언론에서 계속 그레이트 브레드 간판을 비추는 바람에 신촌점 이외의 지점에도 영향을 미쳤다. 똑같은 지점이니까 소비자들은 그레이트 브레드의 전 지점에서 빵을 사는 것을 꺼렸다. 각 점장들은 그레이트 브레드와의 프랜차이즈 계약을 파기하고 간판을 바꾸기 시작하였다. 이러한 지점들이 전국적으로 우후죽순처럼 번져갔다. 기업이 망하는 것은 순식간이다. 대별이 아버지는 그레이트 브레드를 포함한 제빵 시장에서 완전 철수하게 되었다. 그레이트 브레드가 2차 할인을 하고 문을 닫는 데까지 2달을 넘기지 않았다. 정보화 사회에서의 언론의 힘과 사람들의 구전효과의 힘은 정말 대단했다.

* * * * * *

민우는 그레이트 브레드가 문을 닫고 난지 한 달쯤 되는 날 경영보고서를 작성해서 아저씨와 정식에게 발표했다. 신촌빵집의 매출은 그레이트 브레드의 몰락과 함께 자연스럽게 상승하였다. 당연한 결과였다. 그레이트 브레드가 망한 자리에 새로 빵집이 들어오기 전까지 신촌빵집은 거의 독점과도 같은 시절을 보냈다.

특히 자체 판매 이익이 증가한 부분에 대한 보고서 내용은 한 마디로 쇼킹했다. 스토킹 교수로부터 전수받은 재고관리기법을 통해 민우는 얼마만큼의 빵을 구매, 생산해야 이익이 최대가 되는지를 알 수 있었다. 이를 민우가 모든 제품에 적용하였다. 그 동안 매출은 3배로 증가하였고, 판매 이익은 600% 증가하였다. 그레이트 브레드가 망하지 않았어도 판매 이익이 100% 증가하는 혁신적인 성과를 거두었다. 그레이트 브레드의 매출이 신촌빵집의 매출보다 2배 정도는 많았었다. 하지만 재고관리 하나 잘 하였을 뿐인데,

이를 통해 이익이 100% 증가할 수 있다는 사실에 대해 기남 아저씨, 정식, 민우도 놀라움을 감출 수 없었다.

"민우야, 난 지금까지 빵을 많이 팔아야만 이익이 증가한다고 생각했는데, 그건 아닌가 보구나." 아저씨는 이렇게 돈을 많이 벌어 본 적은 평생 단 한 번도 없었다고 말했다.

"재고관리의 중요성이 얼마나 큰지 처음으로 알았어요." 정식도 지금까지 자신의 경험에 비추어 이렇게 혁신적인 성과를 거둔 적이 없음을 확인하였다.

"매출은 새로 빵집이 들어서면 예전으로 돌아가 많이 줄어들 것 같아요. 그리고 판매 이익은 지금보다야 줄겠지만, 예전보다는 확실히 늘 거예요." 민우는 자신이 분석한 바에 의하면 향후 매출은 50% 정도, 판매 이익은 100% 정도 늘어날 것이라고 예상했다.

"숫자가 50%, 100% 크지 않다고 할 수 있을지는 모르겠지만, 사실 이런 업종에서 판매 이익이 이렇게 증가하는 것은 기적이라고 해야 하지 않나요?" 정식이 아저씨를 보면서 동의를 구했다.

"물론 이런 경우는 없어. 이 모두가 민우 덕분이다. 교수님 말씀대로 민우는 재고 도사야. 정말 기특해. 그리고 너무 고마워." 아저씨가 민우를 껴안았다.

"그리고, 말이 나온 김에 하는 말인데, 이렇게 발전하게 되는데 민우의 공이 컸으니, 응당 민우에게 보답을 해야 할 것 같구나. 교수님과도 상의해봤는데, 예전 벌던 것을 기준으로 판매 이익 증가한 것의 20%를 매달 민우에게 주기로 했다." 아저씨의 말에 민우는 엄청 놀랐다. 전혀 예상치 못한 일이었다. 그 돈이면 연간 3~4천 만원은 족히 될 터였다.

"민우야. 고맙다. 그리고 신촌빵집을 이제 체인화해볼 생각을 하고 있단다. 여기 신촌에 하나 더 여는 것을 시작으로 해서 전국적인 체인점을 말이야. 물론 새로 여는 신촌점은 정식이가 맡아줬으면 해. 물론 장기적인 계획을 세워서 차근차근 진행할 것이니까 당장 옮기고 그러지는 않을 거야." 아저씨의 뜻밖의 제안에 정식도 어안이 벙벙해졌다. 이들 간에는 고맙다, 미안하다, 과분하다, 사랑한다 이런 말들이 계속 이어졌다.

* * * * * *

그레이트 브레드의 간판이 내려지는 것을 아저씨, 정식, 민우는 가만히 지켜보고 있었다. 기쁨보다는 왠지 쓸쓸함을 아저씨는 느꼈다.

"사장님, 저기 저 집에 다시 빵집이 들어온 데요. 새로 들어오는 사람들은 우리랑 친하게 지냈으면 좋겠어요. 지난 번 일하던 애들이 모두 다시 새로 들어오는 빵집에서 일하게 되었다고 하던데요. 새로운 사장님은 지난 번 사장님보다는 좋으시데요." 정식은 기남 아저씨가 쓸쓸해 하는 것을 눈치 채고는 빨리 화제를 바꾸었다. 정식은 역시 정보통이었다. 신촌 일대에서 일어나는 모든 정보는 정식을 통한다는 것이 헛소문은 아닌 것 같았다.

"그래. 좋은 분이 들어와서 사이좋게 지냈으면 좋겠다. 같이 빵을 만드는 사람들은 서로 통하는 게 있거든. 지난 번 황 사장도 괜찮은 사람이었는데." 아저씨는 아쉬움과 기대감이 교차하는 것 같았다.

"그나저나 민우랑 헤어져서 어떻게 하니?" 아저씨의 눈에는 눈물이 한 가득이었다.

"왜요, 갑자기 민우가 왜 그만둬요?" 정식이 아저씨에게 물었다.

"자주 놀러 올게요. 저도 오늘 들었어요. 교수님께서 이번엔 옷 가게에 가서, 재고관리 하라셔요. 저도 또 다른 곳에 한 번 가보고 싶고요." 민우의 눈에도 눈물이 가득 찼다. 아빠같이, 친형같이 잘 해주었던 두 사람을 떠난다는 것이 민우에겐 너무도 슬픈 일이었다. 하지만 민우는 또 다른 세상을 만나고 싶었다. 민우의 빈자리는 민우의 추천에 의해 지수가 차지하게 되었다. 기존의 아르바이트 자리보다 훨씬 좋은 조건에서 지수는 일하게 되었다. 세 사람은 빵집으로 들어가, 문을 걸어 잠그고, 빵을 종류별로 쌓아놓고는 이별파티를 열었다.

"이건, 호두를 넣은 메이플 크림빵, 700원, 이건 통단팥 화이트 브레드, 800원, 이건 고소한 치즈 고구마 빵, 1,100원…." 민우는 먹는 빵 하나하나의 이름을 불렀다.

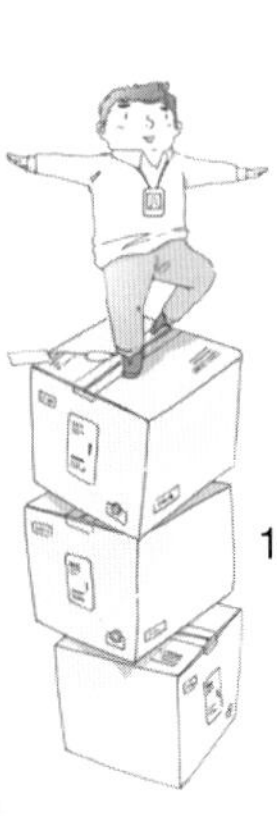

3rd story

등산복 시장의 벤토리

등산복 시장의 벤토리

길게 뻗은 가로수 끝으로 개선문이 서 있다. 텔레비전 화면에서 보는 것과는 차원이 다르게 크다는 것을 민우는 보았다. 개선문 앞의 길게 뻗은 거리가 샹젤리제 거리다. 샹젤리제 거리는 세계의 유행을 이끌어간다고 한다. 이름에 걸맞게 멋진 옷과 귀금속 등으로 눈길을 끌었다. 진열대 안에 한두 개의 제품만이 진열되어 이목을 끄는 것은 참 어색하지만 뭔가 색다르다는 느낌을 주기에 충분하였다. 스토킹 교수, 민우, 가람은 나란히 샹젤리제 거리를 걸었다. 서울도 세계에서 몇 손가락 안에 들 정도의 큰 도시로 성장하여, 고급 브랜드는 다 들어와 있는 줄 알았는데, 이곳 파리에는 못 보던 브랜드로 가득 차 있었다. 샹젤리제 거리를 한 바퀴 돌고, 브랜드 하나 한국에 가지고 들어가면 떼돈을 벌던 시절이 있었다고 한다. 프랑스 파리의 브랜드라고 하면 물불 안 가리고 구매하던 명품족들의 돈 자랑이 한 몫 하였다고 한다.

* * * * * *

스토킹 교수가 민우를 에베레스트 등산복 회사에 소개시켜주었다. 에베레스트는 한국의 브랜드로 20여 년을 등산복에만 집중하였고, 최근에는 등산장비 일체를 생산 판매하는 기업으로 성장하였다. 전 세계를 대상으로 사업 영역을 확대하고자 부단히 노력하고 있다. 하지만 에베레스트는 재고 문제로 골치를 썩었다. 안 팔리는 옷들이 너무 많아 이것을 다음 시즌으로 넘기기도 힘들었다. 할인을 하면 브랜드 이미지가 망가지기 때문에 이것 또한 쉽지 않았다. 재고관리가 기업의 핵심 경쟁력으로 자리 잡고 있는데, 에베레스트는 20여 년 동안 기술, 디자인, 생산 쪽에 집중하여 재고관리를 체계적으로 구축하지 못했다.

에베레스트의 대표이사인 이현기 사장은 스토킹 교수에게 이 문제를 의논하러 갔다가 민우 이야기를 들었다. 이 사장은 교수에게 그런 훌륭한 사람이 있다면 우리 회사에 꼭 필요하니 꼭 보내달라는 말을 여러 번 했다. 신촌빵집에서의 일이 일단락되어 가자 스토킹 교수는 민우를 이 사장에게 소개하였다.

"좋은 기회가 될 것이다. 이제 세계를 상대로 한번 뛰어볼 때가 된 것 같지 않니? 어릴 때는 많이 배워야 한다는 것이 내 생각이다." 교수는 민우를 이렇게 설득하였다. 두렵기도 했지만, 옆에 스토킹 교수가 있으니 한번 해볼 수 있을 것이라 민우는 생각했다.

에베레스트의 이 사장은 등산복도 패션화가 되고 있고, 세계의 패션시장의 흐름을 잘 모르면 잘못된 제품 개발이 이루어지므로 프랑스 파리나 이탈리아 밀라노 등지에서의 패션 흐름을 잘 알아야 한다고 말하면서, 민우가 자신의 회사로 와 준 것에 대한 감사의 표시로 스토킹 교수와 민우에게 프랑스 파리에서의 품평회에 참관할 수 있는 기회를 주었다. 민우는 태어난 후 처음으로 해외를 나가게 되어, 그것도 프랑스 파리로 나가게 되어 매우 흥분하였다.

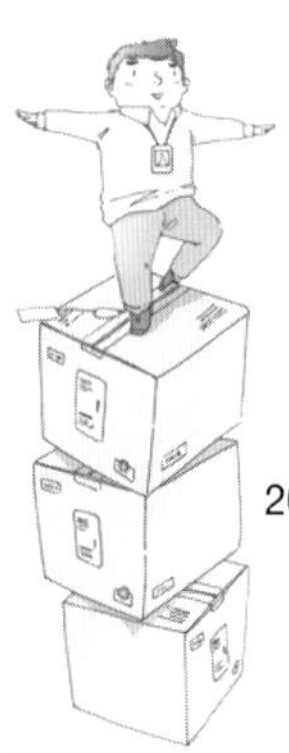

* * * * * *

"나도 유럽에 가게 되었는데… 우리 같이 가면 되겠다. 날짜도 비슷하니까, 파리 갔다가 영국으로 넘어가면 되겠네. 아이 신난다." 가람은 민우가 프랑스에 가게 되었다는 이야기를 듣고는 이렇게 말했다.

"가람이 너, 세계 수학경시대회에 나가게 되었구나. 정말 잘됐다. 와. 그리고 넌 도대체 아이큐가 얼마나 되냐? 뭐 그리 수학을 잘해?" 민우는 귀엽고, 예쁘기만 한, 어딜 봐도 수학을 잘 하게 생기지 않은, 수학 같은 것에는 관심도 두지 않게 생긴 가람이가 수학에 천재라는 사실을 종종 잊어버리곤 했다.

"시험은 어디서 보니?" 민우가 물었다.

"영국 캠브리지 대학에서." 가람이 대답했다.

"난 파리 가고, 넌 영국 가는데 같이 갈 수 있는 거야?" 민우도 영국과 프랑스가 가깝다는 사실은 알고 있었지만 한두 시간 안에 오갈 수 있는 거리인 줄은 몰랐다.

"뭐 그 정도 거리는 아무 것도 아니죠, 기차 타면 한두 시간이면 닿을 수 있으니까. 아무 문제없을 것 같은데요." 가람은 민우가 유럽에 가본 적이 없다는 사실을 모르고 있었다.

"넌, 유럽에 가본 적 있니? 난 처음인데." 민우의 이 질문에서야 가람은 조금 미안한 마음이 들었다.

"여러 번. 아빠가 바쁘시니까, 엄마랑 배낭여행을 많이 다녔거든요. 고등학교 때는 1년에 3~4번씩 계속 여행 다녔어요." 가람은 계속 민우의 눈치를 보았다. 괜한 이야기를 해서 민우가 속상해할까봐 걱정되었다.

"정말 좋았겠다. 그럼 이번 여행에서 네가 가이드해주면 되겠네. 걱정이 많았는데, 너무 잘 됐다." 오히려 민우가 웃으며 반기자 가람은 편안해졌다.

국제 수학올림피아드는 각 국가에서 선발된 6명의 국가대표들이 나라의 명예를 걸고 경쟁하는 수학 분야에서는 가장 권위 있는 대회이다. 우리나라도 이 대회에서 늘 상위권에 속해 있다. 미국, 러시아, 중국, 베트남 등이 수학에서는 강국이다. 이틀 동안 6문제를 풀게 되는데, 한 문제 당 7점의 배점으로 국가별로는 42점 만점으로 해서 국가별 순위가 정해진다. 국가별 시상은 이루어지지 않고 개인적으로만 금, 은, 동상이 주어진다. 하지만 여론 등에서는 국가별 순위에 많은 관심을 보여주고 있다.

"7월 9일과 10일 이틀간 시험이 있으니까, 같이 파리에 갔다가 8일에 영국으로 가면 되겠다. 날짜가 딱딱 맞는 것이 너무 좋다. 오빤 7일에 일이 있다고 했죠?" 가람은 자신의 수첩을 꺼내서 일정을 하나하나 따져보면서 말했다.

"시험을 이틀 동안 보니? 정말 머리 아프겠다. 몇 문제를 푸는데?" 민우는 그동안 자신과는 거리가 멀다는 생각에 자세히 물어보지 않은 수학올림피아드에 대해 관심을 나타냈다.

"하루에 3문제씩 6문제를 풀어요, 4시간 30분 동안 3문제씩 풀면 되는 거죠." 가람은 친절하게 설명해주었다.

"하루에 3문제밖에 안 풀어? 그리고 4시간 30분이면 한 문제에 90분이네. 90분 동안 한 문제를 푼다고? 그렇게 어려운 수학문제가 있기는 한 거야?" 민우는 놀라웠다.

"문제가 어렵기는 하죠. 우리나라는 아무래도 일본의 영향을 많이 받았다고 하는데, 시험 문제는 우리나라에서 배우지 않는

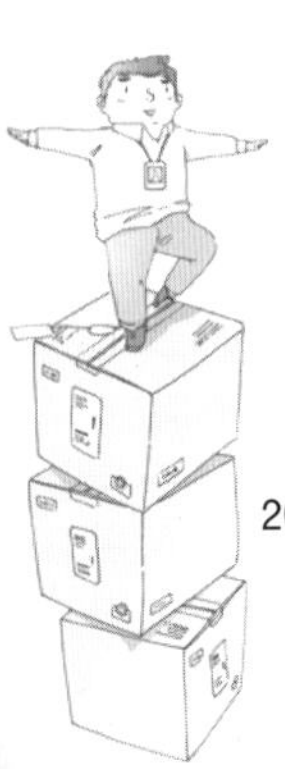

것들이 많이 나온 데요. 기하, 정수, 조합 같은 것들이에요. 우리나라 고등학교에서는 미분, 적분 같은 것이 교과서에 많이 나오지만, 그런 건 시험에 나오지도 않는데요. 그래서 일본은 이 대회에 참가도 안 한다던데요?" 가람이는 합숙훈련 동안 들은 국제 수학올림피아드에 관한 것을 설명해주었다.

"시험은 영어로 보니? 당연한 질문이겠지만 넌 영어도 잘 하니?"

"수학 관련한 영어는 좀 쉬운 편이에요. 그리고 난 아빠가 안식년이었을 때, 같이 미국에 있었고, 거기서 학교를 다녔거든요 그래서 별 문제는 없어요." 가람이 아무렇지도 않게 말했다.

"넌 도대체 못 하는 게 뭐야? 수학도 잘하고, 영어도 잘 하고 대단하다 대단해." 민우는 비아냥거림 없이 정말 부럽다는 표정을 담아 말했다.

"난 재고관리 잘 못하잖아요. 난 오빠가 더 대단한 것 같은데요, 아빠는 항상 오빠 얘기하시면서 뿌듯해하시던데." 가람이의 말에 민우도 고무되었다. '그래, 재고에 대해서는 내가 최고가 되어야지. 가람이에게 부끄럽지 않은 사람이 되어야지.' 민우는 주먹을 불끈 쥐고는 속으로 이렇게 다짐하였다.

* * * * * *

품평회라고 해서 제품 설명회라도 되는 줄 알았는데, 패션쇼와 같았다. 텔레비전에서 보던 것과 같이 모델들이 멋진 옷을 입고 차례로 워킹을 했다. 스토킹 교수, 민우, 가람이, 에베레스트의 이 사장은 앞줄에 앉아 모델들이 입고 나오는 옷들을 열심히 지켜보았다.

"여기가 뭐 하는 곳인 줄 알겠니?" 스토킹 교수가 갑자기 민우에게 질문했다.

"패션쇼 같은데요." 민우는 짧게 대답했다.

"그래, 그렇게만 보일 거다. 하지만 옆에 있는 사람들이 뭘 하는지 잘 살펴보렴." 스토킹 교수의 말을 듣고, 민우는 주변을 두리번거렸다. 모두 종이에 뭔가를 적고 있었다. 모델들이 등장하면 한참을 지켜보고선 바로 숫자 비슷한 것을 적기도 하고 엑스자 표시를 하는 것 같기도 했다.

"교수님 저 사람들 모두 뭐 하는 거예요?" 민우가 스토킹 교수에게 물었다.

"품평회라는 것이 뭐냐면, 디자이너가 옷을 만들고 모델들이 옷을 입고 나오면, 그 옷을 얼마나 살 것인지 주문을 받는 곳이란다. 저렇게 모델들이 옷을 입고 나오면, 여기 있는 사람들이 몇 벌, 몇 벌 팔 수 있을 것 같은 숫자를 예상하고, 품평회가 끝나면, 주문서를 작성해서 제출한단다." 스토킹 교수는 주변의 시선을 생각하여, 낮은 목소리로 짧게 말했다.

'품평회가 주문하는 장소라? 그럼 저 사람들은 다 각국이나 각 지역에서 온 매장 주인들이란 말인가?' 민우는 주변을 좀 더 자세히 살펴보았다. 모두 프랑스 사람인 줄 알았는데, 동양인도 많고, 아랍인, 흑인 등 다양한 사람들이 앉아 있었다. 그리고 모두 한결같이 뭔가를 적고 있었다.

"교수님, 지금은 7월인데, 모델들이 여름옷이 아니고, 겨울옷을 입고 나왔어요. 그럼 겨울옷을 지금 주문받는다는 건가요?" 민우는 스토킹 교수의 말을 뜯고, 품평회를 계속 자세히 관찰했다.

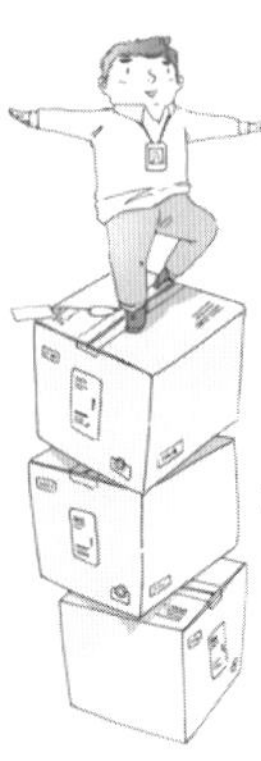

처음에는 모델들이 긴 팔에, 털이 복슬복슬 달린 옷을 입고 있다는 걸 몰랐었다. 품평회장의 에어컨이 강하게 틀어져 있어 쌀쌀한 느낌을 주었던 것도 어색함을 느끼지 못한 이유 중의 하나였다. 모델들의 미모에 빠져 옷이 잘 보이지 않은 것도 한 몫 했다. 입을 벌리고 모델들을 쳐다보고 있을 때, 옆에서 가람이가 민우의 옆구리를 꼬집었다. 그러면서 가람이가 조금 미안했는지 춥다고 했다. 옷이라도 벗어서 가람이 어깨에 둘러주고 싶었는데, 여름옷이라 벗을 것도 없었다. 순간 민우는 이상함을 발견하였다. '우리는 여름옷인데, 모델들이 겨울옷을 입고 있구나'하는 차이점을 발견하게 된 것이었다. 그리고는 스토킹 교수에게 곧바로 물어보았다.

"좋은 질문이다. 늘 좋은 질문만을 엄선하는구나." 스토킹 교수는 흐뭇한 표정을 지었다. 민우는 '저 표정을 보이시는 걸 봐서는 이야기가 길어지겠군'하는 생각이 들었다.

"이건 일반적인 패션 산업에서의 특징이란다. 이 특징 때문에 패션 산업에서의 재고관리가 문제가 되는 것이지. 민우도 잘 생각해봐라. 옷을 만들어 전 세계 시장에서 팔려면 엄청나게 복잡한 과정을 통해야 한단다. 제일 먼저 디자이너들이 옷을 만들어보는 거야. 세계적인 유행의 흐름을 파악하여, 옷맵시나 색깔 등을 정하고, 이를 바탕으로 여러 가지 옷을 만들어보게 된단다. 그리고 난 다음에 이 옷을 팔 사람들에게 보여주게 돼, 바로 품평회가 그런 자리지. 그러면 여기에 와 있는 사람들이 옷에 대해 자신이 몇 벌 팔 수 있으니 만들어 달라고 주문을 하게 되지. 그럼 이런 주문을 받은 디자이너는 총 주문량을 모아서, 생산업체에게 생산을 맡기게 된단다. 그럼 다시 생산업체는 필요한 원사, 원단을 구매해서 생산하고, 이를 다시 전 세계에 퍼져 있는 판매상들에게 배달하게 되는 것이란다. 또 하나의 특징은 글로벌화되면서, 디자인은 유럽에서, 원단 생산은 한국에서, 옷 생산은 중국이나 베트남 등지에서, 판매는 물론 세계 시장을 상대로 이루어지게 되었다는 점이지. 그러니 이 과정이 얼마나 오래 걸리겠니? 그러니 6개월 전에 디자인이 시작되는 거란다. 여름엔 겨울옷을, 겨울엔 여름옷을 디자인해서 패션쇼를 열게 되는 것이지." 스토킹 교수는 숨도 제대로 쉬지 않고, 계속 말했다. 옆에 있던 이 사장은 교수의 얘기를 듣다 말고는 딴 곳으로 가서 다른 사람들과 인사를 나누었다.

"교수님 지금이 7월 초인데 6개월 후이면 12월 초가 되잖아요. 그럼 겨울옷을 12월 초에 진열을 하게 되는 것인가요? 그럼 조금 늦어지는 것 아닌가요? 잘은 모르겠지만 겨울은 12월부터 시작된다면 11월에는 판매가 시작될 것 같은데요." 민우는 꼼꼼하게 교수의 말을 듣고선 궁금한 것을 질문하였다.

"역시 또 중요한 질문을 하는구만. 가람아, 민우의 이러한 태도는 반드시 배워야 한다. 남의 말을 잘 경청해야 좋은 질문이 나올 수 있는 거란다." 스토킹 교수는 뜬금없이 가람이를 보면서 당부의 말을 하였다. 이에 가람은 알겠다는 듯 고개를 끄덕였다.

"미안, 어디까지 이야기 했더라?" 스토킹 교수가 단기 기억상실증에 걸린 것이 틀림없다고 민우는 생각했다. 이야기하다 중간에 어디까지 이야기했는지 잊어버리는 경우가 최근에 너무 많았다.

"6개월요. 교수님." 민우가 가르쳐줬다.

"그래, 근데 왜 6개월이니?" 교수의 질문에 민우는 황당했다. 이 때 가람이가 교수에게 차근차근 요약해서 말해주었다.

"맞다. 민우 말이 맞아. 보통은 6개월 이상 걸리고, 그래서 5월이나 6월에는 겨울 옷 패션쇼가 열리는 것이지. 그런데 이 회사가 7월에 품평회를 연 것은 일종의 혁신과도 같은 것이란다. 최근 정보기술, 수송기술들이 발달되면서 점차 이 기간이 짧아지고 있단다." 스토킹 교수는 벌써 주제의 흐름을 잃어버렸던 기억마저도 없어진 것 같았다.

"혁신이라고요? 일반적으로 6개월 전에 하던 것을 좀 앞당기는 것이 혁신이라고 할 수 있는 건가요?" 이번 질문에도 스토킹 교수는 기뻐했다.

"그래, 끊임없는 사유, 왜 그런지 생각하는 것 정말 중요하단다. 민우는 절대 너의 이 같은 자세를 버리면 안 된다. 가람이도." 민우와 가람이는 스토킹 교수가 또 어디까지 이야기했었는지 잊어버릴까 불안하였다.

"재고관리는 수요에 공급을 맞추는 것이지. 그런데 수요와 공급이 시간적으로 많이 차이가 나면 어떤 일이 벌어지니? 6개월 후에 몇 개나 팔릴지 잘 알 수 있을까?" 이번에는 스토킹 교수가 민우에게 질문을 던졌다.

"수요 예측의 정확도가 떨어진다는 것이네요. 그러니까 그 간격을 줄이면 그만큼 정확도가 높아진다는 뜻이 되겠는데요." 민우의 고개는 끄덕였고, 눈동자는 눈의 왼쪽 위로 향해 있어 뭔가 골똘히 생각하는 듯 했다.

"그래, 바로 그거야. 수요 예측에서의 가장 중요한 원칙이 '수요예측은 항상 틀리다' 이고, 두 번째가 '가까운 것에 대한 예측은 먼 것에 대한 예측보다 정확하다'라는 것이야. 세 번째는…" 스토킹 교수는 세 번째 원칙은 민우에게 필요치 않을 것이라 생각하였다.

"교수님 세 번째는요? 말씀하시다 마셨는데요. 또 기억이?" 민우는 주저하며 물었다.

"아니 필요 없을 것 같아서. 혹시 모르니 알아두기는 해라. 세 번째는 '전체에 대한 예측이 부분에 대한 예측보다 정확하다'이다. 별로 관계는 없지?"

"전체와 부분이라. 무슨 뜻인지 잘 모르겠는데요." 민우는 어떤 것이라도 놓치지 않겠다는 생각으로 다시 스토킹 교수에게 추가 설명을 요구하였다.

"음. 그러니까, 내년도 자동차 전체 몇 대가 팔릴 것인지를 예측하는 것과 그랜저, 검은색, 오토가 몇 대 팔릴지를 예측하는 것의 차이라고 할 수 있지. 앞의 것을 예측하는 것이 구체적인 뒤의 것을 예측하는 것보다 정확도가 높다는 뜻이지." 스토킹 교수는 예를 들어가면서 설명했다. 민우는 세 번째는 별로 상관이 없다는 생각을 하였고, 다시 조금 전에 대화를 나누었던, 패션산업으로 화제를 돌리기 위해 질문을 하였다.

"교수님, 아무래도 6개월은 너무 긴 것 같아요. 디자인을 파리에서 하고, 원사를 미국에서 만들고, 원단을 한국에서 만들고, 다시 옷을 중국에서 만들어, 이것을 영국에서 판다고 한다면, 5단계에서 처리하고, 각 처리 간에 4번을 수송하면 되는 것이어서 복잡하기는 해도 6개월씩 걸릴 일은 아닌 것 같은데요. 그냥 이메일로 보내고, 빨리 배달해주면 될 것 같은데요. 우리가 요즘 컴퓨터를 인터넷으로 신청하면, 일주일도 안 걸려서 배달되는데, 정말 6개월은 너무 긴 것 같아요."

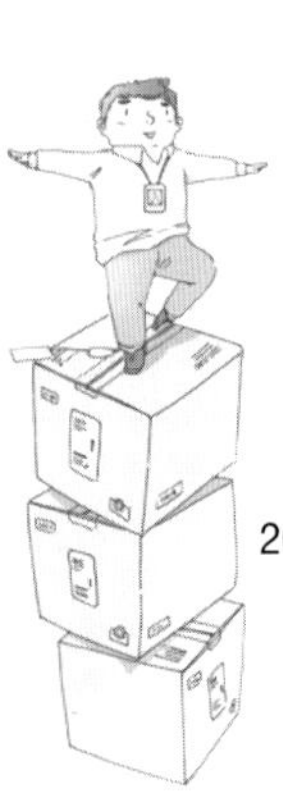

"그래 민우 네 말이 맞아. 하지만 옷이라는 것이 워낙 부피가 큰 제품이라 비행기를 이용하기도 힘들어 주로 배를 이용하게 된단다. 배를 타고 미국, 한국 그리고 중국을 거쳐 영국으로 가보렴. 6개월은 걸릴 것 같은데." 민우는 스토킹 교수의 설명을 듣고 한참 생각에 잠기더니 이윽고,

"교수님 말씀이 맞는 것 같아요. 오히려 6개월도 빠른 것 같은데요." 민우는 부산항에서 옷을 가득 담아 망망대해를 천천히 헤쳐가는 배의 모습, 항구에 내리는 모습, 트럭에 싣고 고속도로를 달리는 모습 등을 상상해보았다.

* * * * * *

에베레스트의 이 사장이 교수 일행이 있는 곳으로 한 사람을 데리고 왔다.

"이분은 스토킹 교수님, 이 분은 교수님 따님인 가람이, 이분은 박민우입니다. 그리고 이분은 우리 옷을 만들고 계신 베트남에서 오신 데이비드 사장님. 모두 인사 나누시지요." 교수와 데이비드 사장은 악수를 하였고, 민우와 가람이는 데이비드 사장에게 가벼운 목례를 하였다.

"저 한국말 잘 해용, 그러니 걱덩마시고 말하세용." 데이비드 사장은 한국 대구에서 원단 생산관리를 10년 넘게 하였고, 그래서 한국말을 어느 정도 말하고 들을 수 있다고 덧붙였다. 데이비드 사장은 등산복 메이커인 히말라야사에서 오래 일하였다고 말했다. 데이비드 사장은 한국의 대구에 위치한 원단 생산 공장에 감독관으로 10년 넘게 일하였고, 대구 공장의 문을 닫고 중국으로 옮기면서

회사를 그만두었다고 했다. 그리고는 베트남으로 가서 등산복을 하청 받아 생산하는 전문업체를 세웠다고 했다. 처음에는 어려움이 많았으나 이제는 1억 달러 이상의 판매고를 보이는 큰 업체로 성장시켰고, 에베레스트의 대부분 제품이 바로 자신의 공장에서 생산된다고 설명하였다.

데이비드 사장은 스토킹 교수를 알고 있었다. 데이비드 사장은 한국에도 자주 왕래를 하는데, 언론을 통해 스토킹 교수가 재고관리 분야의 대가인 것을 알았고, 꼭 만나보고 싶었다고 이야기했다. 스토킹 교수는 데이비드 사장의 공장에서 일어나는 여러 가지 재고 문제에 대해 이야기를 듣고는 자신의 의견을 피력하였다. 중간중간에 민우 이야기를 곁들여 민우를 민망하게 만들기도 하였다.

"너같이 어링 나이엥 참 대당하구낭. 한번 베트남엥 구경하러 오명 우리 공장 재고관리도 좀 부탁행." 짧은 한국어였지만 데이비드 사장은 친근감 있는 어투로 민우에게 이야기하였다.

품평회가 끝나고 데이비드 사장이 파리의 명물들을 손수 민우 일행을 구경시켜주었다. 특히 맛있는 빵집을 소개시켜주어서 정통 프랑스빵을 맛보게 해주었다. 민우는 프랑스빵을 먹으면서, 기남 아저씨와 정식형을 생각했다. 같이 여행을 왔으면, 기남 아저씨가 좀 더 맛있는 빵을 개발하는 데 도움이 되었을 건데 하는 아쉬움을 느꼈다.

데이비드 사장은 영국인이었다. 데이비드 사장은 영국의 런던까지 같이 움직였다. 파리에 온 김에 영국에 있는 데이비드의 어머니를 찾아뵙고 가겠다고 하였다. 런던에서 데이비드 사장과 민우 일행은 헤어졌다. 런던의 북쪽으로 한 시간 가량 가야 캠브리지

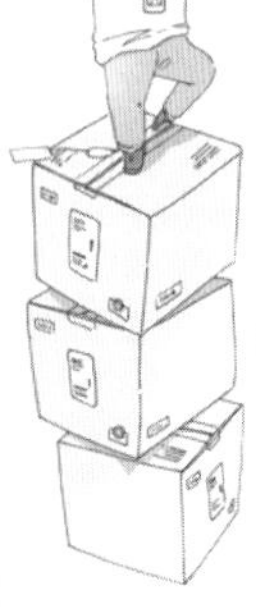

대학교가 있었기 때문이다. 민우 일행은 캠브리지 대학으로 향했다. 비록 이틀 동안 같이 한 여행이었지만, 데이비드 사장과의 이별은 아쉬웠다. 민우는 친절하고, 어리지만 상대방을 존중하며 대하는 데이비드 사장에게 정이 많이 들었다.

* * * * * *

시험 첫날, 아침에 씩씩하게 나갔던 모습은 사라지고, 가람은 녹초가 되어 돌아왔다. 스토킹 교수는 가람이를 다독였다.

"힘들지. 수고했다. 푹 쉬렴. 결과는 신경 쓰지 말고." 스토킹 교수는 가람이를 안아주며 말했다.

"문제가 너무 어려웠어요. 아무래도 힘들 것 같아요." 가람이는 울음 섞인 목소리로 말했다. 가람이가 시험 잘 보게 해달라고 하루 종일 민우도 기도했다. 스토킹 교수도 하루 종일 별 말이 없었다.

"같이 온 친구들이 잘 봐서, 우리나라가 오늘은 3등을 했어요. 1등이 영국이고, 2등이 중국이에요. 저만 잘 봤으면 1등도 할 수 있었을 텐데. 친구들이 모두 괜찮다고 그러는데도 막 눈물이 나와서, 흑흑." 가람이는 못내 아쉬워 스토킹 교수에게 안겨 계속 울었다.

"최선을 다했으면 되었지. 내가 들어보니 오늘 조합 문제가 안 나왔다고 하더라. 내일은 나오겠지 뭐. 너 조합은 잘 하잖아." 희망을 얻은 듯 그제야 가람이 울음을 멈추었다. 나중에 알았지만 조합이라는 것이 교수님 전공과 유사한 것이었다. 민우는 조합이 뭔지 스토캐스팅이 뭔지 모르지만 비슷하다고만 들었다. 그래서 가람이도 어릴 때부터 아빠를 통해 조합과 많이 접했었다고 들었다.

다음 날, 민우는 방문을 걸어 잠그고 벽을 보고 앉았다. 머리에는 '가람 파이팅' 라고 쓰인 띠를 두르고, 벽면에는 '조합', '기하', '정수', '해석' 등등 수학과 관련된 단어가 적힌 종이들이 붙여져 있었다. 민우는 속으로 중얼중얼 하면서 갑자기 손을 앞으로 뻗으며 '아자, 기하 물러가라, 가람 파이팅' 외치고는, 또 다시 눈을 감고 중얼중얼, 눈 뜨고 '아자, 조합 나와라, 가람 파이팅' 끊임없이 각 과목을 돌아가며 외쳤다. 민우는 그렇게 4시간 반을 외쳤다. 민우의 목소리는 쉬었고, 이제는 손을 들 힘조차 없었다.

가람이가 아빠와 함께 숙소로 들어왔다. 가람과 스토킹 교수는 심드렁한 표정을 하고 있었다. '이거 잘못 되었구나. 오늘도 망쳤구나. 어떻게 하지' 민우는 속으로 생각할 뿐 아무 말도 할 수 없었다. 민우는 거의 탈진한 상태여서 일어 서 있기도 힘들어 그 자리에 주저앉았다.

"오빠, 왜 그래? 괜찮아?"

"으---- ㅇ." 기어가는 목소리로 민우는 겨우 말했다. 시험에 대해서는 차마 물어보지 못했다. 가람이와 스토킹 교수는 갑자기 서로를 마주보더니, 눈짓을 주고받았다. 그러더니 동시에, "써프라이즈!"하고 합창하듯 외쳤다. 두 사람은 펄쩍 뛰었다 내려오면서 양 팔을 옆으로 쫙 벌렸다. 자세히 보니 가람이의 손에는 상장이 들려 있었다. 영어로 쓰여 있었지만 골드라는 글자는 민우도 읽을 수 있었다. 그제야 민우는 벌떡 일어나 두 손을 들고 깡충깡충 뛰었다. 급기야 가람이를 안고 빙빙 돌렸다. 이 모습을 보고 스토킹 교수가 으흠 하고 헛기침을 했다. 그제야 민우는 가람이를 안고 있다는 것을 깨달았다. 민우가 갑자기 손을 놓는 바람에 가람이는

튕겨져 나가 구석에 떨어졌다.

"어. 괜찮아?" 급하게 민우는 가람에게 달려가 일으켜 세웠다.

"으, 죽는 줄 알았네." 가람이가 일어섰다.

"가람이가 금상 먹었다. 그것도 조합 문제를 혼자만 풀어서 대 역전극을 펼쳤어. 3점차로 지고 있다가 한 번에 대 역전. 그래서 한국이 1등, 1등이다!" 스토킹 교수는 흥분한 나머지 평소의 어조와는 달리 격앙된 목소리로 말했다. 민우는 다시 만세를 부르며 이번에는 스토킹 교수를 껴안고 깡충깡충 뛰었다. 가람이 한참 어이없다는 듯 쳐다보자, 두 사람은 민망하다는 듯 뛰기를 멈추었다. 옆에서 지켜보던 가람이 민우에게 물었다.

"그런데, 오빠 목소리가 왜 그래? 시험은 내가 봤는데 왜 오빠가 목소리가 쉬었어?"

* * * * * *

민우가 에베레스트사에 첫 출근하는 날이었다. 이 사장이 민우를 특별히 배려해주어 입사 전에 프랑스를 먼저 갔다 온 것이었다. 당분간 민우는 업무 파악하라는 지시를 받았다. 등산복의 생산, 구매에서 판매에 이르기까지 전반적인 흐름을 파악하고, 재고관리 부서로 옮겨진다고 했다.

재고관리 부서는 정찬성 부장이 맡고 있었다. 이름처럼 낙천적인 성격의 소유자라는 소문이 있었다. 등산하고는 거리가 멀게 배가 많이 나왔고 머리는 완전히 벗겨진 대머리였다. 민우가 들은 바에 의하면 정 부장은 한 때 영업부서에서 영업왕을 할 정도로 잘 나갔다고 한다. 그런데 부하 직원과 함께 등산을 갔다가 조난을 당했고, 그만 부하 직원이 죽게 되었다. 그 이후 정 부장은 술에 빠져 살고 있으며, 일에는 통 관심을 보이지 않았다는 것이었다. 이 사장은 정 부장의 능력을 아껴 재고관리부장으로 남게 하였다고 한다.

정 부장은 민우와의 첫 만남에서 열심히 한다고 되는 게 아냐, 그냥 잘 하면 돼. 그리고 여기 이놈의 회사에서는 운이 중요한 거야라고 말했었다. 민우의 평소 생각과 달라 놀랐지만 윗사람이 하는 말이어서 그저 열심히 잘 하겠다고만 대답했었다.

"너 낙하산이지? 사장 빽으로 들어온 것 맞지?" 정 부장은 직설적으로 민우에게 물었다. 대답을 기대한 것 같지는 않았다. 민우도 뭐라 할 말이 없었다. "말단 직원으로 들어오는 건데도 빽으로 들어 오냐? 더구나 등산복 업체의 재고관리 파트에 말이야. 참 너도 특이하다." 정 부장은 이해가 안 된다는 듯 계속 답을 바라지 않는 질문을 하였다.

"그래, 재고관리는 잘 한다고 들었는데, 재고관리가 뭐라고 생각하니?" 정 부장이 이번엔 민우의 대답을 기다렸다. 의외의 질문이어서 민우는 당황하여 아무 말도 못했다.

"아니, 너 얘기 사장한테 들었는데, 신문, 빵집에서 탁월한 성과를 보였다고 하던데, 재고에 대한 남다른 식견이 있었던 것 아니냐? 그러니까 성공했겠지. 아냐? 한번 말해봐. 편하게, 네가 잘 대답하면 내가 너를 내 조수로 쓸 것이고, 아니면 다른 부서로 소개를 하든지 할 테니까." 정 부장은 민우의 눈빛이 마음에 들었다. 자신의 젊은 시절 회사에 열정을 가지고 일할 때의 모습을

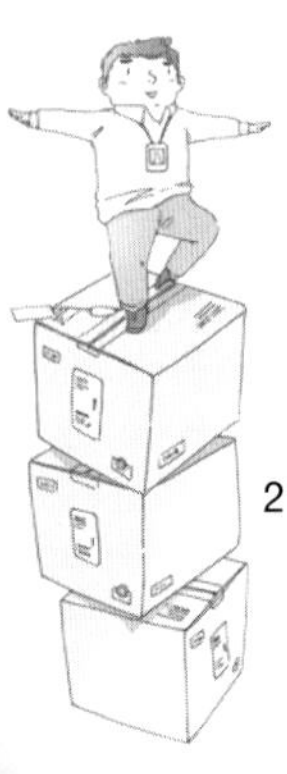

민우를 통해 보는 듯 했다. 하지만 낙하산식으로 들어오는 것을 정 부장은 싫어했다. 정 부장은 자신을 합리화하기 위해, 민우에게 일종의 시험을 치르고 마음에 들기를 기대하면서 질문을 던지고 있었다.

"음, 수요와 공급을 맞추는 것이라고 생각합니다." 민우는 그동안 스토킹 교수로부터 배웠던 것을 정리하여 짧게 정의를 내렸다.

"어쭈, 좀 있어 보이게 말하는데, 수요를 네 마음대로 맞출 수 있냐?" 정 부장은 다시 물었다.

"아뇨, 수요는 어쩔 수 없다고 생각하고요, 그런 수요에 공급을 맞추는 것이라는 얘기입니다." 민우는 수정하여 대답했다.

"그래? 네가 점쟁이냐? 어떻게 6개월 후에 일어날 수요에 공급을 맞출 건데? 그런 거는 내일의 수요나 때려 맞추는 신문이나 빵집에서나 가능한 얘기 아니냐?" 정 부장의 질문은 더욱 날카로워졌다. 민우에게는 아직 생각도 해보지 못한 질문이었다.

"잘 모르겠습니다. 생각 못 해봤습니다." 민우는 씩씩하게 대답했다. 민우는 엉뚱한 대답을 하는 것보다는 모른다고 대답하는 것이 좋을 것 같아 잘 모르겠다고 대답했다.

"솔직해서 좋군. 그럼 질문을 조금 바꿔볼까? 네가 수요와 공급을 맞추는 것이 재고관리라고 했는데, 잘 하려면 어떻게 하면 되냐?" 정 부장은 더 어려운 것을 질문하였다. 결코 민우가 대답할 것이라고 정 부장은 기대하지 않았다.

"저, 제 생각엔 믿음이라고 생각합니다. 당장은 수요에 공급을 못 맞출 수 있지만, 정성을 다하면 고객은 배신하지 않는다는 것입니다. 지난 번 빵집에서 고객을 믿고 정성을 다하면 성공할 수 있다고 생각했습니다.” 민우는 지난번 빵집에서의 경험을 정 부장에게 이야기하였다. 민우의 이야기는 조금 더 길어졌고 정 부장은 긴 이야기를 아무 소리 없이 들었다.

“그래, 알았다. 여기 등산복 시장은 좀 다르다는 것은 알아야 할 거다. 오늘은 여기까지 하자. 가서 일해.” 정 부장의 기분이 좋아졌다. 민우의 말이 옳다고 생각하는 것은 아니었다. 정 부장은 민우의 이야기를 들으면서 열정을 읽었고, 그 정도의 열정이라면 무엇이든지 할 수 있을 것이라고 생각했다. 정 부장은 지난 번 죽은 박 대리가 생각났다. 박 대리는 이익을 늘리려면 재고를 줄여야 한다고 매일 이야기하고 다녔었다. 박 대리가 있었으면, 우리 회사도 재고를 많이 줄일 수 있었을 텐데 라고 정 부장은 생각했다. 민우라면 박 대리가 못 다 이룬 목표를 달성할 수도 있을 것 같다는 기대감을 가졌다. ‘오래간만에 우리 부서에 제대로 된 녀석이 하나 들어왔군. 참, 사장이 사람 보는 눈은 있군.’

* * * * * *

민우는 일주일 동안 오리엔테이션을 받았다. 회사의 역사, 조직, 제품에 대한 일반적인 내용에서부터 각 부서에서 무슨 일을 하는지까지 매일 8시간 넘게 교육을 받았다. 민우가 다니는 회사에서는 에베레스트라는 브랜드 하나만을 가지고 있었다. 로고는 산을 뜻하는 삼각형 3개가 있는데, 가운데 삼각형이 크고, 좌우 삼각형은 작은 것이었다.

에베레스트사는 1년 기준으로 봄, 여름, 가을, 겨울 4시즌으로 운영되고 있었다. 봄 시즌은 2월부터 4월까지이다. 실제 봄은 3월부터 시작하지만 등산복 판매는 한 달 앞서서 이루어진다고 했다. 여름 시즌은 5월부터 7월까지이고, 가을, 겨울 시즌도 각각 3개월씩 이루어진다고 했다.

에베레스트사에서 등산복은 남성복과 여성복으로 구분하고 있었다. 남성복은 한 시즌에 평균 15개의 디자인이 소개되고, 여성복의 경우 25개의 디자인이 나온다고 했다. 남성복의 경우 10개는 위의 옷이고, 5개는 바지라고 했다. 상의는 다시 자켓류와 자켓 안에 입는 기능성 티로 구분되었다. 종류가 여기서 그치지 않았다. S, M, L, XL, XXL 등 체격에 따라 구분되어야 하고, 색상도 다양했다. 이외에도 다양한 기준이 있다고 하는데, 민우의 귀에는 별로 들어오지 않았다. 다만 '종류가 빵집과는 비교도 안 되는구나, 매장에서 보면 빵집과 별반 차이가 없는 줄 알았는데, 치수, 색상 등으로 나누어지면 정말 장난이 아니게 종류가 많네' 정도의 느낌을 민우는 받았다.

에베레스트사의 경쟁사는 여러 곳이 있지만 최근에는 히말라야사가 가장 큰 경쟁사라고 했다. 히밀라야사는 일본에서 만든 브랜드로 우리나라에서의 판매는 대벌이 아빠 회사에서 하고 있었다. 대벌이네는 지난번 그레이트 브레드가 망하면서 상당한 경제적 타격을 받았기 때문에, 회장이 직접 히말라야를 진두지휘하고 있다고 오리엔테이션 중 영업부서에서 설명하였다. 거의 유사한 제품들을 판매하고 있어 서로 앙숙처럼 되었다고 했다.

에베레스트의 제품개발 및 등산복 디자인은 주로 프랑스 지사에서 이루어지고 있으며, 생산은 모두 하청으로 이루어지는데, 가장 큰 비중을 차지하는 공장은 베트남에 있는 데이비드 사장의 공장이라고 했다. 이에 비해 히말라야사의 제품개발은 일본에서 주로 이루어지며, 생산 공장은 중국에 위치하고 있다고 했다. 일주일 동안의 오리엔테이션에서 민우는 회사에 대해 보다 많이 알게 되었지만, 너무나 많은 이야기를 들어서인지 아무것도 기억이 나질 않았다.

* * * * * *

민우가 오리엔테이션이 끝나고 사무실로 돌아와 잠시 쉬고 있을 때였다. 정 부장이 민우를 불렀다.

"나랑 같이 가 볼 데가 있어. 시간 되니?" 정 부장은 민우에게 같이 갈 수 있는지를 물었다.

"네, 오리엔테이션 끝나서, 괜찮아요." 민우는 어디로 가려고 하는지 궁금했지만 물어보지는 못했다. 갑자기 정 부장이 친근하게 대하는 것이 더 의아스러웠다. 정 부장은 민우를 태우고 일산으로 향했다. 차를 타고 가는 동안 정 부장은 아무 말도 하지 않았다. 정 부장은 일산 로데오 거리로 들어갔고, 어느 가게 맞은편에 차를 세웠다.

"저기 저 집 보이니?" 정 부장은 건너편 가게를 가리키면서 말했다. 정 부장이 가리킨 집에는 히말라야라는 간판이 걸려 있었다.

"저 집이 지난주에 문을 연, 우리 경쟁사인 히말라야의 상설할인매장이야." 정 부장은 짧게 말했다.

"부장님, 갑자기 왜 여기에 저를 데리고 오셨는지?" 민우는 차를 타면서부터 궁금했던 것을 물어보았다.

"자네를 보니 재고관리에 대한 열정이 있는 것 같았는데, 안

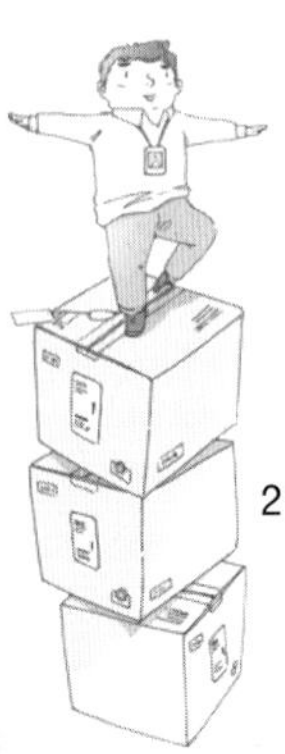

그런가?" 정 부장이 오히려 반문했다. 정 부장은 나름 친절을 베푼다고 생각했는데, 민우가 의아해 하는 모습을 보면서, 자신이 너무 서둘렀구나 하는 생각을 했다. 민우도 이런 정 부장이 미안해할까 봐 서둘러 말을 이었다.

"그런데 부장님 재고관리와 저 매장이 무슨 관계가 있다고…?" 민우는 말의 끝부분을 얼버무렸다.

"응, 있으니까 데리고 왔지. 내가 옷 시장은 좀 다르다고 했지? 아마 이게 가장 큰 차이점일 거야." 정 부장은 약간 어색해하면서 말을 이어갔다. 정 부장의 말에 민우는 정말 모르겠다는 표정을 지었다.

"오리엔테이션 때 들었겠지만, 옷을 디자인할 때와 옷을 팔 때는 달라. 시기가 다르다는 이야기야. 등산복도 마찬가지야. 네 말대로 수요에 공급을 정확히 맞춘다는 것은 시기적인 차이 때문에 등산복 시장에서는 거의 불가능하지. 그러면 안 팔린 재고는 어떻게 처리를 해야 할 것 같니?" 정 부장이 설명 끝에 민우에게 물었다.

"빵집에서는 팔다가 잘 안 팔리면, 싼 가격에 팔기도 해요. 옷도 마찬가지일 것 같은데요."

"비슷하지. 그런데 옷은 빵하고는 다른 점이 있어. 물론 가격할인을 해. 예를 들면 말이야, 봄에 옷을 팔다가 안 팔리면 봄이 끝날 무렵 되면 대규모 할인행사를 하잖아. 너도 옷가게 지나다니면서 할인율이 붙은 광경을 많이 보았을 거야. 하지만 그것은 그 매장 자체에서 행하는 것인데, 하루를 판매시즌이라고 간주한다면, 빵이나 옷은 똑같다고 할 수 있겠지. 하지만 조금 차이가 있는 게 빵은 당일 못 팔면 제품으로서의 가치가 거의 없어지지만, 옷은 그렇지 않아. 다음 날 팔아도 사실 제품 자체의 가치는 줄지 않지. 만약 할인 기간에도 안 팔리면 문제가 되겠지. 할인 기간이 지나도 옷이 팔리지 않으면 큰 손실이 될 수 있지. 그런데 너무 아깝잖아. 옷을 입을 수 있는데, 폐기처분할 수도 없고, 다음 해까지 저장해 놓기도 그렇고. 그래서 건너편에 있는 가게도 필요하게 된 거야. 그러니까 할인을 해도 안 팔린 제품을 항상 팔 수 있는 다른 시장을 만들 필요가 있는 것이지. 서울에도 여러 곳에서 이렇게 하고 있지." 정 부장은 민우가 이해하도록 차근차근 설명하였다.

"그럼 우리 회사도 이런 것, 아까 상설할인매장이라고 하셨나요? 가지고 있겠네요?" 민우가 정 부장에게 물었다.

"아니 아직 우리는 가지고 있지 않아. 우리랑 경쟁하고 있는 히말라야는 이번에 이곳을 시작으로 전국에 상설할인매장을 열 것이라고 하더군." 정 부장은 말했다.

"그런데, 부장님. 이런 상설할인매장을 열면 좋은 거예요?" 민우의 이 같은 당돌한 질문에 정 부장은 어이가 없다는 듯이 대답했다.

"지금까지 말했잖아. 만약 상설할인매장이 있으면, 안 팔린 것을 다시 팔 수 있으니까 좋잖아. 그리고 등산복을 애초에 만들 때도 보다 많이 만들 수 있잖아. 안 팔리면 다시 상설할인매장에서 팔 수 있으니까 말이야. 너 신문을 팔다가 안 팔리면 어떻게 하니? 버리지? 버리니까 좋아? 안 좋지? 다시 팔 수 있으면 좋겠다고 생각해봤어 안 해봤어?" 정 부장은 직설적으로 민우에게 질문 아닌 질문 공세를 퍼부었다.

"좋을 것 같아요. 하지만…" 민우는 정 부장의 강압적인 태도에

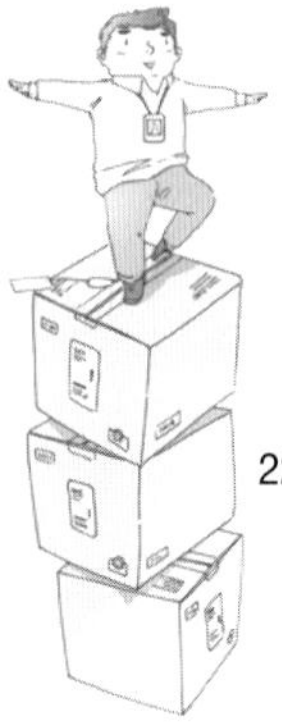

망설였다.

"하지만 뭐?" 정 부장이 민우가 계속 말하기를 종용했다.

"저, 할인매장은 모두 다 가지고 있는 건가요? 조금 전 우리 회사는 안 가지고 있다고 하셨잖아요. 뭔가 안 좋은 게 있어서…" 민우는 말끝을 흐렸다. 단순히 가능성에 대해 말한 것이었지만, 정 부장의 반응이 어떻게 나올지 몰라 민우는 머뭇거렸다.

"우리가 늦은 거야. 거의 모든 패션 의류 메이커들은 저런 할인매장을 가지고 있지 않냐? 너도 눈이 있으면 둘러봐봐. 네가 알고 있는 브랜드는 여기 다 모여 있을 테니. 나도 사장님께 여러 번 건의를 했는데, 생각해보시겠다고만 하시다가, 히말라야에게 선수를 뺏긴 거야." 정 부장은 오래 전부터 상설할인매장을 만들자고 건의하였고, 회사에서도 고려중이었지만, 조금 늦어져 히말라야사에게 선수를 뺏겼다는 이야기를 하였다.

"그럼 부장님 저기서도 안 팔리면 어떻게 되는 것인가요?" 민우는 화가 나 뚫어져라 히말라야사의 할인매장을 쳐다보고 있는 정 부장에게 물었다.

"대부분 저기서 많이 소화를 하지. 시장이 완전 양분되어서 패션이나 기능성에 관심이 있는 사람들은 비싼 돈을 주더라도 신제품을 선호하고, 가격에 민감한 사람들은 할인매장에 나올 때까지 기다렸다가 사지. 그리고 할인매장에서는 주로 판매 시즌에 대한 개념이 크지 않기 때문에 지속적으로 팔 수 있지. 그러니까 여름에도 겨울옷을 싸게 살 수 있다는 뜻이지. 싸니까 당장 필요 없어도 사람들은 산다는 말이야. 그래도 안 팔리면 동남아 시장에 팔아버리지. 동남아 시장에 팔 때는 옷 하나하나 가격을 매기지도 않고 무게를 달아 1킬로에 10,000원, 뭐 그렇게도 팔아넘기게 돼. 어차피 가지고 있으면, 부피가 커서 짐만 되니까.” 정 부장은 민우의 짧은 질문에 길게 대답했다.

“그럼 왜 우리는 안 하는데요?” 민우는 또 다시 짧게 질문했다.
“말했잖아. 늦은 거라고. 그리고 그 놈의 회사 이미지 생각하다 늦은 거지. 아휴 정말 화가 난다, 화가 나. 내가 백화점이나 전문점 매장을 찾는 손님과 할인매장을 찾는 손님은 다르다고 누차 말을 했는데, 듣지도 않아? 내가 술만 먹고 다닌다고 그런 건지, 할인매장이 생기면 전체적인 제품 이미지가 떨어진다나. 나야 뭐 재고관리 부장이니 그런 것 말해봐야 먹히지도 않아. 영업 부장이나 말하면 먹힐까?” 정 부장은 씩씩거렸다.

“죄송해요. 제가 괜히 얘기 꺼내서,” 민우는 미안해서 죄송하다는 말밖에는 할 말이 없었다.

“근데, 넌 원래 그렇게 자신감이 없냐? 뭐가 미안해?”

“네? 죄송해요.”

“또 그런다.”

민우는 아무 말 못하고 고개만 숙였다.

* * * * * *

정 부장의 말은 적중했다. 히말라야사는 상설할인매장을 만들고 난 뒤, 판매액이 급증하였다. 그동안 가격이 비싸 못 사던 사람들이 상설할인매장으로 몰려 옷을 사기 시작했다. 히말라야사는 아웃도어 업계에서는 처음으로 상설할인매장을 만든 것이었다. 그렇다고 백화점이나 전문매장에서의 판매가 급격하게 떨어진 것도 아니었

다. 정상매장들의 판매는 약간 줄기는 하였으나 상설할인매장에서의 판매가 늘어난 것에 비하면 크지 않았다. 히말라야와 할인매장의 매출액은 50% 가까이 증가하였다.

히말라야사의 할인매장은 에베레스트사에게도 충격을 주었다. 규모에서 히말라야사가 앞서 나간 것을 제외하더라도, 에베레스트사의 판매가 10% 이상 하락하였다. 에베레스트사의 제품이 히말라야사보다 싼 가격에 팔리고 있었는데, 이것은 에베레스트사의 전략이기도 했다. 하지만 히말라야사의 상설할인매장이 에베레스트사의 고객들을 보다 싼 가격으로 발길을 돌려버린 것이었다.

이번 일의 성공에는 대벌이 아빠의 역할이 컸다. 빵집에서의 실패가 있은 후, 모든 업무를 대벌이 아빠가 진두지휘하며 이끌었다. 일본 히말라야 본사에 가서 상설할인매장을 만들어 등산복을 유통시키겠다고 설득하고, 확신시키는 것에 주도적인 역할을 수행하였다. 대벌이 아빠는 상설할인매장에도 직접 투자하였다. '내 아들 대벌아. 이 아빠가 하는 일 잘 봤니? 경영은 이렇게 하는 거란다.' 대벌이 아빠는 대벌이에게 이렇게 자랑했다. 그레이트 브레드 프랜차이즈에서 철수한 뒤, 대벌이 아빠는 대벌이에게 직접 경영자 수업을 가르치겠다고 하면서 이번 일의 계획에서 실행까지 전 과정을 대벌이에게 설명해주면서 데리고 다녔다. 대벌이는 "아빠, 너무 멋져요. 사업을 어떻게 하는지 알겠어요. 저도 아빠와 같은 경영자가 되고 싶어요."라고 말하면서 아빠를 따라다녔다. 대벌이의 말에 대벌이 아빠는 어깨에 힘이 들어갔다. '그래, 조금만 더 배우면 될 거다. 내가 직접 모든 걸 가르쳐 주도록 하마. 하하하.' 대벌이 아빠가 대벌이에게 다짐하듯이 말했다.

* * * * * *

유럽에서의 귀국 후 민우는 스토킹 교수, 가람이하고 한 동안 만나지 못했다. 민우가 새로운 일을 시작한 것도 이유였지만, 가람이가 유명해진 것도 한 몫 했다. 가람이는 지난 번 수학올림피아드에서의 일로 방송사, 신문사 등에서 인터뷰와 출연으로 바쁜 생활을 보내야 했다. 부전여전이니 하면서 사람들은 가람이를 칭찬하였고, 이를 반영하듯 웬만한 쇼프로그램들은 모두 가람이를 초대하였다. 스토킹 교수는 방송사에는 출연하지 않았다. 가람이의 일로 오히려 예전보다 알아보는 사람이 많아, 스토킹 교수는 이를 피하느라 연구실에도 가지 않고 도서관 등에 숨어 지냈다. 민우는 가람이를 통해 스토킹 교수가 계신 곳을 알아내 만날 수 있었다. '틀림없이 신촌 도서관 2층 열람실에 있다고 했는데'라는 가람이에게 들은 정보를 기억하며 민우는 모든 열람실을 3번이나 돌았지만 스토킹 교수를 찾을 수 없었다. 2층 열람실로 들어간 민우는 교수님과 비슷한 체격의 한 사람을 발견하였다. 그 사람은 스토킹 교수보다 머리는 아주 길어 뒤로 묶을 수도 있을 정도인 파마 머리였고, 실내에서 어울리지 않게 선글라스를 쓰고 있으며, 콧수염까지 기르고 있었다. 얼굴을 옆으로 하여 잠을 자고 있었는데, 벌어진 입에서는 한 줄기 침이 흘러내리고 있었다. 그리고 잠들기 전까지 본 듯한 영어로 쓰인 두꺼운 책을 자신의 가슴 앞에 펼쳐 놓았다. 가까이 다가간 민우는 스토킹 교수임을 알아채고는 귀에 대고 조용히 말했다.

"교수님, 저 민우에요." 너무 목소리가 작아서인지 교수는 미동도 없었다. 이번에는 민우가 조금 큰 목소리로 교수님하고 불렀다.

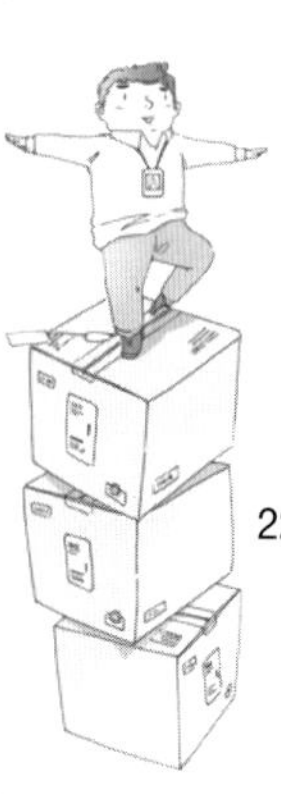

스토킹 교수는 너무 놀라 의자에서 떨어졌고, 그 와중에 가발이 벗겨지고 말았다. 당황한 민우는 얼른 가발을 줍고 스토킹 교수를 모시고 밖으로 나왔다.

"교수님, 너무 놀라셨죠. 죄송해요. 그런데 왜 이렇게 우스꽝스럽게 하고 계시는 거예요?" 민우는 킥킥거리면서 스토킹 교수에게 물었다.

"사람들이 자꾸 알아봐서, 피곤하잖아. 이렇게 하니까 사람들이 아무도 몰라보고 너무 편해. 그런데 이제 너 때문에 여긴 다시 못 오잖아. 또 다른 곳을 물색해봐야겠다." 교수의 말에 민우는 미안해졌다.

"그냥 방송에 나가시면 안 돼요? 저 같으면 유명해지고 그러면 좋을 것 같은데." "뭐가 좋으냐? 피곤하기만 하지. 난 딱 질색이다." "그럼, 가람이는 괜찮고요?"

"가람이야, 학교도 다녀야 하고 그러니까 어쩔 수 없는 거지. 하지만 걔도 그런 거 별로 좋아하지 않는 것 같던데."

"교수님은 참 특이한 분이세요. 이해가 잘 안 가요."

"그래, 무슨 일이냐? 네가 궁금하긴 했는데, 당최 갈 수가 있어야지. 그리고 이 꼴로 너 만나러 가기도 우습고……" 스토킹 교수는 들고 있는 가발을 보면서 한 바탕 크게 웃었다. 덩달아 민우도 웃었다.

"에베레스트는 괜찮아? 낯설고 그렇겠다."

"아뇨. 등산복도 재미있어요. 아직 잘 모르지만요. 다들 잘 해주시고." 민우는 그동안 있었던 이야기를 스토킹 교수에게 자세히 말했다. 특히 정 부장의 이야기를 많이 했다.

"정 부장님이라는 분, 혜안이 있으신 분 같구나. 상설할인매장이라는 것 패션 의류 쪽에서는 일반적인 현상 같던데, 등산복 시장에도 이제 시작되려나 보구나. 하지만 난 그게 본질적인 문제 해결이 될는지는 잘 모르겠더라…" 스토킹 교수는 말끝을 흐렸다.

"본질적인 문제라는 게 뭐예요? 교수님."

"어차피 중요한 것은 수요와 공급 맞춤인데 말이야. 할인 시장이 생긴다고 해서 수요를 더 잘 알 수 있거나, 공급을 원활히 할 수 있는 것은 아니잖아. 아직 등산복 시장은 해야 할 일이 더 많은 것 같은데 말이야. 사람들이 먹고 살만 해지니까, 요즘 등산복은 질기고, 공기가 잘 통하고 하는 그런 기능성보다는 패션 쪽에 비중이 높아지는 것 같더라고. 그러면 수요 공급 맞추기가 훨씬 어려워질 텐데. 내 말 알아듣겠니?" 스토킹 교수가 민우에게 물었다.

"네, 거의 알아듣겠어요. 회사에서 오리엔테이션을 할 때도 교수님께서 말씀하신 내용들을 설명하더라고요. 패션화되고 있어 제품도 무지 다양해지고 있다고요. 예전에는 한두 개 제품이 출시되었는데, 요즘에는 색색 깔로, 많은 디자인의 옷이 나와야 한다고 말이에요."

"그래, 그럴 것 같아. 하지만 여전히 몇 개가 팔릴지 잘 모르잖아. 더 모르게 되는 것이 사실이니까 말이야. 조금 전 말했는데, 상설할인매장이 생기는 것이 본질적인 문제 해결이 아니라고 했지? 네가 이해할 수 있을지는 모르겠지만, 예를 들어 설명해줄게. 만약 네가 있는 에베레스트에서 원가가 10,000원인 것을 20,000원에 100벌 팔려고 했어, 그런데 50벌을 20,000원에 팔았는데 나머지는 안 팔려서 10,000원에 할인해서 모두 팔았다고 해보자. 그러면

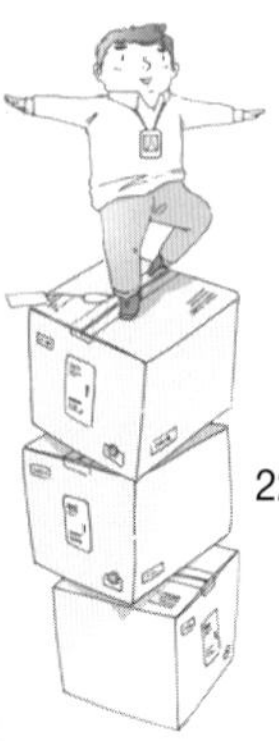

에베레스트가 얻는 이익은 총 번 돈이 50벌에 20,000원을 곱하면 100만원 그리고 50벌을 10,000원에 팔았으니까 50만원, 총 들어간 돈은 100벌에 100만원, 그럼 번 돈에서 쓴 돈을 빼면 얼마냐?"

"150만원 마이너스 100만원해서 50만원요." 민우가 계산 못하는 스토킹 교수를 대신해서 계산했다. 수학은 잘 하시는 분이 왜 덧셈, 곱셈 등은 잘 못하시는지 민우는 늘 궁금했다. 하지만 민우가 스토킹 교수에게 그 이유를 물어볼 수는 없었다.

"그래 50만원, 반면, 똑같은 상황에서, 히말라야사, 맞지? 히말라야사가 7,000원에 할인매장에 팔고, 할인매장에서 10,000원에 판다고 해보자. 히말라야사는 100벌을 10,000원씩 들여 옷을 만들었고, 그러니까 원가가 100만원 들었고, 20,000원에 50벌 팔았다 치자. 그리고 남은 50벌 중에서 시즌 말에 할인하여 25벌을 10,000원에 팔았고 남은 25벌은 7,000원에 상설할인매장에 팔았다고 하자. 그리고 상설할인매장에서는 7,000원에 사서 10,000원에 남은 25벌을 모두 팔았다고 하자. 그럼 히말라야에서 번 돈은 얼마니?"

"교수님, 왜 7,000원에 팔아요? 15,000원 정도에 파는 것 아닌가요?"

"민우야, 정상매장에서 10,000원에 팔았는데, 상설매장에서 더 높은 가격에 팔 수 있을까? 상설할인매장도 뭔가 남아야 파니까 넘기는 가격을 7,000원이라고 가정한 거야."

"네, 그럼 히말라야가 20,000원에 50벌해서 100만원 벌고, 10,000원에 25벌 판 것이 있으니 25만원을 추가하고, 남은 25벌은 7,000원에 상설할인매장에 팔면 17만 5,000원 벌고, 옷을 만드는데 총 들어간 돈은 100만원, 그러면 총 번 돈이 142만 5,000원이고 원가가 100만원이니까 42만 5,000원 버는데요. 이상하네. 히말라야사가 우리 회사보다 적게 버는 거네요."

"대신에, 그 이익이 어디로 가겠니? 상설할인매장에 가겠지. 7,000원에 25벌 사서 10,000원에 다 팔면, 한 벌당 3,000원이고 25벌이니까. 에… 얼마지?"

"75,000원요. 교수님."

"그래, 75,000원. 그러면 말이야, 아까 히말라야가 번 돈이 425,000원이고, 상설매장이 번 돈이 75,000원 합하면 50만원 맞지? 이거는 에베레스트가 번 돈하고 똑같지 않냐?"

"교수님, 똑같아요. 어떻게 그럴 수가 있죠. 다를 것이라 생각했는데." 민우는 이해가 되지 않았다.

"물론, 지나치게 만약, 만약이라고 해서 만든 것이지만, 새로운 수요를 만들지 않았다면, 그러니까 안 팔리던 것이 잘 팔리게 되었다면 모를까, 새로운 이익이 만들어지진 않는 거란다. 히말라야 같은 경우엔 할인매장이라는 새로운 시장을 만들었고, 아마도 너네 회사 고객들을 많이 끌어들였기 때문에 이익이 생겼을지도 모르겠다. 만약 새로운 고객이 생기지 않았다면 새로운 이익은 생기지 않지. 단지 이익이 이동한 것일 뿐이지. 가격을 잘 조정하면 달라질 수 있을 것이라 생각하는데, 이는 너네 회사에서 할인할 때의 가격 조정과 같은 것이란다. 내 말 알아듣겠니?"

"좀 생각해 봐야겠어요." 민우는 지금까지 스토킹 교수의 가르침을 누구보다 잘 이해하고 있다고 생각해 왔는데, 이번 설명은 좀처럼 이해가 되지 않았다.

"만약에 말이다. 히말라야가 옷을 100벌 만들어 모두 다 팔았

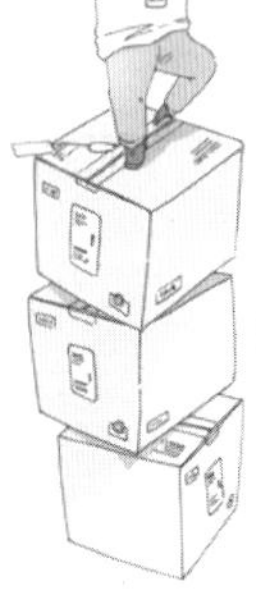

어. 그럼 할인매장에 넘겨줄 옷이 없지? 그럼 에베레스트와 같은 상황이 되는 것이지. 반대로 하나도 못 팔고 몽땅 할인매장에 넘겼고, 할인매장에서 모두 팔렸다 하면, 히말라야는 손실을 보고, 이익은 모두 할인매장으로 넘어가게 되지. 아마 집에 돌아가 생각을 좀 많이 해봐야 할 것 같구나."

"교수님, 전 가격이 문제인 것 같은데요, 히말라야가 할인매장에 7,000원이 아니라 12,000원에 넘기면 어떻게 되요?"

"그럼, 히말라야는 이익이 생기지. 하지만 상설매장에서 12,000원보다 높은 가격으로 팔아야 하잖아. 그럼 상설할인매장에서는 15,000원에 판다고 한다면, 10,000원에 팔 때보다는 덜 팔리겠지만 이익은 생길 수 있겠지. 하지만 안 팔린 제품을 세일기간에 15,000원에 할인해서 파는 것과 똑같은 효과란다. 내가 이런 말 하니까 더 복잡해졌지? 정말 집에 가서 곰곰이 생각해보렴." 스토킹 교수는 민우가 모두 이해할 때까지 기다리지 않고 말을 계속 이었다.

"어지럽겠지만 한 마디만 더 할게. 잘 들어봐. 돈을 주고 옷을 사는 고객들이 사용한 돈이 100원이면, 옷을 팔고 얻을 수 있는 돈은 100원밖에 될 수 없어. 히말라야의 경우 그 100원을 누가 많이 차지하느냐의 문제가 있는 것이지. 전체 고객들이 낸 돈이 100원에서 120원으로 올라갔으면 문제는 달라지는 것이고, 또 하나 원가가 떨어져서 마진이 커진 경우에도 상황은 달라져 있지. 그건 다음에 이야기하는 것이 좋을 것 같다. 벌써 네 머리에서 김이 모락모락 나는 것 같구나."

집에 돌아온 민우는 교수님의 말씀을 계속 떠올렸다. 그리고 그림으로 그려보았다.

에베레스트사의 경우를 그림으로 그렸다. 고객이 낸 돈은 총 150만원이다. 그리고 에베레스트에서의 돈과 관련된 것을 정리하였더니 오른쪽 그림과 같았다. 옷을 만드는데 총 100만원이 들고, 이것을 팔아 얻은 이익이 50만원이다. 오른쪽 아래의 회색 부분의 원가를 에베레스트의 돈에 포함시켜야 할지 민우는 고민했지만, 에베레스트 사에서 고객으로부터 총 받은 돈은 당연히 왼쪽과 같고, 그 돈을 어떻게 나누었는지 살펴보기 위해서 원가가 필요하니까 오른쪽처럼 그렸다.

에베레스트가 시즌 말에 50% 할인하여 모두 팔았을 때

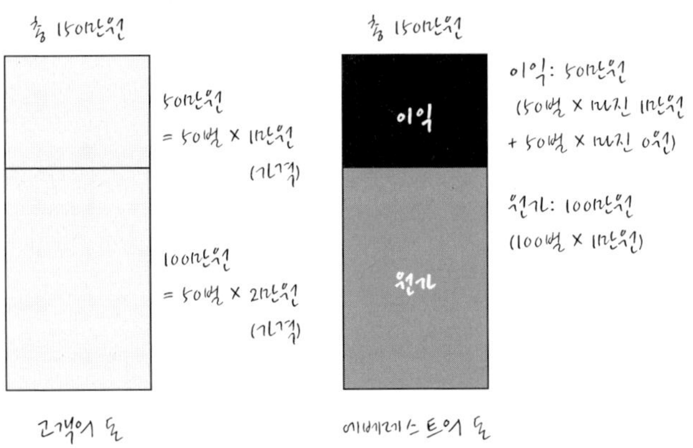

민우는 이익에 대해서만 그래프를 그렸다. 에베레스트사에서의 총이익은 50만원이었다. 정상판매 시(판매가격 20,000원에서 원가 10,000원 차감) 50벌을 50% 할인하여 50벌을 판매하였을 경우 총 50만원을 번다. 할인판매 기간에서는 원가와 판매가격이 같아서 마진이 제로였기 때문에 이익이 없다. 한편 히말라야사는 정상가격 20,000원에 50벌을 판매하고, 남은 50벌에 대하여 50% 할인하여

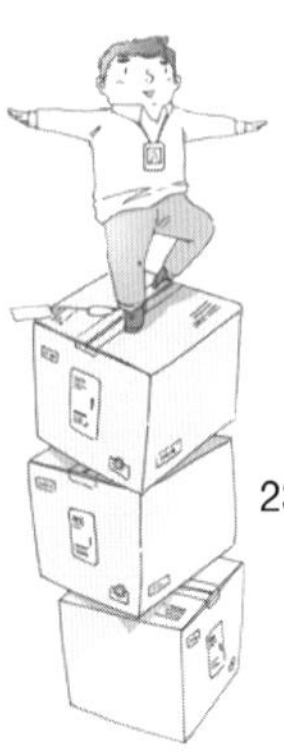

25벌 판매한다. 그리고 남는 25벌은 할인매장에 7,000원에 넘기고, 할인매장은 이를 10,000원에 판매한다고 가정했다. 소비자는 20,000원에 50벌, 10,000원에 50벌 산다. 이는 에베레스트사와 동일하다. 하지만 히말라야사와 할인매장의 이익은 각각 42만 5,000원과 7만 5,000원이다. 히말라야사는 처음 50벌을 20,000원에 팔아 50만원의 이익이 생겼으나(원가 10,000원이기 때문에), 10,000원이던 것을 7,000원에 할인 매장에 판매하기 때문에 히말라야사의 이익은 결국 42만 5,000원이다. 반면 할인매장은 25벌에 대하여 3,000원씩 이익이 생겨 75,000원을 번다. 히말라야사의 할인판매의 25벌은 역시 마진이 없어 이익은 생기지 않았다.

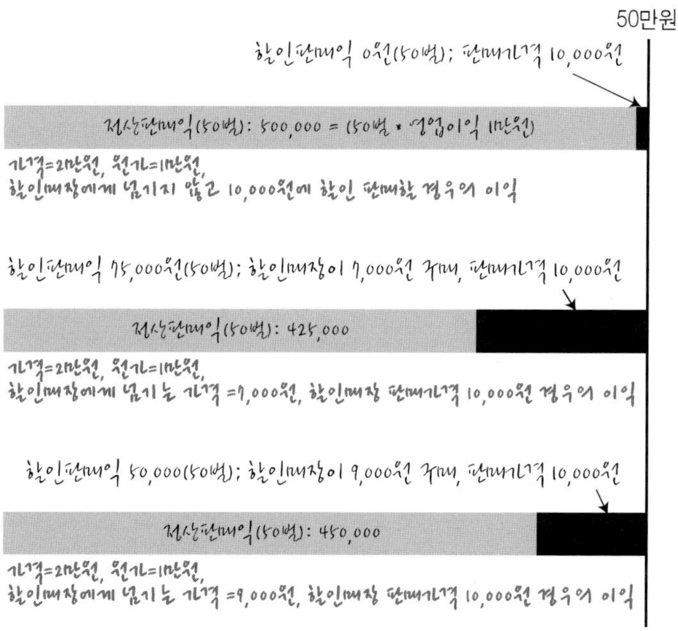

민우는 히말라야에서 상설할인매장으로 넘기는 가격을 이리저리 바꾸어보았다. 아무리 바꾸어도 정상판매 부분과 할인매장 부분의 전체 크기는 바뀌지 않았다. 다만 상설매장과 히말라야 간의 이익의 크기만이 바뀔 뿐이었다. 정상판매 부분이 커지면 할인매장 부분이 작아지고 할인매장 부분이 커지면 정상판매 부분이 작아졌다. '교수님께서 말씀하신 것이 이것인가?' 어렴풋이 민우는 이해가 되는 것 같았다.

'그럼 뭐야, 할인매장을 통해 돈을 벌려면 새로운 고객을 만들어야 한다는 이야기가 되는 것인가? 만약 우리 회사에서 할인판매를 잘 하면, 할인매장을 만들 필요가 없다는 이야기인가? 아니, 뭔가 또 다른 게 있을 거야. 교수님께서 계속 뭐라고 말씀하셨는데.' 민우는 계속 골똘히 생각했다. 교수님과의 대화를 하나하나, 테이프 재생하듯, 다시 시간 순으로 정리하면서 되짚어 보았다.

'근본적인 문제는 해결하지 못했다. 어차피 똑같다. 이동했을 뿐이다, 원가를 줄이면 달라진다.' 몇몇 단어들이 민우의 머리에 계속 남았고, 밤이 새는 줄도 모르고 민우는 생각에 생각을 거듭했다. 그러나 더 이상은 알지 못했다.

* * * * * *

정 부장은 사장부터 말단 직원까지 모여 있는 자리에서 할인매장을 에베레스트에서도 만들어야 한다고 강력히 주장했다. 모두 정 부장의 이야기에 동의하는 분위기였다.

"여러분도 여기에 나와 있는 그림에서 보는 바와 같이 할인매장을 통할 경우, 고객들을 보다 쪼개어서, 이익을 높일 수 있다고 생각합니다."라고 정 부장은 말하면서 그림을 하나하나 설명하였다.

"여러분도 아시겠지만, 수요는 가격과 반비례 관계에 있습니다. 가격이 오르면 수요는 떨어집니다. 그림에서 보시는 바와 같이 가격과 수요 간에는 이러한 관계를 가정할 수 있습니다. 가격이 10,000원이면 2,000개가 팔리지만, 20,000원이면 1,000개밖에 팔리지 않습니다. 만약 가격을 더 올리면 더 떨어지겠죠. 그리고 가격과 수요의 곱에 의해 매출액이 결정됩니다. 그림에서 빗금친 네모의 경우는 20,000원에 1,000개가 팔리니까 2,000만원의 매출이 발생하고, 회색 네모의 경우에는 10,000원에 2,000개이니까 역시 2,000만원입니다. 이때에는 회색 네모의 일부가 빗금친 네모의 뒤에 있어서 안 보이는 경우라 생각하시면 됩니다." 정 부장은 차근차근 설명했다.

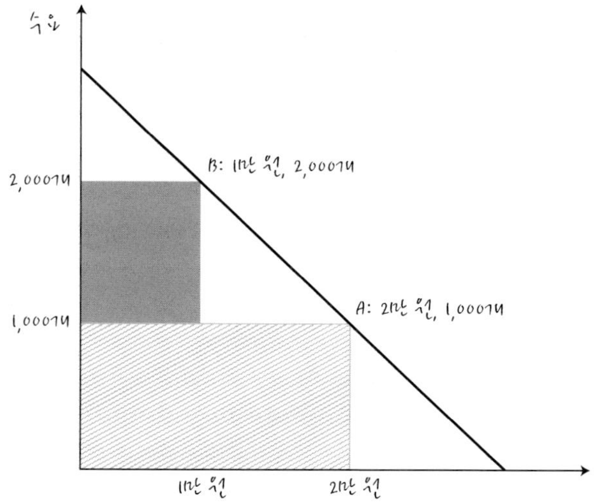

"그게 우리랑 무슨 상관이 있나요?" 정 부장의 설명을 듣던

한 사람이 질문하였다.

"좋은 질문이십니다. 여기 이 그림에서 보시는 바와 같이 가격을 하나로 정하면 빗금친 네모나 회색 네모의 매출 중 하나만 선택하는 경우입니다만, 만약 우리가 소비자에 대한 가격을 두 가지 정한다면 빗금친 네모와 회색 네모의 매출을 모두 올릴 수 있다는 이야기입니다. 이해를 돕기 위해 우리의 경우를 예로 들어보겠습니다. 우리가 신제품이 나오면 20,000원으로 가격을 매기고, 그 때의 수요가 1,000개입니다. 우리는 정상적인 가격에서 2,000만원의 매출을 기록하게 됩니다. 그리고 시즌 말에 가서 가격을 10,000원으로 내리면 추가적인 수요가 발생한다는 것입니다. 즉 회색으로 표현되어 있는 부분의 수요가 발생한다는 것이죠. 20,000원일 때에는 팔리지 않은 잠재수요가 가격이 떨어지면 발생하게 된다는 것입니다."

"정 부장의 설명을 들으니 우리가 시즌 말에 하는 할인 정책의 의미를 보다 명확하게 알 수 있게 해주는군요. 그럼 본론으로 들어가서, 정 부장께서 말씀하시고 싶으신 것이 있을 것 같은데요." 이 사장은 정 부장의 설명을 듣고는 정 부장의 주장을 종용하였다.

"네. 본론으로 들어가자면, 우리는 그림에서 보는 바와 같이 두 가지 가격 정책을 펴고 있습니다만, 경쟁사인 히말라야사는 여기에 하나 더 추가하여 3단계 가격정책을 쓰고 있다는 점입니다. 따라서 수요가 훨씬 늘어날 것이고, 매출도 증가할 것으로 예상됩니다. 우리도 빨리 할인매장을 만들어 이런 3단계 정책을 밀고 나가야 할 것으로 보입니다." 정 부장의 강력한 발언에 모두들 긍정의 뜻을 보였다. 모두 고개를 끄덕였다. 그러나 주저하는 한 사람이 있었다. 이 사장이었다.

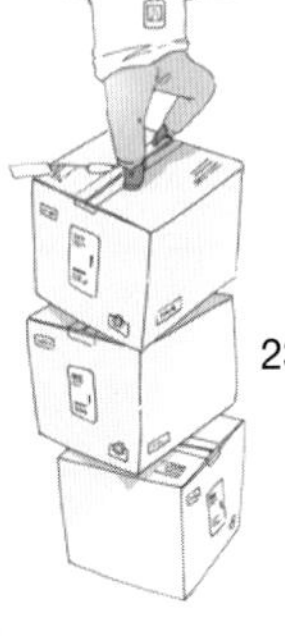

"정 부장님의 얘기는 무슨 뜻인지 알겠습니다. 하지만 전 확신이 서질 않습니다. 우리가 할인매장을 만들었을 때 우리에게 얻는 이익이 무엇인지 잘 모르겠습니다. 판매액이 증가할 것이라는 것 잘 알겠습니다만, 그것이 이익으로 연결될지, 그리고 그로 인해 우리 에베레스트가 잃게 되는 것은 무엇인지 잘 판단할 수가 없습니다. 빗금친 부분에 포함된 고객이 회색 네모의 가격에 제품이 팔리는 것을 보고서는 제품에 대한 이미지가 떨어지는 것은 어쩔 수 없는 현상일 겁니다. 게다가 회색 네모 위에 보다 저가격의 네모를 만들겠다고 하면, 빗금친 네모의 고객들의 배신감이랄까 충성도 침해랄까 일종의 부작용이 발생할 수 있을 것이라는 생각입니다. 그러니까 정 부장의 그림에서 보는 바와 같이 딱 떨어지게, 저렇게 매출이 올라갈 수 있고, 이익이 증가될 수 있을 것인가 하는 점이죠. 네모를 하나씩 만들 때마다 밑에 있는 네모에서 이탈하는 고객들이 많이 생길 것 같다는 생각입니다. 어찌 보면 우리가 너무 오랫동안 등산복 시장, 패션 의류 시장에 몸 담아왔기 때문에 당연히 해야 한다고 생각하는 것은 아닌지 라는 생각도 듭니다. 미안하지만 저에게 시간을 조금 더 주십시오." 이 사장은 장황하지만 비장하게 자신의 의견을 말했다. 그리고 말을 이었다.

"보다 근본적인 대책이 필요한 것은 아닌지 모두 생각해서 다음 주 이 시간에 다시 만났으면 합니다. 오늘 회의는 여기서 마치겠습니다. 발표해주신 정 부장님께 감사드립니다." 이 사장의 회의 종료를 알리는 말에 모두들 자리에서 일어나 회의실을 빠져나왔다. 몇몇은 회의실에 남아서 상설할인매장의 필요성에 대해 이야기를 나누고 있었다.

정 부장의 심기는 편치 않았다. 모두 다 정 부장의 말을 이해하는데, 가장 중요한 한 사람이라고 할 수 있는 사장이 의사결정을 내리지 못하고 있으니 자연히 정 부장은 답답하기만 했다.

"또 이러다 일주일, 이주일 흘러가겠구만. 정말 짜증난다, 짜증나, 웬만하면 안 나서려고 했는데, 그리고 그렇게 어렵게 이야기를 꺼냈더니 다음 주에 다시 이야기하자고 하시는구만." 정 부장은 회의를 끝내고 나오면서 짜증 섞인 말을 계속 중얼거렸다. "민우, 넌 어떻게 생각해? 사장님 너무 신중하신 것 아니니?" 여전히 짜증이 섞인 말투로, 비교적 큰 소리로 정 부장은 민우에게 동의를 구했다. 하지만 민우는 아무 말도 할 수 없었다.

"민우, 넌 할인매장 만드는 것에 찬성하지 않냐? 그래, 넌 우리 회사에 들어온 지 얼마 안 되었으니까, 우리와는 다른 시각을 가질 수 있겠다. 아까 사장님 이야기하신 거대로 말이야." 이렇게 말하면서 정 부장은 사장님과 여러 사람들을 모두 다시 모으면서, "우리 참신한 민우 이야기 좀 들어봅시다. 민우는 우리랑 달리 참신한 생각을 가질 수 있잖아요. 사장님 말씀대로 새로운 생각 한 번 들어보면 어때요?" 정 부장의 말에 일부에서는 말도 안 된다는 이야기가 흘러 나왔고, 뭐 어때 한번 들어보는 것도 괜찮지라는 말도 흘러나왔다.

"좋아. 좋은 아이디어군, 박민우 씨 이야기 한 번 들어봅시다." 이 사장은 민우를 쳐다보며 손짓으로 앞으로 나와서 이야기를 한 번 해보라고 지시했다. 민우는 머뭇거리고 있었는데, 모두가 민우만 쳐다보고 있어 자리에 가만히 앉아 있을 수도 없었다. 결국 민우는 일어서서 앞으로 나갔다. 회의실을 벗어났던 직원들 모두

자리에 돌아와 앉아서 민우가 이야기하기만을 기다렸다.

"할인매장을 만드는 것이 좋은 것 같아? 아니 너무 어려운 말인가? 입사한지 얼마 되지 않았는데 이렇게 어려운 걸 물어보면 안 될 지도 모르겠다. 내가 교수님 통해서 듣기로는 재고관리에 도사라고 하시던데, 재고관리 측면에서 이야기 한번 해보면 되겠네." 이 사장은 그나마 민우가 이야기하기 편하게 범위를 좁혀 주었다.

"네, 전 아무것도 모릅니다. 그리고 이렇게 많은 사람 앞에서 이야기해본 것은 반장 선거 때 이후 처음입니다." 민우는 한참 동안 말이 없었다. 그리고 말을 이었다.

"저를 가르쳐주시는 교수님이 한 분 계십니다. 사장님도 그 교수님을 잘 알고 계십니다. 어저께 그 교수님과 이야기를 했는데, 무슨 말을 하는지는 제가 이해를 못했습니다. 하지만 교수님께서 할인매장이 혜안이라고 말씀하셨습니다." 민우가 이렇게 말하는 순간, 정 부장은 소리를 지르며 두 손을 높이 치켜들었다.

"그런데, 또 이런 말씀도 하셨습니다. 근본적인 문제 해결은 안 될 텐데…"라고요. 민우의 이 말에 정 부장의 치켜 올려진 손이 다시 내려갔다. "전, 아직 그 말뜻을 모릅니다. 알게 되면 말씀드리겠습니다." 민우는 이렇게만 말하고 인사를 하고 자기 자리로 돌아왔다.

"무슨 말인지 잘 모르겠구만, 하여튼 내가 한 번 교수님 뵈어야겠다. 오늘은 진짜 여기까지 합시다." 이 사장은 말을 끝내고 뒤도 돌아보지 않고 회의실을 나가버렸다.

* * * * * *

"민우야, 참 내가 미치겠다. 교수님께서 도대체 뭐라고 말씀하셨기에 그러냐? 어디 한 번 나에게 말해 봐." 정 부장은 민우에게 교수님에게 들은 이야기를 물었다. 화를 내실 줄 알았는데 다정한 목소리로 이야기하셨다. 정 부장은 메모장을 꺼내서 민우가 말하는 것을 하나하나 적어가면서, 때로는 계산기를 이용해 셈까지 하면서, 민우가 그려본 그림을 직접 화이트보드에 그려보기도 하면서 이야기를 들었다. "햐, 그런 거구나. 난 이건 몰랐는데. 그러니까 자칫 잘못하면 수요는 발생시키지 못하고, 서로 가격싸움만 할 수도 있겠다. 난 가격만 잘 조절하면 될 줄 알았는데, 결국 뭐야, 새로운 수요를 창출할 때에만 성공할 수 있다는 의미겠는데, 잘못하면 결국 제살 깎아먹기밖에 안될 수도 있겠다." 정 부장은 솔직히 말했다. 민우는 이러한 합리적인 정 부장이 마음에 들었다. 뭐든지 터놓고 이야기해도 좋은 사람이라는 생각을 하였다.

"나도 영업 쪽에만 주로 있었거든, 그러니 매출액이 올라가는 것만 생각했는데, 이익 측면에서 별 소용이 없을 수 있다는 것. 일리 있는 얘기 같은데, 그렇다면 할인매장 만드는 것은 우리가 시즌 끝에 할인할 때 그 비율만 잘 정하면 커버할 수도 있다는 이야기잖아. 약간 차이가 있긴 하지만, 내가 생각하던 것과는 달리 큰 효과가 없을 수도 있겠어. 오히려 수요를 창출하는 근본적인 문제가 해결되어야 할 것 같아." 정 부장은 민우가 듣고 있는지 신경 쓰지 않고 독백 비슷하게 이야기를 했다.

"그럼, 우리가 근본 해결책을 한번 찾아보도록 하자. 재밌겠는걸?" 정 부장의 얼굴에는 열정이 보였다. 정 부장은 죽은 후배가 돌아온 것 같은 느낌을 민우를 보면서 가졌다. 처음에는 별 관심이

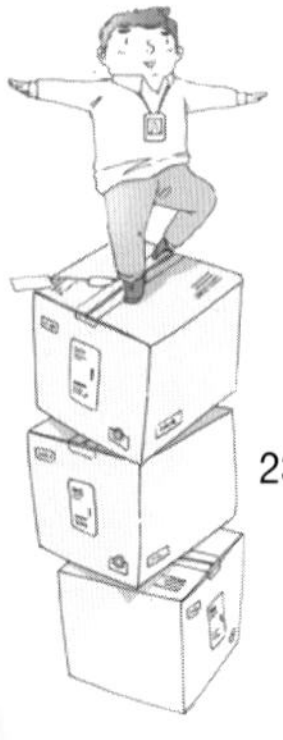

없었으나, 재고관리에 관심이 많다는 얘기를 듣고, 죽은 후배를 생각하게 되었고, 민우를 잘 대하는 것이 죽은 후배에게 용서를 받을 수 있는 것인지도 모른다는 생각을 하였다. 정 부장은 참 말로는 설명할 수 없는 뭔가를 어떻게 표현할 것인가 보다는 그냥 자신이 민우가 좋고, 잘 해주어야겠다는 마음, 그대로 따르기로 했다. 사실 재고관리 부장이 된 이후, 아무도 정 부장을 믿고 따르지 않았다. 그저 술주정뱅이라는 소문만 무성하고, 싫어하고 피해야 하는 사람으로 여겨졌다. 민우는 물론 그러지 않았다.

＊＊＊＊＊＊

"애네들 또 뻥치고 있네." 정 부장은 사무실로 들어오더니 서류 뭉치를 책상 위에 던지면서 말했다. "만날 이렇게 말해. 이렇게 많이 팔릴 거라 해 놓고선 결국엔 재고만 남는데." 정 부장은 자리에 앉으면서 못 다한 이야기를 마무리했다.

"부장님, 뭐 안 좋은 일이라도 있으십니까?" 민우는 정중하게 물었다.

"영업부서에서 나온 다음 시즌 영업계획인데, 순전히 뻥이야. 만날 다 못 팔 것 알면서 자기네들 책임 아니라고 생산은 엄청 늘려 잡는다니까." 정 부장은 조금 전 던진 서류 뭉치를 다시 집어 들어 민우에게 한 번 보라고 주었다. 새로 출시될 제품명과 각 사이즈별, 색상별 판매계획량이 적혀 있었다.

"이게 그렇게 안 맞아요?" 민우는 정 부장에게 물었다.

"자기네들은 영업만 잘 하면 된다고 생각해, 재고가 얼마나 남을지는 상관 안 하거든. 우리가 매번 좀 줄여라 해도 절대 안 줄여. 사실 내가 영업할 때도 똑같이 그랬으니까 말도 하기 힘들고, 혹시 또 잘 팔리면 나중에 봉변당하니까 생산이나 재고부서에선 아무 말도 못하는 거지."

"얼마나 안 맞는데요?"

"그건 알 수가 없어, 안 팔린 경우에는 정확하게 나오는데, 잘 팔린 경우는 모두 다 팔아버리고 재고가 부족하니까 정확성을 말할 수 없잖아. 예를 들어 11월 30일까지 팔아야 하는데 9월 30일에 다 팔아버리면 수요가 얼마나 되는지 누가 알아?"

"그렇긴 하네요. 하지만 신문 팔 때도 똑같은 문제가 있었는데, 교수님께서, 아니 가람이가 얘기해줬나? 아무튼 팔린 시간을 비례식을 사용해서 수요를 계산했는데." 민우는 신문 팔 때 처음으로 어려웠던 일을 떠올렸다.

"비례식이라고, 어떻게 하는 건데 한번 말해봐." 정 부장이 적극적인 자세를 취했다. "그러니까 아까 말씀하신대로, 11월 30일까지 팔아야 하는데, 9월 30일에 모두 팔아버렸으면 9월 한 달 동안 팔린 양이 남은 두 달에도 팔릴 것이라 보는 것이죠. 100개가 팔렸으면, 재고가 없었지만, 300개가 팔렸다고 생각하는 것이지요."

"그것 간단하네. 그럼 우리도 판매 종료 시간만 알면, 그것 알 수 있겠다. POS 시스템에 접속해서, 그 시점 계산해봐. 작년 것만 가지고 한번 해 봐." 정 부장이 처음으로 민우에게 일을 맡겼다. 민우는 신문과 빵을 팔던 때의 기억을 되살려 계산해 냈다. 그리고 그것을 하나하나 컴퓨터에 기록하였다. 민우는 계산된 종이를 정 부장에게 주었다.

"예상한 판매량과 실제 판매량이 다 나왔군. 수고했다. 이거

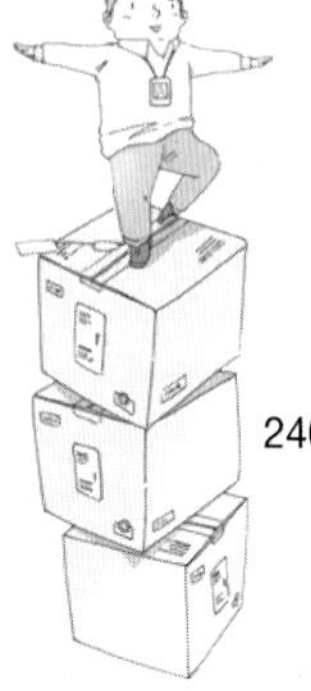

괜찮은데.” 정 부장은 이렇게 말하면서 한참 동안 표를 읽었다. 그러더니 컴퓨터 파일을 민우에게 달라고 해서는 한참 실랑이를 벌였다.

“박민우, 이리 와봐. 내가 예상 정확도, 또는 예측 정확도라고 할까? 그걸 만들었거든. 그러니까 원래 예상한 양이 있고, 실제 판매량이 있잖아. 실제 판매량 나누기 예상량을 하면 정확도가 되잖아. 그렇지?” 정 부장은 민우의 대답을 기다리지도 않고 계속 말을 이었다. “그런데 그 수치가 0.75가 나왔어, 많게는 4.0도 있고, 적게는 0.26도 나오는구나. 이 수치가 의미하는 바를 민우는 알겠지?”

“네, 무슨 말인지 알겠어요. 4.0이 나왔다는 것은 100개 팔릴 줄 알았는데 400개가 팔릴 수 있었다는 것이고, 0.3은 30개밖에 안 팔렸고, 전체적으로는 75개밖에 안 팔렸다는 이야기 입니다.”

“아유, 똑똑해라. 이제 영업부서를 깨뜨릴 무기를 얻은 셈이지. 내일 회의할 때 박살을 내 버려야지.” 정 부장은 의기양양했다. 정 부장은 자신이 계산한 결과를 민우에게 주었고, 민우는 꼼꼼하게 재계산했다.

“부장님 어떻게 박살을 내시려고?” 민우는 궁금했다.

“올해 계획서를 전부 25% 줄이라고 하면 되잖아. 작년에 그런 실수를 했고, 그런 실수는 올해도 계속될 것이니까 말이야.” 정 부장은 자신 있게 대답했다.

“전 그렇게 생각 안 하는데요.” 민우의 뜻밖의 말에 정 부장은 화들짝 놀랐다.

“뭐야. 너 이해 못한 거야?”

“아뇨. 이해는 했는데, 25% 줄이는 것은 아닐 것 같아서요.”

"그럼, 네 생각을 한번 말해봐."

"일단 제품의 종류에 따라 정확도가 달라요. 남성복 바지의 경우 1.3 정도가 나왔고, 남성복 상의의 경우 0.6 정도가 나왔고, 여성복 바지의 경우 0.3, 여성복 상의의 경우 0.8이 나왔어요. 이들 전체의 평균은 0.75이구요. 따라서 제품별로 달리 가져가야 할 것 같은데요. 남성복 바지는 좀 더 많이, 남성복 상의와 여성복은 적게 가져가는 것이 좋겠습니다."

"아유, 똑똑해라. 어디서 이런 복덩이가 굴러 들어왔는고." 정 부장은 민우의 말에 절대적으로 지지를 보냈다.

"부장님. 또 있습니다. 여기서 나온 영업부서가 만든 예상 판매량은 이익을 최대로 하는 점이 아니고, 그냥 평균일 뿐입니다. 따라서 정확도에 따라 변동되더라도 그건 우리 회사가 구매해야 할 양이 아닙니다." 민우가 정 부장에게 말했다.

"너 말이 무슨 말인지 이해가 안 간다. 이익을 최대로 하는 양이 아니라니. 평균을 사용하면 되는 거잖아." 정 부장은 처음 듣는 이야기였다. 대다수 사람들이 이런 오류를 범하고 있으니 특이한 것은 아니었다. 민우는 빵집에서의 일을 차근차근 설명하였다. 민우가 하나하나 숫자를 집어가며, 각 경우에서의 이익을 계산하는 것을 보고서야 정 부장은 이해했다. 빵집에서 일할 때, 교수님으로부터 배웠던 언더리지 비용, 오버리지 비용, 중요도 등이 등산복에서도 그대로 활용될 수 있다고 민우는 생각했다.

"놀랍다. 우리는 그 동안 완전히 헛고생을 했구만. 똑똑한 한 사람이 100명을 구한다는 옛말이 틀리지 않구만. 정말 놀랍다. 이거 당장 회의를 소집해야겠다. 어른이라고 무게만 잡았지 모두

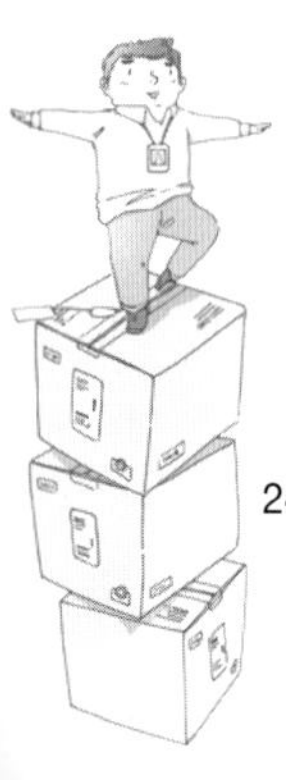

민우 너보다 못하다 못해." 정 부장은 사장님의 허락을 얻어, 전 직원들이 참석할 회의를 소집했다. 회의에서 정 부장은 민우를 앞에 앉히더니, 자신이 직접 설명하기 시작했다. "우리는 지금까지 헛살았습니다. 오늘 이 자리를 빌려 우리가 얼마나 한심하게 관리를 해 왔는지 말씀드리려 합니다." 정 부장은 이렇게 시작하였다. 정 부장의 설명은 5시간이 넘게 지속되었다. 각 부서에서의 질문이 쏟아져 오후 5시에 시작한 회의는 퇴근 시간을 넘기고 밤 10시가 되어서야 끝났다. 배고픔도 잊은 채, 모두 열중했고, 회의가 끝났을 때에는 모두 기립박수를 보냈다.

"정 부장 수고했어. 자네 이런 열정적인 모습 정말 오랜만이군." 이 사장이 정 부장에게 악수를 청하였다.

"사실, 모든 것은 여기 민우의 아이디어 입니다." 정 부장은 민우를 치켜세웠다. 모두들 민우에게 엄지손가락을 위로 향하면서 최고라고 손짓했다.

"역시 대단하구나. 교수님께서 널 그렇게 자랑하시더니 빈말이 아니셨군." 이 사장은 민우의 어깨를 두들겨 주면서 수고했다고 말했다.

"하지만…" 민우가 말했다.

"뭐라고? 모두들 잠시 앉아봐. 민우가 할 말이 있는가봐." 정 부장이 배고파 서둘러 나가려는 사람들을 불러 세워 자리에 앉혔다.

"아니, 다른 것은 아니고요. 교수님께서 말씀하시길, 지금까지 한 것들이 실제 얼마나 팔릴지 정확히 맞출 수는 없다고 했습니다. 그건 하늘에 계신 신이나 맞출 수 있는 것이라고. 그냥 가깝게 가려는 노력을 해야 한다는 것과 안 맞을 때를 대비해야 한다고도 하셨습니다." 민우는 교수님이 걱정되었다. 다들 스토킹 교수님을 너무 믿다가, 조금이라도 틀리면 교수님을 오히려 원망할 것 같은 생각이 들었다. 민우 자신이 원망받는 것이야 상관이 없지만, 아버지 같이 좋은 분인 스토킹 교수가 원망을 받으면 안 될 것 같았다.

"무슨 말인지 알겠다. 민우야 우리가 아무리 바보 멍청이라지만, 나쁜 사람들은 아니란다. 우리가 이해하고 따르는 것이지, 누구의 말이라고 무조건 따르는 것도 아니고, 지난 일이라고 누구를 원망할 마음은 없구나. 혹시라도 내가 오후에 한 말 때문에 그러는 것 같은데, 그런 걱정은 하지 마라." 정 부장은 직원들을 보며 "모두들 제 말이 무슨 뜻인지 알지요?" 라고 말하며 영업부서를 비난한 자신의 행동이 부끄러웠다. 그리고 자신을 포함한 모든 직원들이 그러지 말아야겠다는 다짐을 하였다. 모두들 박수로 같은 뜻임을 밝혔다.

* * * * * *

오래간만에 민우는 신촌빵집에 갔다. 가람이와 저녁 7시에 만나기로 했는데, 이보다 빠른 6시쯤에 빵집에 도착했다. 아저씨, 정식이형, 지수가 반갑게 맞아주었다. 그레이트 브레드가 망한 자리에 새로운 빵집이 생겼는데 이 집과는 사이좋게 잘 지낸다고 했다. 밀가루나 설탕 등을 서로 빌려주기도 하고, 한 집에서 케익이 다 팔리면, 상대방 집으로 가면 있다고도 말해주기도 한다고 했다.

"서로 돕다 보니까 오히려 판매가 증가하였어. 신기하지?" 정식이 먼저 말을 하였다. "그거야, 많은 사람들이 빵을 좋아하게

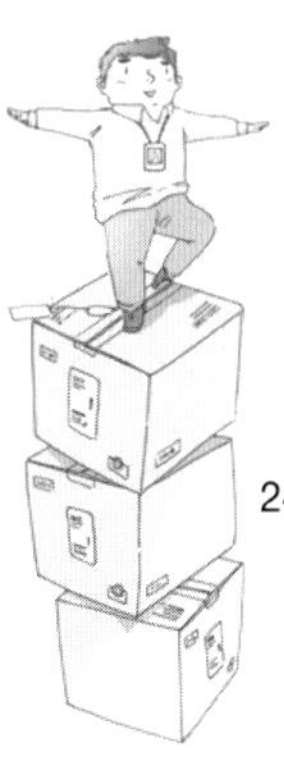

되었기 때문이겠지. 예전에 커피전문점을 찾던 사람들이 요즘은 빵집에 많이 온다니까. 그러니까 시장이 커진 거지. 앞집도 매출이 많이 올랐다고 싱글벙글이고 말이야. 매일 이 정도만 되어도 살 맛 나겠어." 아저씨도 한 몫 거들었다. 지수는 테이블에 합류하지 않았다. 계속해서 찾아오는 손님들은 지수의 몫이었다.

"넌 어때? 재밌어? 거기서 새로운 것 많이 배우니?" 정식이 민우에게 물었다.

"형, 한 번에 하나씩만 물어보세요. 잘 지내고 있고요, 재밌고, 새로운 걸 많이 알게 되었어요. 대답이 되었죠?" 민우는 웃으면서 대답했다. 민우는 정 부장과의 일에 대해 자세히 말했다. 모두들 정 부장이 좋은 사람 같다고, 잘 보이라고 말했다.

7시가 되기 전에 가람이가 나타났다. 가람이가 나타나자 지수는 재빨리 심부름이 있다고 하고선 자리를 피하였다. 민우는 괜히 여기서 가람이를 만나자고 했나 하는 생각도 들어 지수에게 미안했다.

"안녕하세요. 저 가람이에요. 기억하실런지." 가람이는 아저씨와 정식이를 보고 인사를 했다.

"알고 있어. 텔레비전에 얼마나 많이 나왔는데 모를까. 어서 와." 정식은 가람이를 반갑게 맞이하였다.

"여기 와서 앉으렴. 어떤 빵을 좋아하나 우리 국가대표께서는? 오늘 두 사람이 먹는 빵은 무조건 공짜다. 뭐든지 다 줄 수 있으니까 원하는 대로 골라." 아저씨는 그 동안의 스토킹 교수와 민우에 대한 고마움을 어떻게든 표현하려고 하였다. 가람이는 빵을 하나만 골랐고, 민우는 20개쯤 골랐다. 가람이는 초코 우유를 골랐고, 민우는 바나나 우유를 골랐다. 아저씨는 주방으로 들어가고, 셋만 앉아서 많은 이야기를 나누었다. 가람이는 프랑스에서의 데이비드 사장과의 우연한 만남, 영국 수학올림피아드에서 민우가 목이 쉰 이야기를 하였고, 민우는 신촌 도서관에서 스토킹 교수의 변장 이야기, 회사에서 모든 사람 앞에서 말해야 했던 이야기를 하였다.

정식이는 그레이트 브레드 이야기를 하였다. 회장 아들 대별이가 경영수업을 받으려 하려다가 욕심을 냈고, 전체 체인점이 문을 닫게 되었다는 것이었다. 황 사장은 그만 두었다고 했다. 대별이네는 빵집 체인은 그만 두고, 이제 등산복 시장에 집중하게 되었다는 이야기도 하였다.

"대별이는 유치원 때부터 친구인데, 걔 예전에는 착했었는데, 요즘은 애가 좀 이상해졌어요. 학교도 잘 안 나오고, 나와도 이상한 애들이랑 몰려다니고." 가람이 짧게 대별이에 대해 이야기했다.

"나의 정확한 소식통에 따르면, 대별이가 가람이를 좋아했는데, 어느 날 민우가 나타나서 가람이를 뺏겼고, 이를 복수하기 위해 민우에게 방해 공작을 했고, 신문팔이를 그만두게 하였지만 빵집에서는 실패하였다고 해."

"형 무슨 말이야. 왜 나에게 복수를 한단 말이야. 내가 뭘 어떻게 했다고? 형이 말한 정확한 소식통이라는 사람이 누군데?" 민우는 자신이 얽히게 되어서인지 집요하게 물었다.

"소식통을 밝히면 안 되는데, 왜 대별이가 그레이트 브레드에 처음 왔을 때, 친구를 데리고 왔잖아, 이름이 종두인가 그래, 걔한테서 내 후배들이 들은 이야기야. 종두라는 애도 대별이를 별로 좋아하지 않았는데, 대별이가 돈을 주면서 민우와 가람이가 어떤 상황인지 살펴보라고 했고, 신문 파는 것도 방해하기 위해, 대별이 아빠에게

도움을 받았다고 하던데." 정식은 들은 이야기를 모두 털어 놓았다.

"종두는 대별이 친군데, 나도 걔 알아요." 가람이 말했다.

"형. 그 종두라는 애가 지난 번 그레이트 브레드에서 일했던 애죠? 어디서 본 듯한 느낌을 가지기는 했었는데, 그렇게까지 나를 미워할 이유가 뭐야." 민우는 여전히 이해가 안 되었다.

"내가 볼 때는 대별이가 가람이를 무척 좋아했나봐. 종두가 내 후배에게 '대별이 재는 가람이 눈에 들기 위해서는 물불을 가리지 않아. 이번 빵집 간의 싸움도 다 가람이 때문이야'라는 말을 했다고 하더라고." 정식의 말에 가람은 부끄러워했다.

"난 아냐. 저 때문이라면 죄송해요." 가람이 말했다. 민우는 가람이 힘들어하는 것을 눈치 채고는 얼른 다른 주제로 넘어가려고 했다.

"그럼, 요즘 대별이는 뭐 한데요?" 민우가 정식에게 물었다.

"이번 철수로 상당한 충격을 받은 것은 사실이지만, 아직 등산복 판매회사가 남아 있어 괜찮은 것 같던데."

"형, 등산복 시장이라고 했어? 혹시 히말라야 아니야?"

"넌 그걸 어떻게 알았어? 네가 등산복 시장에 들어가더니 경쟁사 상황까지 다 파악하고 있구나. 빠른데." 정식은 역시 놀랍다는 듯 민우를 쳐다보았다.

"아뇨. 그게 아니고…." 민우는 생각에 빠졌다.

"교수님께선 왜 나를 에베레스트로 보내신 것이지? 우연의 일치인가? 빵집과 등산복 두 군데에서 모두 대별이네와 만나게 되다니? 무슨 사연이라도 있는 것일까?" 민우는 궁금했지만, 아무도 그 답을 알지 못하는 것을 알고 있기에 작은 목소리로 말했다.

"내가 한번 여쭤볼까? 아빠는 누굴 위해 복수하고 그러실 분은 아닌데. 아마 우연의 일치일 거야." 가람이 자신 있게 이야기했다.

"맞아, 우연일거야. 나도 교수님을 아는데, 알아보지마. 그런 것 알아서 뭐하게." 민우는 가람이에게 말했다.

"그것 하나는 알아 둬, 이번에는 대별이 아빠가 직접 나섰다는 이야기야. 자신이 잘 하는 모습을 대별이에게 보여주겠다고 하더라고." 정식이 민우에게 말했다.

* * * * * *

민우와 가람이가 집에 가려고 할 때, 기남 아저씨가 주방에서 나왔다. "이건 선물이다."하면서 케익을 두 손에 하나씩 들고 나왔다. 하나는 가람이 모양을 뜬 케익이었다. 완전히 똑같다고는 할 수 없지만, 입고 있는 옷의 색깔이나 머리 모양이 가람이와 같아서 가람이라고 여겨졌다. 또 하나는 민우 얼굴 모양을 그대로 본 뜬 것인데, 머리와 눈이 실제보다 크게 만들어졌고, 나머지는 비슷했다. 민우와 가람이는 너무 기뻤다. 세상에 하나밖에 없는 케익을 선물 받은 것이었다.

"저 이거 못 먹을 것 같아요. 냉장고에 넣고 두고두고 볼 거예요. 아저씨 너무 고마워요." 가람이가 먼저 말했다.

"난 어떻게 하지? 이것 넣어둘 곳도 없을 텐데. 너무 고마워요 아저씨." 민우도 고마움을 표현했다.

"내가 다음에는 좀 더 잘 만들어줄게. 내가 미술 실력이 조금 떨어져서 너네 안 닮은 것 같아."

"아니에요. 너무 고맙습니다." 민우와 가람이는 합창하듯 말을 했다.

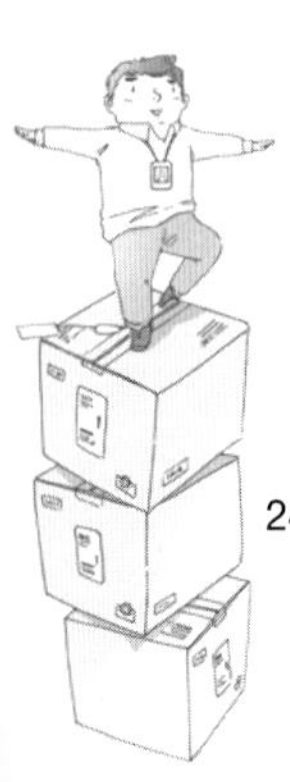

이 과정을 빵집 유리문 밖에서 계속 지켜보는 사람은 지수였다. 케익까지 받아든 모습을 볼 때는 화도 치밀고 했지만 나설 입장은 아니었고, 그렇다고 헤어지자고 말을 할 처지도 아니었다. 지수는 스스로를 한심하다고 생각하면서 눈가에 눈물만 머금고 있었다.

* * * * * *

근본적인 대처가 필요하다는 스토킹 교수의 말이 며칠째 민우의 귀에서 윙윙거렸다. 오늘은 정 부장님에게 한 번 여쭈어봐야겠다는 생각을 하면서 민우는 회사에 도착했다. 우연의 일치인지, 정 부장이 재고관리부서원들의 회의를 소집하였다.

"자, 오늘은 우리 에베레스트의 재고관리를 보다 잘 하기 위한 근본적인 대책에 대해 이야기 해봅시다." 정 부장도 계속 근본적인 대책이 무엇일까 고민하고 있었다.

"부장님, 갑자기 이런 회의를 하시는 이유가 무엇입니까? 근본적인 대책이라니요. 우리는 영업부에서 요구하는 양을 빠짐없이 생산 공장으로부터 가져와서 보관만 잘 하면 되는 것 아닌가요? 우리가 할 수 있는 일은 없어요." 원 과장이 말했다. 원 과장은 늘 정 부장의 의견에 비판을 가하고 있는 사람이었다. 자신이 부장 자리에 오를 수 있었는데, 사장의 지시에 따라 갑자기 영업부서에서 정 부장이 오는 바람에 밀려서 10년째 과장으로 남아 있는 사람이었다.

"자, 그러지 말고, 한 번 이야기해봐. 지난 번 우리가 나서서 새로운 방식을 제안했고, 모두 잘 받아들였잖아. 영업부서나 다른 부서들이 지금 한창 바쁠 테니까, 회사를 사랑하는 마음으로 우리 재고부서가 한번 근본적인 해결책을 모색해보는 것이 좋다고 생각하는데.” 정 부장은 원 과장과 나머지 직원들을 설득하였다.

“우리 회사에서의 가장 큰 문제점이 뭐라고 생각해? 다른 회사들도 마찬가지겠지만, 우리 회사는 매번 재고가 모자라거나 남거나 하잖아. 뭔가 이 문제를 해결할 수 있는 방안이 필요한 것 같은데, 그 문제점이 무엇인지를 알아야 해결책이 나올 것이라 생각하는데, 모두 의견을 좀 말해봐요.” 정 부장이 모두에게 거듭 제안했다.

“그거야, 너무 많이 생산하거나 적게 생산하기 때문이니까, 예측 정확도가 낮은 게 문제잖아요. 다른 회사들 보니까 예측 정확도를 높이기 위해 노력하고 있어요. 히말라야는 3억원을 주고 새로운 소프트웨어를 샀다고 합니다. 우리도 그렇게 하면 간단하게 해결할 수 있을 것 같은데요.” 원 과장은 가벼운 산수 문제라도 풀 듯이 말했다.

“물론 원 과장 말도 일리가 있어. 하지만 말이야, 지난번에도 당연할 것이라 생각했는데, 당연하지 않은 결과가 나온다는 것을 경험했잖아. 좀 더 근본적인 해결책이 있을 수도 있지 않을까?” 정 부장은 원 과장에게 미안하다는 표시를 하면서 회의를 진행하였다.

“그럼, 수요예측이 그렇게 틀린 것이 왜 그런지 이야기해봅시다.” 정 부장은 꼬리에 꼬리를 무는 원인 찾기식 회의를 진행하려고 하였다.

“그거야 리드타임이 길기 때문이죠.” 차 대리가 말했다.

“차 대리, 우리는 모두 리드타임이 뭔지 알고 있지만, 여기 민우는 잘 몰라, 혹시 리드타임이 무엇인지 이야기해줄 수 있을까?”

무게가 느껴지는 정 부장의 말에 차 대리는 자세하게 민우에게 설명하였다.

“리드타임은 물건을 주문해서 받을 때까지 걸린 시간을 말하는데, 패션 의류 시장에선 패션쇼에서 주문을 하면 6개월 후에나 도착하기 때문에 패션 산업에서의 리드타임은 6개월이 되는 셈이지. 리드라는 말은 앞선다는 말에서 나왔고, 타임은 시간을 뜻해. 그러니까 무슨 일을 하기 전에 앞서서 필요한 시간이라는 뜻에서 리드타임이라고 하지. 우리나라에서는 영어를 그대로 사용하는 경우가 많은데, 리드타임에 해당되는 적절한 우리나라 말이 없다고 볼 수 있지.” 차 대리는 이해를 돕기 위해 차근차근 설명하였다. 정 부장은 차 대리의 설명에 찬사를 보냈다.

리드타임이 길다는 것은 지금까지 민우가 해왔던 신문이나 빵과 등산복의 가장 큰 차이였다. 신문과 빵은 리드타임이 하루 정도로 길지 않지만, 등산복은 6개월이나 될 정도로 길었다.

“6개월의 리드타임을 줄일 수는 없나요?” 민우가 물었다.

“저런, 아무것도 모르니까 그런 질문을 하는군. 우리가 바보냐? 나름 줄이려고 했지만 잘 안 되는 거야. 그건 습관과도 같은 것이어서 우리가 할 수 있는 일이 아니라고.” 원 과장은 민우도 싫어했다. 민우가 말하는 모든 것을 반대하려고 작정한 듯 하였다.

“잠깐, 그것도 우리가 다시 한 번 생각해보자고. 뭔가 돌파구가 있을 수도 있잖아.” 정 부장은 원 과장의 이야기를 막으며 말했다.

“저도 리드타임 줄이는 것이 일부는 가능할 것 같아요. 예전에 비해 정보기술이 발달해, 주문 처리하는 데 시간도 짧아지고 있고, 배나 트럭의 수송시간도 조금은 빨라지고 있는 것 같은데, 우리는 몇 십년동안 계속 6개월의 리드타임을 유지하고 있습니다. 분명 개선의 여지가 있다고 생각합니다." 이번엔 차 대리가 이야기했다. 원 과장은 차 대리를 째려보았다.

"차 대리, 좋은 얘기야. 내가 봐도 우리가 6개월의 리드타임을 너무 당연한 것이라고 생각했는데, 당연한 것이 아닐 수도 있다는 생각이 드는군. 다른 산업에서 리드타임을 줄여서 성공한 경우가 뭐가 있지?" 차 대리는 원 과장의 눈치를 살피다가 정 부장이 계속 권하자 일어서서 말했다.

"연구개발이 중요한 기업들은 모두 리드타임을 줄이려고 합니다. 의약품 같은 경우 10년이 넘는 연구개발시간이 걸리는데, 서로 이 시간을 줄이기 위해 경쟁하고 있습니다. 누가 빨리 개발하는가가 경쟁력이니까요. 전자 업체들도 마찬가지입니다. 반도체를 누가 먼저 개발하느냐에 따라 돈을 버는 것이 달라지니까요. 아마 이들은 모두 리드타임을 줄이려고 엄청난 노력을 하고 있을 겁니다." 차 대리는 평소 소신을 강하게 이야기했다.

"하지만, 그런 것들은 전부 첨단 산업 이야기야. 우리랑은 처지가 다르다고." 원 과장이 강하게 반대하고 나섰다.

"차 대리 말도 맞는 것 같고, 원 과장 말도 맞는 것 같은데. 뭐 좋은 예가 없을까? 우리가 할 수 있는 일과 관련되면서 말이야." 정 부장이 말했다. 한동안 정적이 흘렀다.

"민우는 알고 있겠죠. 걔는 뭐든지 알고 있으니, 민우에게 한 번 이야기해보라고 하죠." 원 과장은 민우를 좋게 만드는 척하면서 대답을 못할 것이라 생각하고 곤란하게 만들려고 했다.

"그래, 민우 너도 한 마디 해봐." 정 부장이 민우에게 말하라고

손짓을 했다.

"전 잘 모르는데요." 민우가 대답했다. 원 과장은 소리 내지 않고 비열하게 웃었다. "그러지 말고 아무거나 말해봐. 스토킹 교수님 이야기도 괜찮고." 정 부장이 말했다. "이게 맞는지는 모르겠지만, 교수님께서 가까운 것에 대한 예측이 먼 미래에 대한 예측보다 정확하다고는 하셨습니다. 신문이나 빵집과는 달리 등산복은 너무나 먼 미래에 대해 예측을 해야 하니까 재고문제가 더 크게 발생하는 것 같습니다. 얼핏 생각한 것이지만, 이 시간을 줄일 수 있다면 재고문제도 상당히 해결할 수 있을 것 같습니다." 민우의 말에 모두들 조용히 듣고 있었다.

"다 아는 얘기잖아." 원 과장의 말에 민우는 창피하였다.

"그래도 말이야. 같이 이해하고 있다는 게 어디야. 어떻게 하면 6개월의 리드타임을 줄일지에 대해서는 모두 동의를 하고 있는 것 같군. 그럼 우리 이 문제를 시간과의 전쟁이라고 이름 짓고, 다음 주에도 계속 이야기하도록 하지. 할 얘기 없으면 여기서 마칩시다." 정 부장의 말에 원 과장과 차 대리는 밖으로 나가 각자 자리로 돌아갔다. 민우와 정 부장은 그 자리에 남아 있었다.

"예측이 나중으로 미뤄진다면 정확도가 올라갈 것이라는 말은 맞는 말이긴 하지만 우리 등산복에는 적용되지 않을 것 같은데 말이야. 여름용 등산복을 예로 들어 볼게. 우리가 5월부터 7월 사이에 등산복을 판매하기 위해서는 4월 말에 창고에 재고로 쌓이게 되지. 그러면 6개월 전인 10월 말에 디자인이 이루어지고, 적어도 2개월 전에는 생산이 이루어진다고 하자. 그러니까 2월 말에는 생산이 시작된다고 하자고. 여기까지 이해가 가겠지?" 정 부장이 물었고, 민우는 고개를 끄덕였다.

"네 말대로 10월 말에 수요를 예측하던 것을 뒤로 해서 1월말로 3개월 뒤로 미루었다고 하자. 10월달에 예측을 하든, 1월달에 예측을 하든, 이 사람들이 무슨 자료를 가지고 예측을 하냐 이 말이야. 10월에서 1월 사이에는 다른 걸 팔고 있는데 말이야. 영업부서에서 여름용 등산복의 수요량을 예상할 때 필요로 하는 자료는 전부 그 1년 전의 자료를 사용한다는 말이야. 그러니까 달라질 것이 없는 것이지. 이해하겠니?"

"하지만, 3개월 사이에 경기가 좋아질 수도 있고, 나빠질 수도 있고, 사람들이 갑자기 빨간색을 좋아할 수도 있고, 등산 사고가 나서 등산을 싫어할 수도 있잖아요. 이것들도 모두 수요에 영향을 미칠 것인데요." 정 부장만 남아 있었기 때문에 민우는 자신 있게 자기 생각을 말했다.

"그래, 네 말이 맞다. 그런 것들은 영향을 미치지. 그래서 우리는 시간과의 전쟁이 필요한 것이겠지. 하지만 그게 그렇게 중요한 걸까? 그건 시간을 줄이려는 노력에 비해 그 효과가 그리 크지 않을 것이라는 생각이 드는군." 정 부장은 민우를 달래듯 이야기하였고, 민우도 충분히 그 말에 수긍이 갔다.

* * * * * *

민우는 가람이에게 전화를 걸어, 스토킹 교수가 연구실에 있다는 것을 알았다. 스토킹 교수 연구실에 올라가는 길에 신촌빵집에 들러 교수가 좋아할 만한 빵을 골라 들고 연구실로 향했다. 지수는 예전과 달리 조금 쌀쌀맞게, 사무적으로 대하였다. 이를 민우 또한

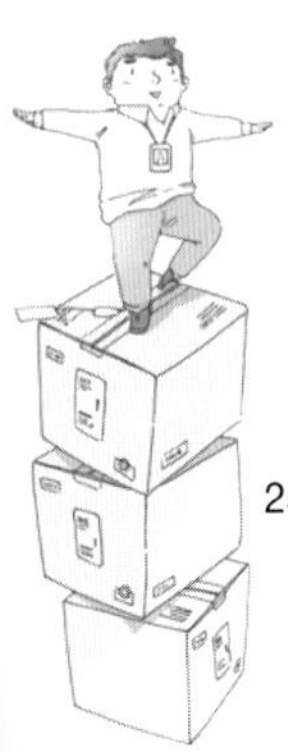

느꼈으나 꼬치꼬치 캐물을 시간과 여유를 가지지 못했다.

연구실은 민우가 상상했던 것보다 훨씬 작았다. 온 사방이 책장으로 둘러싸여 있고, 기역자 모양의 책상 하나에 회전의자 하나가 들어가고 나면 남는 공간이 없었다. 간이 의자가 여러 개 포개져 있어 민우는 그것을 꺼내 책상 건너편에 앉았다. 책들과 프린트된 종이들이 책상에 높게 쌓여 있어 스토킹 교수의 얼굴이 보이지 않을 지경이었다. 바닥에도 책들이 쌓여 있어 무너질까봐 민우는 꼼짝도 못하고 앉아 있어야 했다. 스토킹 교수는 민우와 마주 앉은 자리 사이의 책들을 들어 다른 책들 위에 포개어 놓았다.

"네가 웬일이니? 여기까지 와 주고. 반갑군. 올 줄 알았으면 좀 치워 놓았을 텐데." 스토킹 교수가 먼저 말했다.

"요즘은 변장하고 안 다니세요? 오늘도 오면서 교수님께서 어떤 모습이실까 사실 기대하고 왔는데." 민우는 웃으면서 말했다.

"요즘은 나 알아보고 괴롭히는 사람 거의 없어. 그럴 필요가 없지. 금세 떴다가 금세 가라앉는 것이 보통이잖아. 나도 재미있었는데 아쉽기도 하구나."

"여기 빵요. 아저씨께서 주셨어요. 안부도 전해달라고 하셨어요."

"그래, 고맙구나. 안 그래도 밥 먹으러 가기 귀찮아서 안 갔었는데 잘 되었구나." 스토킹 교수는 민우가 건넨 빵 봉지를 쭉 찢으시더니 펼쳐놓고 먹기 시작했다. "네가 여기까지 찾아온 걸 보면 문제가 있는 모양이구나." 스토킹 교수가 빵을 먹으면서 알아듣기 힘든 소리로 물었다.

"네, 저는 잘 몰라서, 교수님께 이야기를 듣고 싶어서, 죄송해요. 만날 여쭤보고, 저도 혼자서 잘 해보고 싶은데, 잘 안되거든요."

"네 얼굴에 미안하다는 표정이 역력하구나. 괜찮다. 그런 것은 걱정하지 마라." 이렇게 말하고는 스토킹 교수는 민우의 이야기를 한참 들었다.

"그러니까. 근본적인 대책이 뭐냐 이거지? 그리고 리드타임을 줄이는 것이 별로 의미가 없다는 이야기이고." 스토킹 교수는 민우의 이야기를 다 듣고는 확인하듯 정리하여 물었다. 네라고 민우가 대답했다.

"우물가에서 숭늉 찾는다는 속담이 있는데 알고 있니?" 스토킹 교수가 물었다.

"너무 급하게 서두른다는 뜻 아닌가요?"

"그래, 네가 지금 그런 꼴인 것 같구나. 너무 서두르지 말지 그러냐? 그리고 그 문제에 대해선 네가 생각하고, 너네 회사 사람들이 찾아서 해결해야 하는 문제 같구나. 내가 이야기해줄 수도 있지만, 그렇게 되면 충분한 효과가 나오질 않을 것 같다. 뭐든지 남의 말은 100가지를 들어도, 하나만 틀리면 100가지 모두 틀리다고 생각하고, 자신이 한 말은 100가지 중 하나만 맞아도 다 맞은 것처럼 여기거든." 스토킹 교수가 미안하다는 표정으로 말했다.

"무슨 말인지 알겠어요. 교수님. 저도 교수님과 같은 생각이에요. 제가 급해서 그만." 민우는 자신의 잘못을 뉘우쳤다. 무슨 문제만 생기면 스토킹 교수를 찾아 방법을 구해왔으니 교수님께서 싫어하실 만도 하겠다는 생각이 민우에게 들었다.

"저 이제 그만 가볼게요. 공부하시는 데 방해가 될 것 같아서." 민우가 일어서면서 말했다.

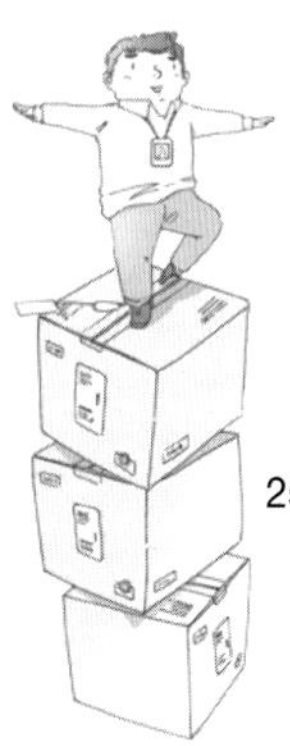

"조그마한 녀석이 별 걸 다 신경쓰는구나." 스토킹 교수도 일어서서 문 밖까지 나왔다. 민우의 어깨는 축 처져 있었고 발에도 힘이 없어 신발은 질질 끌렸다. 민우는 스토킹 교수에 대한 미안한 감정과 앞으로 어떻게 해야 할지의 막막함으로 복도를 걸어 나왔다.

"민우야." 교수님께서 복도 끝에서 부르셨다. 민우는 뒤돌아 섰다.

"내가 힌트를 하나 줄게. 조삼모사라는 말이 있다. 잘 생각해보면 거기에 답이 있을 거야."

"네? 조삼모사라구요?"

"그래. 그럼 잘 가." 스토킹 교수는 문을 닫고 안으로 들어갔다.

'조삼모사, 조삼모사, 조삼모사가 뭐야' 민우는 계속 조삼모사를 중얼거리며 집으로 갔다. 집에 도착하여 컴퓨터를 켜고 지식 검색을 하였다.

「조삼모사: 아침 조(朝), 석 삼(三), 저녁 모(暮), 넉 사(四), 춘추전국시대에 송나라의 저공이란 사람이 원숭이를 많이 기르고 있었는데 먹이가 부족하게 되자 저공은 원숭이들에게 말하기를 "앞으로 너희들에게 주는 도토리를 아침에 3개, 저녁에 4개로 제한하겠다."고 말하자 원숭이들은 화를 내며 아침에 3개를 먹고는 배가 고파 못 견딘다고 하였다. 그러자 저공은 "그렇다면 아침에 4개를 주고 저녁에 3개를 주겠다."고 하자 그들은 좋아하였다는 일화가 있다. 눈앞에 보이는 차이만 알고 결과가 같은 것을 모르는 것을 비유하거나 남을 농락하여 자기의 사기나 협잡술 속에 빠뜨리는 행위를 이르는 말」이라고 나와 있었다.

찬찬히 읽어 보았지만 교수님이 왜 이런 말을 했는지 민우는 알 수 없었다. 내가 멍청하다고 교수님께서 타이르는 말씀인 것 같다고 민우는 생각했다.

* * * * * *

며칠 후, 에베레스트사에서는 대책회의가 열렸다. 경쟁사인 히말라야사에서 뭔가를 진행하는데 피해를 줄이기 위한 방안을 마련하는 회의였다. 회의는 이 사장이 이끌었다.

"경쟁사인 히말라야에서 일본의 본사와 새로운 계약관계를 체결하기로 하였답니다. 새로운 계약에 대해서는 정 부장이 설명해 주세요." 이 사장의 지시에 정 부장이 앞으로 나와서 몇 가지 슬라이드를 보여주면서 설명을 시작하였다.

"지금까지 히말라야 일본 본사와 한국에 있는 히말라야 판매사는 등산복을 팔고 사는 관계였습니다. 히말라야 본사에서는 안 팔린 등산복을 떠안기 싫어서 한국의 히말라야 판매사에게 제품을 팔았다는 이야기입니다. 그러면 히말라야 판매사는 돈을 주고 사와서 판매를 했고, 안 팔린 제품은 할인매장에 넘겨 다시 판매를 해 왔습니다. 여기까지는 여러분도 잘 아시리라 생각합니다. 그런데 이번에 히말라야 본사와 판매사가 이익공유계약이라는 새로운 방식을 채택하였습니다. 히말라야 판매사가 원하는 대로 제품을 모두 제공하고, 히말라야 판매사가 물건을 판매한 다음 그 이익을 나누겠다는 계약입니다. 이것은 우리에게 엄청난 위협이 될 수 있습니다." 정 부장이 장황하게 이야기하자, 여기저기서 질문들이 쏟아졌다.

"아니 그럼, 히말라야 본사에서 얻는 이점은 무엇인가요?" 원

과장이 먼저 질문하였다.

"좋은 질문입니다. 히말라야 판매사는 그동안 안 팔린 재고문제가 워낙 컸습니다. 우리도 마찬가지입니다만, 재고부담이 큰 판매사의 입장에선 되도록이면 적게 살 수밖에 없습니다. 혹시 안 팔릴지도 모른다는 생각에서요. 그런데 이익공유계약을 체결하면 본사에서 보다 싼 가격에 제품을 제공하기 때문에 판매사는 재고 부담이 줄어들게 됩니다. 더 많은 재고를 쌓을 수 있고, 이는 판매로 연결될 때 수익을 창출할 수 있습니다. 아시겠지만 없어서 못 파는 경우도 많이 발생하게 되니까. 그런 경우를 방지할 수 있는 장점이 있겠지요. 그리고 일단은 본사에서의 매출이 크게 증가할 것으로 보입니다." 정 부장이 대답했다.

"잘 모르겠습니다. 예를 들어 설명해주시면 안 될까요?" 영업부서 한 직원이 이번엔 질문하였다.

"그러죠. 예전에는 본사에서 60원에 판매사에게 팔고, 판매사는 이를 100원에 고객에게 팔았다고 합시다. 판매사의 경우 팔면 40원의 이익이 생기지만 못 팔면 60원의 손실이 발생합니다. 할인매장을 통해 팔 수 있겠지만 손실은 어쩔 수 없겠지요. 그런데 이번에 계약을 통해, 본사에서 10원에 판매사에게 팔겠다는 겁니다." 정 부장의 말에 모두들 웅성거렸다. 그게 말이나 되는 소리냐 하는 소리들이 여기저기서 나왔다.

"대신, 판매사에서 제품을 고객에게 팔고나면, 이익의 절반가량인 50원을 판매사가 본사에게 주겠다는 것이죠. 그러면 본사는 하나를 팔아 60원을 동일하게 얻게 되는 셈이죠. 아마 구체적인 계약 내용은 아직 입수되지 않아 모르겠지만, 한국의 판매사에서 이번에 이익의 일부를 되돌려 줄 때 일정 부분 깎은 것으로 알고 있습니다. 그러니까 50원이 아니라 45원 정도로 계약한 것으로 알고 있습니다. 이럴 경우 일본의 히말라야 본사에서는 55원으로 하나당 마진이 조금 떨어지나, 더 많이 팔릴 것으로 예상하여 전체 이익이 증가할 것으로 생각하고 있고, 판매사 또한 자신의 마진이 높아졌기 때문에 기뻐하고 있는 것으로 알고 있습니다." 정 부장이 말을 끝내자 모두들 침묵을 지켰다.

"자 그렇게 비관적으로 생각하지 말고, 모두들 대책을 마련해야 할 것입니다." 침묵을 깨고 이 사장이 나서서 말했다.

"갑자기 히말라야가 우리에게 상당히 공격적으로 나오고 있는 것 같습니다. 우리는 잘 견뎌내 왔고, 앞으로도 잘 할 수 있을 것이라 확신합니다. 그러니 모두들 촉각을 곤두세우고 일해주시기 바랍니다. 오늘 더 이상의 이야기가 나올 것 같지 않으니 회의는 여기서 종료합니다." 이 사장이 말했다.

* * * * * *

재고관리부서로 돌아와서도 민우는 계속 뭔가를 중얼거리고 있다. 옆에 있던 차 대리가 말했다.

"너 염불 외우냐, 아까 회의시간부터 계속 삼모사조삼모사조 하는데 도대체 그게 뭐야?" 모두들 민우를 쳐다보았다.

"삼모사조가 뭐야?" 정 부장이 물었다.

"아니 조삼모사예요. 계속 말하다 보니까, 삼모사조로 들렸나 봐요." 민우가 대답했다.

"조삼모사, 그것 멍청하다는 얘기 아냐? 너 우리보고 지금

멍청하다는 이야기를 하는 거야?" 차 대리가 불끈하여 말했다.

"아뇨, 그게 아니고, 교수님께서 어저께 조삼모사에 근본적인 대책이 있다고 하셨거든요. 그래서 그 의미가 뭘까 생각 중이었어요."

"넌 그냥 조삼모사만 듣고 오면 어떻게 하냐? 그 의미를 듣고 왔어야지." 차 대리가 말했다.

"어저께는 야단맞았어요. 근본적인 대책은 우리가 찾아야 한다고 하셨어요. 제가 불쌍하게 보였는지 조삼모사가 힌트가 될 거란 말만 하셨다고요." 민우가 정 부장을 향해 말했다.

"그거 히말라야 이야기 아닐까? 그렇게 이익공유계약하는 게 별로 도움이 안 된다는, 멍청한 것이라는 것을 알려주신 것 아닐까?" 정 부장이 한참 고민하더니 일어서면서 말했다.

"그게 맞겠다. 역시 예지력이 대단하시다니까. 맞잖아, 돈을 먼저 받느냐 나중에 받느냐, 조삼모사하고 딱 맞아 떨어지네." 차 대리도 동의하며 말했다.

"하지만, 교수님께선 히말라야 이야기를 모르고 계셨는데요. 그리고 근본적인 해결책이 될 것이라고 가르쳐준 힌트인데요. 아무래도 아닌 것 같아요." 민우는 대답했다.

"아냐, 우리도 이익공유계약을 체결하라는 뜻인지도 몰라." 정 부장이 말했다. 더 이상 민우는 대답하지 않았다.

* * * * * *

'7시 50분 호치민으로 가시는 분께서는 19번 탑승구를 통해 탑승해 주시기 바랍니다'라는 방송이 스피커를 통해 흘러나왔다.

"민우야 가자. 우리 비행기야. 19번까지 갈려면 좀 거리가 있다. 여기 공항이 크잖아." 정 부장이 민우를 이끌었다.

"네, 이곳 인천국제공항은 정말 큰 것 같아요. 시설도 참 좋고." 민우가 말했다.

"너, 여기 처음 오니?"

"아뇨, 지난번에 사장님께서 프랑스 패션쇼에 보내주셨어요. 그 때 여기 한번 왔었어요. 그 땐 제대로 못 봤어요." 민우는 쭉 늘어선 면세점들을 둘러보면서 말했다.

"무슨 선물이라도 샀니? 여기가 좀 싸니까 많이들 사던데. 나도 우리 애들 것하고 아내 선물을 여기서 샀는데."

"저한테는 여기 있는 물건들이 너무 비싸요." 민우도 할머니, 지수, 가람, 스토킹 교수, 정식이 형, 기남 아저씨 선물을 사고 싶었는데 아무리 둘러봐도 살 만한 것이 없었다.

"그래, 베트남에 가서 한번 골라봐. 거긴 좀 싼 것이 많으니까." 두 사람은 서둘러서 탑승구를 향해 걸어갔다. 길 가운데에는 양쪽 방향으로 움직이는 에스컬레이터를 평면에 깔아놓은 것 같은 자동 길이 30미터 단위로 계속 연결되어 있다. 두 사람은 자동 길 위에서도 바쁜 마음에 걸었다. 정 부장이 갑자기 뒤돌아서더니, 민우에게 "저기 저 사람이 히말라야 한국 판매사 사장이야. 그 옆에 있는 사람은 누군지 모르겠네."

"아들 대별이에요."

"넌 어떻게 걔를 아냐?"

"아뇨 잘 몰라요. 그냥 얼굴만 몇 번 봤을 뿐이에요."

대별이 아빠와 대별이는 면세점 마크가 찍힌 봉투를 양손에 가득 들고 있었다. 대별이의 얼굴에는 웃음이 하나 가득이었다.

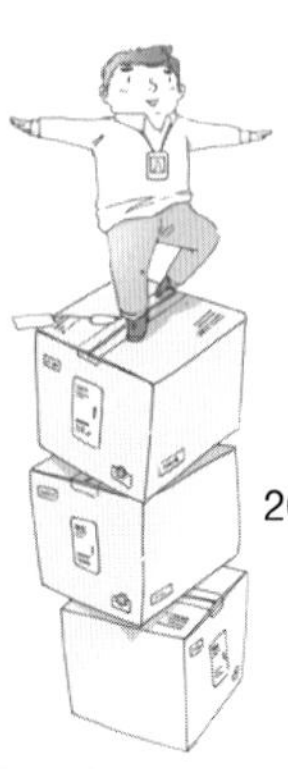

"저 히말라야 사장, 일본 가나 보다. 이번 계약 마무리 지으려고 가나 봐." 그 때 대별이가 뒤돌아보는 바람에 대별이가 민우를 발견했다. 대별이가 민우에게 다가왔다.

"야. 신문팔이가 출세했다. 국제공항에서 널 만나다니. 비행기 탈 줄이나 아냐?" 대별이가 민우에게 비아냥거렸다.

"지난번에 기부금은 잘 받았다. 덕분에 맛있는 것 많이 사먹었는데, 좀 더 기부하지 그랬냐?" 민우도 지지 않고 맞받아쳤다.

"기부금이라니? 무슨 말이야. 내가 왜 너 같은 신문팔이한테 기부를 하냐?" 대별이가 놀라 물었다.

"니가 시켜서, 100부씩 내 신문 사줬다며, 덕분에 돈 많이 벌었지. 왜 벌써 까먹었니?"

"뭐야. 그때 망한 것 아니야?"

"망할 뻔 했지. 일찍 알아채서 돈을 벌 수 있었지. 아무튼 고마워." 민우는 웃으면서 말했다. 1승 1패라고 생각했는데, 실제로는 2패였다는 사실을 알고 대별이는 화가 나서 참을 수가 없었다.

"민우야 빨리 가자. 늦겠다." 그 때 정 부장이 멀리서 민우를 불렀다. 손을 위 아래로 흔들면서, 빨리 오라고 했다.

"그래, 누가 마지막에 웃는지 한번 보자. 너 에베레스트에 들어갔지? 조만간 망할 거니까. 우리 히말라야한테 무릎을 꿇을 것이니까." 대별이는 민우의 뒤에 대고 큰 소리로 말했다. 민우가 에베레스트사에 들어간 사실을 대별이가 어떻게 알았는지 민우는 궁금했다. 대별이는 아직도 가람이에 대한 미련을 버리지 못하고 있었고, 강석을 통해 민우의 근황을 파악하고 있었다.

* * * * * *

비행기가 이륙하고, 안전벨트 착용 등이 꺼졌다. 정 부장이 먼저 이야기를 꺼냈다. "호치민까지는 5시간 30분 정도 걸린다. 11시 30분쯤에 도착하게 될 거다. 오늘은 호텔에 들어가서 자고, 내일 공장에 가보도록 하자."

"1시 30분 아니에요?"

"아, 시차가 우리보다 2시간 느리잖아." 정 부장이 다정하게 말했다.

"넌 운이 좋은 것 같다. 우리 부서 말단이 해외 출장에 같이 가게 되고 말이야."

"그러게요. 모두 사장님과 부장님 덕분입니다. 감사합니다." 민우는 인사를 꾸벅했다. "난 그렇다 치고, 사장님께선 널 너무 좋게 본 것 같아. 내가 결제를 받으러 들어갔을 때만 해도 원 과장과 같이 가기로 되어 있었거든. 그런데, 사장님께서 '원 과장 가면 재고관리 누가 합니까?' 그러시더라고, '그러면 차 대리 데리고 갈까요?'하고 여쭸거든, 그랬더니 사장님께서 '아니, 원 과장 혼자서 그 일 못하니까, 차 대리가 있어야 할 것 같아요. 박민우 데리고 가는 게 어때요? 파리에서 보니까 데이비드 사장하고도 상당히 친한 것 같은데. 그렇게 하시죠'라고 말씀하시더라고. 그래서 네가 가게 된 거야." 민우도 궁금했었다. 말단인 자기가 중요한 해외 출장에 같이 가게 된 것이 이상했었다. 원 과장과 차 대리는 불만을 토로했지만 사장님의 뜻을 바꾸지는 못했다.

"넌 조삼모사의 뜻은 풀었니? 나도 계속 그 생각을 했는데, 내 말이 맞는 것 같아. 다른 사람들도 비슷하게 생각하는 것 같아.

결국은 이렇게 출장까지 오게 된 것 아냐? 이번 일만 잘 되면 그래도 히말라야와 다시 한 번 겨룰 만 할 것 같은데 말이야. 이익공유계약에서 우리가 제시할 것 모두 잘 정리해왔지. 이번엔 넌 지켜보고 있으면 될 것 같아. 내가 알아서 처리할게." 정 부장은 자신있게 이야기했다.

"전 아직 잘 모르겠어요. 정 부장님 얘기를 들으면 정 부장님 얘기가 맞는 것 같은데, 그 때 제가 이야기를 들을 때의 느낌은 아니었는데, 모르겠어요. 일단 이번 출장에선 이익공유계약만 생각하려고요." 두 사람은 호치민 공항에 내려 밖으로 나왔다. 밤 12시를 넘었는데도 그렇게 많은 사람들이 공항 앞에 모여 있다는 것에 일단 두 사람은 놀랐다. 두 사람은 택시를 타고 호텔로 향했는데, 길을 가득 메운 오토바이들이 신기했다. 나중에 민우가 들은 이야기지만, 베트남에선 오토바이를 좋아해서, 젊은 사람들은 좋은 오토바이 한 대를 가지는 게 꿈이라고 했다.

* * * * * *

데이비드 사장의 공장은 호치민시의 외곽 북쪽에 위치하고 있었다. 공장에 들어가자 데이비드 사장이 직접 마중을 나왔다.

"안녕하세요. 그동안 잘 계셨어요?" 민우가 먼저 인사를 했다.

"그래, 오랫만이넹, 교수님광 가람이동 잘 있징?" 데이비드 사장은 민우를 반갑게 맞이하였다.

"와! 사장님, 한국말 잘 하시네요. 전 정 부장입니다." 정 부장과 데이비드 사장이 인사를 나누었다. 데이비드 사장은 공장 이곳저곳을 소개시켜 주었다. 3층으로 된 공장이 4개 동이 있고, 물류

창고가 하나 있었다. 종업원은 약 8천명이라고 했다. 대부분 여성들이었고, 종업원 숫자만큼 많은 미싱들이 있었다. 공장 투어를 마치고 세 사람은 회의실로 들어갔다.

“저희 사장님께선 귀사와 장기계약을 맺으면서, 그 조건으로 이익공유계약을 맺고자 하십니다. 사장님께서 직접 오셨어야 했는데 죄송합니다. 갑자기 바쁜 일이 있으셔서. 꼭 죄송하다고 전하라고 하셨습니다. 이것은 저희가 생각하는 계약 조건입니다. 한번 검토해 보시기 바랍니다.” 정 부장이 봉투를 데이비드 사장에게 내밀었다.

데이비드 사장의 말은 잘 알아들을 수 없었다. 대략 ‘이 사장님께는 연락 받았습니다. 그런 면에서는 걱정하시지 않으셔도 됩니다. 저희야 장기계약을 해 주신다면 그것보다 좋은 조건은 없습니다. 그런 좋은 조건이라면 한 번 잘 검토해보도록 하겠습니다’라는 말이라고 생각했다.

그리고 봉투를 열어 안에 든 종이 몇 장을 꺼냈다. 제안된 계약서를 읽어 내려가는 데이비드 사장의 얼굴에는 웃음기가 사라졌다. 그리고 이윽고 말했다.

“되송함니당. 이렁 계약은 할 수 업듭니당.” 데이비드 사장은 한 마디로 거절했다. 이유인즉슨 믿을 수 없다는 것이었다. 우리 에베레스트 매장에서 얼마가 팔렸는지 그리고 그걸 알려면 추가로 너무 많은 투자가 들어가야 한다는 것이었다. 그런 계약은 같은 회사 소속이면 모를까 자기네들은 그런 위험 부담을 떠안을 수 없다는 것이었다. 만약 에베레스트사에서 팔았는데도 안 팔린 것처럼 하면 대책이 없다는 것이었다. 오랫동안 이 사장님과 함께 일을 해 왔지만, 이번 이익공유계약만큼은 데이비드 사장 회사 측에서는

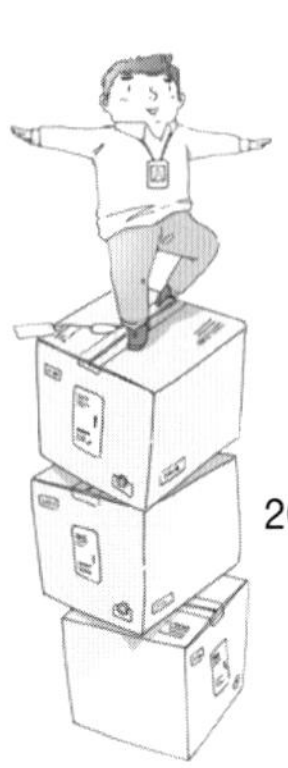

받아들일 수 없는 일이라고 했다. 그리고 이 사장님께 죄송하다는 말도 전해달라고 했다. 데이비드 사장은 정문까지 우리를 배웅했다.

"민우야 멀리 왔능데 미안하구낭. 그래 엉제 돌아가닝?" 데이비드 사장이 물었다. "내일은 좀 쉬었다가 월요일 밤에 들어갈 생각입니다." 정 부장이 대신 대답했다. 정 부장은 호텔로 돌아오는 길 내내 아무 말이 없었다.

* * * * * *

다음 날 민우와 정 부장은 가까운 정글로 여행을 했다. 기쁜 마음으로 여행갈 계획을 잡고 왔는데, 우울한 기분이었다. 미리 예약을 해 놓은 상태이고 처음 와 보는 것이라 여행은 하기로 결정했다. 사이공 강을 배를 타고 거슬러 올라갔다. 강임에도 바다와 같이 넓고 컸다. 중간에 섬들도 여러 개 있었다. 두 사람을 실은 배는 정글 속까지 들어갔다. 베트남 전쟁 당시 소탕작전이 얼마나 힘들었을지, 아니 불가능한 것이었구나 하는 생각이 들게 할 정도로 정글은 울창했다.

배는 어느 섬에 정박했다. 그 곳에는 마을이 하나 있었는데, 조상을 모시는 사당과 야자수 농장이 있었다. 코코넛 열매를 바로 따서 먹어보는 것도 관광코스에 들어 있었다. 원숭이 사육장도 있었다. 원숭이들 중 한 마리가 소리를 지르자, 나머지 원숭이들이 덩달아 소리를 질러 댔다. 그 소리가 너무나 커서 주변에 있는 사람들이 모두 아연실색했다.

"원숭이들이 귀여운 줄만 알았는데, 성질 한번 죽여주는구만." 정 부장이 민우에게 말했다.

"그러게요. 아침에 4개 준다고 하면 조용해지려나?" 민우가 조삼모사의 일화를 생각하며 말했다. '3개와 4개라, 7개는 변함이 없는데 혹시 나눈다는 것에 힌트가 있는 것은 아닐까'라는 생각이 민우에게 들었다.

"부장님, 만약에 말입니다. 우리가 공장에서 물건을 나누어 받으면 어떻게 될까요? 그러니까 판매 시즌 전에 전체를 다 안 받고, 일부만 받는 거죠, 그리고 판매 시즌 중에 나머지를 받는 거예요." 민우는 정 부장에게 말을 하면서 점차 확신감이 들기 시작했다.

"나누어 받는다? 그래서 뭐가 좋은데. 어차피 받을 것 보관비용은 좀 줄긴 하겠다만 그렇게 큰 이익은 안 생길 것 같은데." 정 부장이 말했다.

"아니 그게 아니고요. 처음에 받는 것은 지금처럼 받는데 절반만 받고요, 두 번째 받을 때는 원하는 것으로 변경해서 받으면 어떠냐하는 것이죠. 빨간색, 파란색 등산복을 100벌씩 계약하고요, 처음에는 50벌, 50벌만 받는 거예요. 그리고 판매 시즌이 되어 판매 상황을 보고, 나머지를 결정하는 거예요. 예를 들면 빨간색이 많이 팔리면 나머지 100벌을 빨간색으로 가져오고, 파란색이 많이 팔리면 파란색 100벌을 가지고 오는 것이지요." 민우의 설명에 정 부장은 잠시 생각하더니 질문하였다.

"그러려면 두 번째 배달이 문제가 될 것 같은데. 예를 들어 5월부터 7월까지 판매한다고 할 때, 5월 한달 동안 빨간색이 잘 팔리는지, 파란색이 잘 팔리는지를 보고, 6월 초에 2차로 주문을 한다고 하자. 그러면 그걸 생산하고 한국까지 7월까지 배송하는

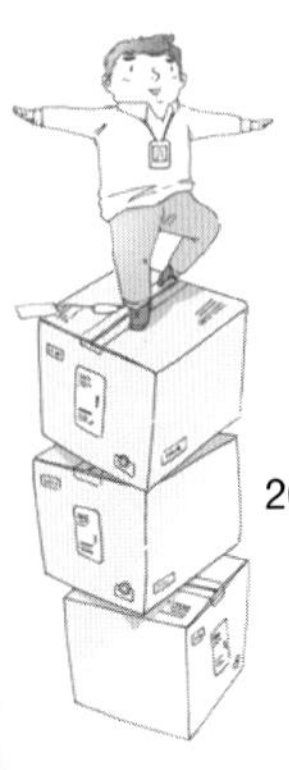

데 어렵지 않을까? 보통은 생산에 2개월이 걸린다고 하던데." 정 부장의 설명에 이번에는 민우가 생각에 잠겼다.

"부장님. 만약에 2차의 비중을 좀 줄이고, 비행기에 실어 나르면 어떨까요? 그러면 시간을 많이 줄일 수 있잖아요."

"그래도 생산이 한 달 안에 이루어질까? 매우 복잡한 과정을 거쳐 생산되는 것 같던데. 그건 한번 알아볼 수는 있을 것 같기는 한데 말이야. 그리고 수송비는 어떻게 할 거야. 아무리 양이 적어도 비행기를 타고 가면 훨씬 비싸잖아. 배보다 배꼽이 훨씬 클 수 있는데." 이렇게 말하면서도 정 부장도 가능성이 있을 것 같다는 느낌을 가졌다. 둘은 급하게 다시 호텔로 돌아왔다. 생산 가능성과 수송 가능성을 알아보기 위해서다. 민우는 인터넷을 켜고 정보를 수집하기 시작하였고, 정 부장은 한국으로 전화를 걸어 생산 관련한 정보를 얻었다.

"부장님, 우리가 한 시즌, 그러니까 봄, 여름, 가을, 겨울 시즌 중에 몇 톤이나 베트남 공장에서 받아 오나요?" 민우가 자료를 수집하는 과정에서 정 부장에게 물었다.

"그렇게 물어보면 어떻게 하냐? 잠시만, 우리가 한 시즌에 대략 20개 컨테이너가 들어온다고 들었거든. 한 컨테이너에 25톤 정도 실리니까, 500톤은 들어온다고 볼 수 있지."

"부장님, 컨테이너가 뭐예요?"

"어휴, 참 내, 컨테이너도 모르는 녀석이 어떻게 재고관리한다고, 왜 부두에 가보면 큰 트럭이 싣고 가는 철로 된 것 있잖아. 모든 마을 어귀에 있는, 해병대 마크 달린 것." 정 부장은 말하면서 혼자 웃었다. 해병대 출신이어서 늘 컨테이너 박스에 해병대 마크가 달린 것을 보고 지나갈 때마다 재밌다는 생각을 했었다.

"부장님, 우리 1년에 매출액이 얼마에요?"

"음, 작년에 1,200억원이었어. 뭐 재미있는 거라도 나왔니?"

"잠시만요." 민우는 컴퓨터를 뚫어져라 쳐다보고, 가끔 마우스를 클릭했다.

"부장님, 그럼 우리가 수요를 잘못 예측해서 입게 되는 손실이 대략 얼마 정도일까요?"

"1년에 매출액이 1,200억원이면, 4개의 시즌이 있는데, 한 시즌에 300억원의 매출이라고 하면, 그리고 우리가 남아서 할인에 들어가는 것이 대체로 25%는 되잖아. 지난번에 시간 비례식 가지고 계산 했더니 0.75나왔으니까 25%는 남는 것이거든. 25%를 덜 주문했으면 그건 바로 우리가 얻는 이익이 되겠지. 원가가 대략 절반이니까. 잠깐, 300억원의 25%는 75억원이고, 그 중의 절반인 37억 5,000만원이 되겠네."

"없어서 못 파는 경우도 있잖아요?"

"그렇지. 하지만 재고가 없어서 못 파는 경우는 그렇게 많지 않을 것 같다. 판매량이 75% 정도이니까 그렇게 높지 않은 것이지. 편차가 크니까 재고가 남는 경우의 절반쯤 되지 않을까 생각해."

"그럼 300억원의 매출 중에서 재고가 남아서 생기는 경우의 손실이 75억원의 절반과 없어서 못파는 경우의 손실이 75억원의 4분의 1 정도겠네요. 그 합은 56억 2,500만원 정도 되는데요."

"그래, 55억원 정도는 수요 공급 맞추기를 잘못해서 손실이 발생할 수 있다고 봐. 계속 해." 정 부장이 확신에 찬 모습으로 대답했다.

"우리가 한 시즌에 500톤 정도 들여온다고 했잖아요. 그런데 두 번에 나누어 받는다고 할 때, 두 번째 받는 것을 30%라고 하면 150톤이죠. 인터넷에 보니까 샘플을 비행기로 배달할 때, kg당 20,000원 정도 들고, 배로 보낼 때는 5,000원 정도예요. 150톤 곱하기 톤당 2,000만원과 500만원 하니까 30억원과 7억 5,000만원 나오네요." 민우가 천천히 설명했다.

"샘플이 그 정도 가격이면, 더 싸질 수도 있겠다. 결국 22억 5,000만원 차이가 난다 이거지. 그거는 30%를 2차로 비행기로 받게 될 경우 추가로 내야 할 돈이고. 또 있는 것 같다. 배로 나르면 부산에 많이 도착하는데, 부산에서 주 소비지인 서울까지 가는 돈은 비행기로 인천에 도착해서 서울로 가는 돈에 비하면 좀 싸지겠다." 이번에는 정 부장이 민우에게 말했다.

"예, 그것까지는 계산 못 했어요. 잠시만요. 음… 두 번에 나누어서 받으면 수요예측력이 높아지니까 대략 55억원 이익이 생길 수 있지만 22억원을 더 써야 하기 때문에 33억원은 더 벌 수 있다는 결론입니다. 두 번째 수요예측이 100%인 경우이지만 그 이하인 경우라고 해도 상당한 효과는 있을 것 같은데요."

"아주 긍정적으로 봐서, 1년으로 따지면 120억원은 되겠네. 엄청난 효과인데. 우리 매출액의 10분의 1일이야. 이 모든 게 만약이라는 가정에서 계산된 것인데, 그게 다 맞아야 할 건데…" 정 부장은 흥분되어 얼굴이 달아올랐다.

"민우야, 만약…. 정말로…. 이게 실현되면 우린 대박이야 대박."

"부장님, 아직 문제는 있잖아요. 생산이 가능할지가 문제잖아요."

"그 문제가 있지. 내일 공장에 가서 데이비드 사장을 만나서 가능할지 물어봐야겠다. 일이 잘 되었으면 좋겠다." 정 부장과 민우는 새벽에야 잠을 잘 수 있었다.

* * * * * *

월요일의 이른 아침, 두 사람은 데이비드 사장 공장에 도착했다. 8천여 종업원들은 대부분 자전거나 오토바이를 타고 출근하고 있었다. 모두들 오토바이와 자전거에서 내려 입구에서 나누어주는 주차표를 받고 있었다. 일종의 검문검색이었다. 주차표를 나누어 주는 사람들의 숫자가 적어서인지 자전거와 오토바이 행렬은 길을 가득 채우고 있었다. 많다는 생각보다는 사람, 자전거, 오토바이로 이루어진 대형 그림을 보는 것 같았다. 아침이지만 햇살이 따가웠다. 어떤 여자들은 팔에 스타킹 같은 딱 달라붙는 긴 장갑을 끼고 있었고, 어떤 여자들은 베트남 전통 원뿔 모자를 쓰고 있었다. 긴 행렬이 끝나고 나니 데이비드 사장의 차가 나타났다. 두 사람이 정문 입구에서 쭈그리고 앉아 기다리는 모습을 보고는 데이비드 사장이 차에서 내렸다.

"여기성, 뭐 하셍요?" 데이비드 사장은 걱정스러운 듯 물었다.

"베트남 말을 몰라, 들어가지도 못하고 해서 이렇게 앞에서 기다렸습니다." 정 부장이 대답했다. 데이비드 사장은 민우와 정 부장을 차에 태우고 공장 안으로 들어갔고, 곧바로 회의실로 올라갔다.

"오늘 서울롱 강다 들었능데? 아 참 커핑 하시겠읍까?"

"네 오늘 밤 비행기를 예약해 놓았습니다." 정 부장이 대답했

고, 정 부장과 민우는 커피를 부탁했다.

"여기, 커피강 세계에성 두병째로 만이 생산하공 인능거 아십니깡?" 베트남이 세계에서 2번째로 많은 커피를 생산하고 있으며, 주 수출국이 한국이라는 말을 덧붙였다. 민우는 나온 커피 맛도 한국에서 먹던 캔커피 맛과 유사하다는 느낌을 받았다.

"그랭, 무승일로 이렇겡 오셨음깡?" 데이비드 사장이 물었다.

"저희 사장님께서 새로운 계약을 제안하셨습니다. 계약이라기보다는 협동을 제안하신 것이라 생각합니다." 새벽에 정 부장은 너무 이른 것 같아 이 사장님께 전화하기를 망설이다, 너무 중요한 사항이라 사장님의 결제가 꼭 필요하였기 때문에 어렵사리 전화를 했다. 이른 새벽에 죄송하다는 정 부장의 말에, 무슨 말이냐는 이 사장의 반응이 있었다. 온통 새로운 계약을 추진하려다 보니, 한국과 베트남 간의 시차를 정 부장은 까먹었던 것이었다. 통화는 1시간가량 지속되었고, 이 사장은 모든 권한을 정 부장에게 주었다. 정 부장이 이 사장을 대신해서 결정할 수 있게 된 것이었다.

데이비드 사장은 민우가 준비한 서류를 천천히 살펴보더니

"좋습니당. 이런 협동은 저희로서동 대환영입니당. 수송비를 저희강 절반 내겠습니당." 데이비드 사장은 뜻밖의 제안을 했다. 제안서에 동의하는 것만 해도 대단한 것이었는데, 거기다가 관련 비용을 분담하겠다고 했으니 정 부장과 민우는 놀라지 않을 수 없었다. 데이비드 사장 공장에서는 에베레스트, 히말라야 등 거의 모든 등산복을 주문 받아 생산하고 있는데, 대부분의 브랜드 업체들이 생산을 원하는 시점이 동일하다는 것이었다. 그런데 에베레스트사의 제안은 바쁠 때의 생산량을 줄여주고, 덜 바쁠 때의 생산량

을 늘려서 자기네들에게도 도움이 된다는 이유였다.

그리고 일이 한가한 비수기에는 베트남 종업원들의 이탈이 많이 이루어지는데, 이러한 비수기에 생산을 하게 되면, 베트남 종업원들을 잘 유지할 수 있는 장점도 있다고 설명했다. 1년 중 3개월 정도는 계약 물량이 없어 공장 가동이 거의 이루어지지 않는데, 이러한 비수기가 되면 베트남 종업원들은 다른 공장으로 많이들 옮긴다고 했다. 베트남 종업원들의 경우 철야 작업까지 해야 10만원 정도를 번다고 하는데, 비수기가 되면 7만원도 안 되는 기본급만 받아야 하기 때문에 일이 많아야 한다는 말이었다. 그러니까 데이비드 사장 입장에서는 기술 있는 사람들이 나가는 것이 안타깝고 해서, 없는 일도 만들어야 할 판이라고 했다.

"당신 회상에서 제안한 것응 우리를 살리능 좋은 제안입니당, 저희강 감사드립니당." 데이비드 사장은 화이트보드를 가지고 와서 그림을 그렸다.

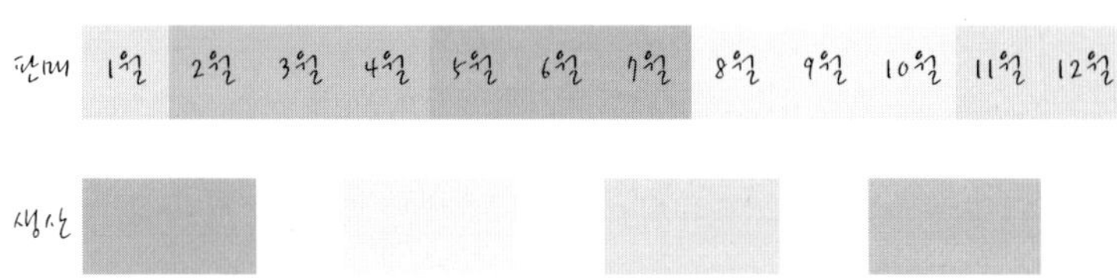

데이비드 사장이 그림을 보면서 설명한 내용은 대략 다음과 같았다.

일반적으로 등산복 시장이 3개월 단위로 4시즌이 있는 경우를 보면, 2, 3, 4월에 봄 시즌, 5, 6, 7월에 여름시즌, 8, 9, 10월이

가을 시즌, 11, 12, 1월이 겨울 시즌이다. 5, 6, 7월 여름 시즌을 위해서는 2개월의 생산이 필요한데, 2월말까지 늦어도 3월 중순경에는 생산을 마쳐야 한다. 그리고 가을 시즌의 생산은 4월부터 시작된다. 3월 한 달 동안에 모든 브랜드들의 주문이 사라지기 때문에 공장은 긴급한 일을 제외하면 거의 쉬어야 하는 상태에 빠진다. 그런데 이번 제안은 3월, 6월, 9월, 12월, 정확하게 우리의 비수기와 일치한다. 그러니 우리가 감사할 수밖에 없지 않은가. 추가적인 비용이 아니라, 우리가 수송비를 일부 부담하더라도 해야 할 판이다. 그리고 2차 주문에 대해서는 우리의 모든 생산능력을 동원할 수 있기 때문에 차질도 생기지 않을 것 같다.

"그런데, 이벙 계약에서 특이항 도건을 달앙는데, 이경 설명해주세용." 데이비드 사장은 계약서에 표기된 70-130의 의미에 대해서 물었다.

"이것은 민우의 생각으로 진행하였으나, 제가 대신 설명하도록 하겠습니다." 정 부장은 말했다.

"저희는 두 번에 나누어서 등산복을 받을 것입니다. 저희가 요구하는 양에 따라 다르게 생산해 달라는 내용입니다. 예를 들어서 설명하겠습니다. 70-130계약은, 적게는 70개를 많게는 130개를 주문할 수 있다는 내용입니다. 처음 주문할 때는 70%만 하겠습니다. 그리고 두 번째 주문할 때는 130%까지 요구할 수 있다는 것입니다. 다시 설명하겠습니다. 빨간색과 파란색 두 가지 등산복에 대해 각각 100벌씩 팔릴 것으로 보여 200벌에 대해서 기본 계약을 체결하고요. 저희가 사장님네 공장에는 1차 주문에서 각각 70벌씩 주문할 것입니다. 두 번째 주문할 때, 갑자기 빨간색이 잘 팔리고, 파란색이 안 팔리면, 빨간색 120벌을 주문할 수 있다는 것입니다. 파란색은 안 팔리니까 전혀 주문하지 않을 수 있습니다. 왜 120벌이냐 하면, 130% 규정에 따라 추가로 30벌씩을 더 주문할 수 있기 때문에, 총량으로 따지면 260벌까지 주문할 수 있습니다. 처음에 140벌을 주문하였기 때문에 2차에는 120벌을 주문할 수 있다는 것이지요.”

“덩말 대단하궁요. 놀랍슴니당. 하지만 하나능 들어주셔양겠읍다.” 데이비드 사장의 요구사항은 구체적이었다. 데이비드 사장의 말을 옮겨 적으면 다음과 같았다.

“100벌 나갈 것으로 예상하였는데, 갑자기 130을 요구하면 저희가 준비해야 할 것이 많습니다. 원재료를 추가로 가져와야 하고, 일부 원자재는 또한 사용되지 못합니다. 저희의 수송비는 그리 많지는 않지만, 한국이나 중국 등에서 원재료를 구매해야 하는데, 지금과 같이 배로 가져오면 시간 안에 제품을 전달할 수가 없을 것 같습니다. 그러니 저희도 비행기로 실어 와야 할 것 같습니다. 이 보고서에 보면 비행기 수송비가 나와 있는데, 대략 검토해보니 완제품보다 절반 가량이면 가능할 것 같습니다. 따라서 조금 전에 제가 수송비의 절반을 저희 회사에서 지불하겠다고 했는데 25%로 바꾸었으면 합니다.”

정 부장은 데이비드 사장의 제안을 받아들여 결국 양사 간의 70-130계약을 맺었다. 데이비드 사장 측에서 2차 수송비의 25%, 에베레스트에서 75%를 내는 것으로 하는 합의를 하였다. 계약은 다가오는 겨울 시즌부터 적용하는 것으로 하였다. 이미 겨울시즌용 제품을 만들고 있지만, 조정가능하다고 했다.

“감사합니다. 이렇게 호의를 베풀어 주셔서…” 정 부장이

말했다.

"감사능 더희강 해양 할 것 같음당. 대미있을것 같습니당. 그리공 두 분 존경스럽습니당. 어떻케 그렇겡 동은 생각을 하셨능 디. 저두 뵙공 한 수 배워양 하겠습니당." 데이비드 사장은 말했다. 세 사람은 포옹을 하고 헤어졌다. 호텔까지 데이비드 사장이 내준 차를 타고 돌아왔다. 두 사람은 날아갈 듯 기뻤다.

* * * * * *

시간은 흘러갔다. 가을 동안 에베레스트는 여름 동안과 마찬가지로 약간의 판매 부진을 겪었다. 여름 시즌 말에 대규모 할인행사를 해야만 했다. 이익도 많지 않았다. 예측 정확도를 높이는 작업을 한 것도, 계약을 통해 2번에 나누어서 받기로 한 것도 모두 겨울 시즌부터이기 때문에 에베레스트 사람들은 긴장하고 기다리고 있을 뿐이었다.

반면 히말라야사는 계속 성장을 거듭했다. 순이익은 높아지지 않았지만 판매액은 계속 늘고 있는 것으로 보고되었다. 전국에 할인매장이 계속 생겨났고, 이제 판매 비중이 전문매장, 백화점과 할인매장 간에 거의 생기지 않을 정도로 할인매장의 약진이 눈에 띄었다. 히말라야사는 적극적으로 홍보하였고, 히말라야와 에베레스트를 경쟁사로 생각하는 사람들은 줄어 가고 있었다. 히말라야가 압도적인 승리를 거두는 분위기였다.

하지만 에베레스트 직원들은 바쁘게 움직이고 있었다. 남들이 어떻게 생각하던 상관없이 일을 하고 있었다. 민우가 들어온 후 판매액은 늘지 않고 일은 2배로 늘었다고 하면서 불평을 털어놓는 사람들도 생겼다.

늦가을로 접어드는 어느 날, 민우는 매일 밤늦게까지 일하느라 시간을 못 내다가 겨우 시간을 내어 신촌빵집으로 갔다. 모두들 왜 이제 오냐고 하면서 반갑게 맞이했다.

"너네 괜찮냐? 요즘 많이 힘들어 보이던데. 신촌에도 너네 매장이 있고, 히말라야 매장이 있잖아. 그리고 이번에는 히말라야 할인매장까지 생겼어. 히말라야가 완전 독식하려는 듯 홍보도 대단해. 사람들도 많이 몰리는 것 같고." 정식은 걱정스러운 표정으로 물었다.

"형. 걱정하지 마세요. 잘 될 거예요. 저기 텔레비전 좀 보면 안 돼요?" 민우가 물었다.

"네가 텔레비전을 다 보냐? 처음 있는 일인데, 재밌는 경기라도 하냐?" 정식은 관심을 보이면서 리모컨을 민우에게 주었다. 빵집 홍보를 위해 대형 평면 텔레비전을 한 쪽 벽면에 설치해 놓았다. 지나가는 사람들도 보일 정도로 크고 화질도 좋았다. 텔레비전을 틀자, 에베레스트산이 나타나고, 「휴먼 원정대」라는 제목의 프로그램이 시작되고 있었다. 엄홍청 산악인이 에베레스트 휴먼 원정대를 이끌고 에베레스트 등반 도중 사망한 동료의 시신을 수습하는 과정을 방영한 것이었다. 민우와 정식, 아저씨는 눈물을 흘리면서 텔레비전을 보았고, 길 가던 사람들도 빵집으로 들어와 함께 눈물을 흘렸다. 모두 엄홍청 산악인을 대단하다고 하였다. 엄 산악인이 세계 16개의 높은 산을 차례로 올랐을 때보다 사람들은 휴먼원정대에 더 열광했다.

"네가 등산복 회사에 들어가더니, 이제 텔레비전도 이런 걸

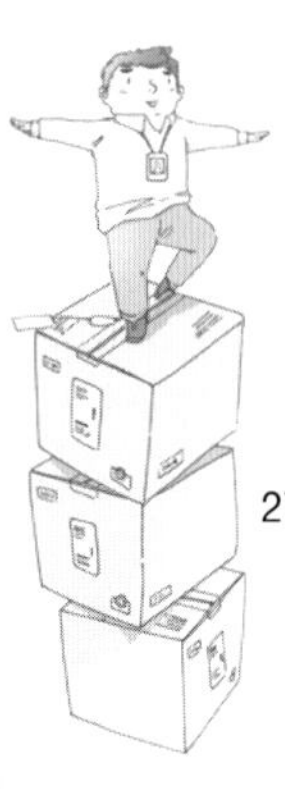

보는구나. 너무 감동적인 프로였어. 그런데 저 산악인들 너네 회사 옷을 입은 것 같다." 정식이 물었다.

"네, 사장님께서 좋은 일이라고 전체 지원하셨어요. 지난번 정 부장님께서 적극적으로 지원해야 한다고 나서서 말하기도 했고요. 아마 지금쯤 정 부장님 눈물 엄청 흘리고 계시겠는데요. 예전에 직장 후배와 등산 갔다가 조난당한 적 있었거든요. 그 때 후배가 돌아가셨데요. 그 이후 정 부장님께서 폐인처럼 지내셨다고 들었거든요."

"그래서, 정 부장님이라는 분이 적극적으로 나서신 거구나." 정식이 말했다.

* * * * * *

그런데 겨울로 접어들면서 일은 누구도 예상하지 못한 방향으로 풀려갔다. 에베레스트사는 그 취지가 좋아서 휴먼 원정대를 지원했을 뿐인데, 많은 사람들이 에베레스트사의 옷을 찾기 시작했다. 모두들 산악인 엄홍청을 좋아했고, 모두 닮으려고 했다. 그 사람이 한 일 외에도 그 사람이 입고 있는 옷까지 닮으려고 했다. 등산 가려는 사람들만이 아니고 학생들까지 등산복을 입고 다녔다. 특히 엄홍청 산악인이 입었던 옷의 판매가 급증하기 시작했다. 진녹색과 연녹색이 어우러진 상의와 진녹색의 하의, 녹색의 모자까지 모두 엄홍청 산악인이 입었던 옷들이었다. 반면 나머지 색깔의 옷은 평소보다 팔리지 않았다.

"죽으라는 법은 없군. 휴먼 원정대 때문에 우리 회사가 이익을 볼 줄 누가 알았겠어? 그동안 묵묵히 다들 열심히 일하셨는데 정말 다행이네요." 차 대리가 말했다. 정 부장은 모두들 보는 앞에서 민우를 치켜세우며 말했다.

"민우가 없었으면 정말 큰일 날 뻔했습니다. 갑자기 녹색 등산복이 잘 팔릴지 누가 알았겠습니까? 하지만 민우가 제안한 70-130 계약 조건 때문에 우리는 정말 대박을 이룰 것 같습니다." 그리고는 민우를 향해 조용히 말했다.

"정말 네가 없었으면 어떻게 할 뻔 했냐? 녹색은 없어서 못 팔고, 다른 색은 재고가 산더미처럼 쌓이는 일이 벌어지지 않았겠니? 이번 2차 주문을 낼 때 전량 녹색으로 바꾸었다. 생산 공장에서도 가능할 것 같다고 하고 말이야." 정 부장은 민우를 향해 웃음을 보였다. 민우는 아무 말도 안 했다. 수요예측에서, 1차 생산량, 2차 생산량을 정하기 위해 평균과 표준편차, 마진 등을 동시에 고려하는 새로운 소프트웨어를 만들기 위해 노력하고 있었다. 정 부장은 꼭 필요한 작업이라고 하면서, 프로그램 개발자를 불러 민우가 원하는 형태로 만드는데 도와주라고 했다.

* * * * * *

갑자기 가람이로부터 문자가 왔다.

> [오빠. 나 한국을 떠나야 한데. 그것도 내일. 작별 인사도 못하고 갈 것 같아. 잘 갔다 올께.]

이 무슨 뜬금없는 소리인가. 민우는 한참을 멍하게 있었다. 문자를 찍으려고 했지만, 무슨 말을 해야 할지 몰랐다. 한두 글자를 찍다가 지우기를 반복했다. 그렇게 20분쯤 지났을 때 가람이에게서

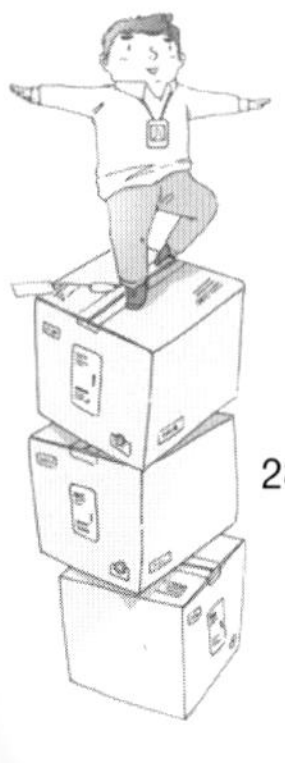

전화가 왔다.

"오빠. 나 내일 미국 간다니까." 아무렇지 않다는 듯 가람이의 목소리는 높았다. 약간 격앙되어 있다는 것이 오히려 정확한 표현일 것 같다.

"응. 방금 문자 봤어. 갑자기 왜?"

"예일대에서 입학허가서를 받았어. 내년 9월부터 새 학기 시작인데, 미리 가서 어학 준비도 해야 하니 당장 떠나라고 엄마가 성화서."

"예일대라고? 그럼 잘 된 것이네? 축하한다. 축하해." 민우는 가장된 듯 큰 목소리로 축하한다고 힘주어 말했다.

"아니. 오빠는…" 가람이도 더 이상 말을 하지 않았다. 그렇게 서먹하게 있다가 내일 몇 시에 출발하는 지도 모르고 전화를 끊었다. 기다리라는 말도 기다리겠다는 말도 하기 힘든 어정쩡한 상태에 있는 두 사람이 할 수 있는 말이나 할 수 있는 일은 그리 많지 않았다. 태연한 척 하는 수밖에.

민우는 다음 날 회사에 나가지 않았다. 하루 종일 '출발' 입구들을 이리저리 헤매고 다녀야 했다. 전화해서 물어볼 생각도 했다. 그러나 아침에 전화를 하니 전화는 정지되어 있었다. 한 손에는 꽃다발을 들고 있었다. 무슨 꽃을 좋아하는지 몰라 그냥 빨간 장미 20송이를 포장해서 왔다. 인천 공항에는 출발 입구들이 크게 3군데 있었다. 이곳을 통과해서 안으로 들어가 출국심사를 하고, 각자의 출발 게이트를 찾아가야 한다. 세 구역이라고 하지만 들어가는 입구는 더 많았고, 입구 간 거리도 상당히 멀었다. 세계 각지로 떠나는 사람들은 수를 셀 수 없을 정도로 많았다. 그 와중에서도 민우는 조금 전에 봤던 사람들을 다시 보는 안도감을 느낄 수 있었다. 이렇게 왔다갔다하면 가람이가 출발하는 것을 볼 수 있으리라는 생각이었다. 불안감이 없었던 것도 아니어서 빠른 속도로 왔다갔다했다. 특히 한국 국적의 항공사들이 있는 곳은 면밀히 살펴야 했다.

민우는 8시간 넘게, 밥도 못 먹고 헤매고 다녔지만 가람이를 찾을 수 없었다. 민우는 스토킹 교수님과 사모님께서 함께 계실 것이라 생각하고 세 사람이 있는 무리를 중점적으로 찾았지만 헛수고였다. 더 이상의 힘도 남아 있지 않은 상태였을 때, 그러니까 저녁 7시를 넘어서고 있을 때, 이 쪽 입구가 아닌 저 쪽, 약 100미터쯤 떨어진 곳에 가람이를 발견했다.

스토킹 교수 일행은 입국 심사를 받기 위해, 출발 입구를 향해 들어가고 있었다. 직원들이 비행기표가 있는지, 여권과 비교해보는 짧은 줄 앞에 서 있는 모습을 보았다. 가람이는 머리를 숙이고 있었고, 스토킹 교수와 가람 엄마는 밝은 표정을 하고 있었다. 민우가 달려갔지만 늦었다. 불투명 유리가 닫힌 상태였다. 민우는 가람이를 목소리 크게 불렀다. 조금의 시간이 흘렀다. 하지만 민우에게는 그 시간이 엄청나게 길게 느껴졌다. 다시 불투명한 유리로 된 자동문이 열리고 세 사람이 함께 나왔다. 하지만 세 사람은 가로막고 있는 펜스를 넘어오지는 못했다.

"민우 왔구나. 어떻게 알고 왔니? 가람이는 비행기 시간이나 편명을 가르쳐주지 못했다고 하던데." 스토킹 교수가 안쓰럽다는 듯이 민우에게 말했다.

"그냥 텔레파시인가봐요. 조금 기다렸어요. 가람아. 잘 갔다

와. 공부 열심히 하고…"라고 말하면서 들고 온 꽃을 가람이에게 건넸다. 가람이는 고맙다고 말하면서, 한 손으로는 눈물을 닦고, 한 손으로는 건네 온 꽃다발을 들었다. 더 이상의 대화는 없었다. 세 사람은 떠나고 한 사람은 남았다.

* * * * * *

가람이가 떠난 것이 연말이었는데 민우는 가람이 소식을 그 다음해 3월에야 스토킹 교수로부터 들을 수 있었다. 가람이는 도착해서 잘 적응하고 있다는 이야기였다. 스토킹 교수는 가람이의 정착을 돕기 위해 방학을 이용해 한 달 동안 같이 있다 돌아왔다고 했다.

민우는 스토킹 교수가 알려준 전화번호를 통해 몇 번 통화를 하였지만, 전화를 거는 빈도와 강도가 줄어드는 데는 긴 시간이 필요치 않았다. 공통 관심사가 없으니 대화의 소재도 제한될 수밖에 없는 노릇이었다. 각자 너무나 치열하게 살아야 하는 시기 때문인지도 몰랐다. 민우는 지수에게도 문자 하나 보내지 않았다. 물론 지수도 문자 하나 보내지 않았다. 민우는 그렇게 서먹하게 멀어지는 것인가 생각했다.

* * * * * *

신문을 팔다 빵집에 들어갔고, 에베레스트사로 옮겼다. 에베레스트에 들어온 지도 벌써 1년이 지났다. 이미 겨울 시즌은 지났고, 봄 시즌도 중반으로 치닫고 있었다. 여전히 녹색의 붐이 일고 있었다. 이번에 일어난 녹색 붐은 쉽게 가라 앉지 않았다. 학생들 사이에선 등산복을 입지 않으면 거의 왕따가 될 지경까지 이르렀다.

"그런데 말이다. 요즘 히말라야 판매액이 많이 떨어진다는 소문이야." 정 부장이 말했다. "할인매장이 늘면서, 할인매장에서의 판매가 늘어서 그런 것 아니에요?" 민우가 나름 분석하여 대답했다. "지난달까지 50대 50 정도 판매액을 보였는데, 이번 달 들어오면서 30대 70정도까지 역전 현상이 벌어지고 있다는 것이야. 할인매장이 70%나 차지한다는 말이야."

"정말, 대벌이 아빠라는 사람 선견지명이 있네요. 늘어날 것을 미리 알고 만들고요. 할인매장에 많은 투자를 했다고 하던데요." 민우는 정식이에게 들은 이야기를 정 부장에게 말했다.

"뭐? 할인매장에 직접 투자를 했다고? 이거 구린 냄새가 나는데. 전문매장도 가지고 있고, 할인매장에도 투자를 했다? 한번 알아봐야겠어." 정 부장은 급히 밖으로 나갔다. 핸드폰으로 누군가에게 전화를 계속 걸면서 나갔다. 정 부장은 퇴근 시간이 다 되어서 돌아왔다.

"내 생각이 맞았어. 박 사장의 지시에 따라 히말라야 애들이 장난을 치고 있었어. 일본 본사에 이익금을 주지 않으려고, 안 팔린 것처럼 한 거야. 할인매장으로 넘긴 척 한 것이지. 그러면서 그 중간에 마진을 챙긴 것이야. 정말 악랄하군." 정 부장이 민우에게 말했다.

"그게 가능한 거예요? 컴퓨터에 다 기록되는 데 말이에요." 민우가 물었다.

"이중장부를 쓰면 아무것도 아니지. 손해를 보는 것은 일본 본사뿐이잖아. 박 사장이 매장에도 적당히 이익을 나누어주면 되니까. 어떻게 하지? 내가 확 언론에 퍼뜨릴까? 경찰에 신고할까?" 정 부장이 말했다.

다음 날 아침 신문마다 히말라야사를 일면 톱기사로 다루었다. '유통사기, 히말라야 박 사장 구속'이라는 기사였다. 신문기사에는 정 부장이 어저께 말한 내용들이 적혀 있었다. 민우는 정 부장에게 다가가서 물었다.

"정 부장님께서 고발하셨어요?"

"아냐, 나 아냐." 정 부장은 부인했다.

"그럼 누가 그런 거지?" 민우가 혼자 중얼거렸다.

"내가 알 정도면 사람들이 몰랐을 것 같냐? 일본 애들은 어디 가만히 있었겠어? 늘 감시하고 있었겠지. 그런데 너 표정은 왜 그래? 기쁘지 않아? 그 대벌이라는 되바라진 애가 망했는데, 나 같으면 춤을 추겠구만." 정 부장이 이해가 안 가는 듯 말했다.

"그래도 가람이 친구인데, 너무 불쌍하잖아요."

"넌 아직 순수하구나. 나도 그랬었나 싶다." 정 부장은 민우의 어깨에 손을 얹었다.

에필로그

에필로그

'지금 대회의실에서 회의가 있을 예정입니다. 직원 여러분께선 모두, 빠짐없이 참석해주시기 바랍니다. 다시 말씀드립니다. 지금….' 사내 방송이 있었다. 민우는 정 부장과 함께 대회의실로 갔다. 두 사람이 대회의실에 들어가자, 모든 직원들이 일어서서 박수를 치고 있었다.

"정 부장님 최고! 박민우 최고!" 모두들 정 부장과 민우를 연호하고 있었다. 두 사람은 어리둥절하여 멍하게 쳐다보며 그냥 그 자리에 멈추고 말았다. 강단 위에는 이 사장과 스토킹 교수가 앉아 있었다. '순이익 175억원 달성'이라는 플래카드가 걸려 있었다. 이 사장은 두 사람을 강단 위로 불러 올렸다.

"여기 있는 이 두 사람 덕분에, 지난 시즌 이익이 175억원을 초과하였습니다. 우리는 지난 여름까지만 해도 한 시즌 이익이 40억원을 넘지 못했습니다. 한 시즌 175억원 이익은 저희 1년 이익보다도 많습니다. 이 두 분께 모두 박수 부탁드립니다." 전 직원의 열화와 같은 박수가 터져 나왔다.

"그동안 우리는 너무 영업 중심으로 살아왔습니다. 마케팅도 중요하고, 홍보도 중요합니다. 그래서 우리는 늘 영업사원들에게 엄청난 인센티브를 줘 왔습니다. 그러나 오늘 전 알게 되었습니다. 재고관리도 기업에 엄청난 이익을 안겨 줄 수 있다는 것을. 이

두 분이 깨닫게 해주셨습니다. 너무 놀라울 따름입니다. 그래서 이 자리에서 하나 약속을 하겠습니다. 재고관리를 포함하여 모든 부서에 대해 인센티브를 실시하겠습니다. 증가한 이익에 대해 20%를 그 기여 정도에 따라 인센티브로 드리겠습니다. 이번부터 적용하겠습니다." 이 사장이 말을 끝내자, 직원들은 모두 박수를 쳤다. 특히 재고관리 부서 직원들은 만세를 불렀다.

"그러면 이번에 정 부장이 받는 돈이 얼마야? 계산이 안 되는구만. 15억원이 넘는 것 같은데, 무슨 인센티브가 연봉보다 많냐?" 어떤 직원이 말했다.

"이럴 줄 알았으면, 미리 적극적으로 참석하는 건데. 그러면 돈을 좀 많이 벌었을 텐데." 원 과장은 한편으로 기쁘면서도 보다 적극적으로 정 부장과 민우를 돕지 못한 것을 아쉬워했다.

"다음은 이 자리를 있게 한 스토킹 교수님의 말씀이 있겠습니다. 모두 조용히 해주시기 바랍니다." 이 사장이 스토킹 교수를 소개했다. 전 직원들은 스토킹 교수를 언론을 통해서는 봤지만 직접 보지 못했기 때문에 모두들 조용히 스토킹 교수의 말에 귀를 기울였다. 그리고 왜 이 자리에 갑자기 스토킹 교수가 나왔는지 궁금해 했다.

"하도 스토킹 교수라 불리니까 김석현이라는 제 이름도 까먹었습니다. 스토킹이라는 말이 남들 몰래 쫓아다닌다는 뜻이 있어 저를 변태로 보는 사람도 있습니다." 스토킹 교수의 말에 모두들 키득키득 웃었다. "제가 오늘 이런 자리에 왜 나왔는지 궁금하실 겁니다. 정말 전 이런 자리 싫어하는데, 이 사장이 워낙 간곡하게 부탁해서 나왔습니다. 사실 이 사장과 저는 불알친구입니다. 어릴

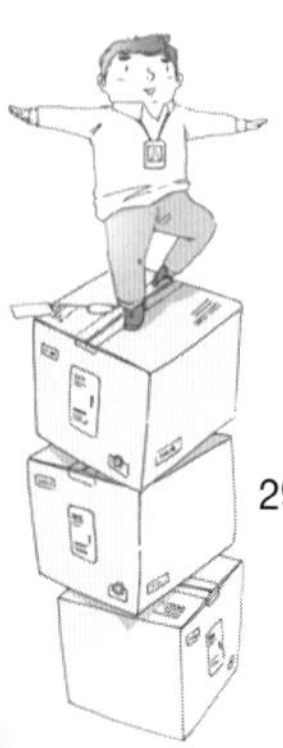

때 항상 같이 놀던 친구입니다." 스토킹 교수는 한동안 말씀을 하지 않다 말을 이었다.

"이 사장에게는 절친한 친구이자 경쟁자가 한 분 있었습니다. 같이 이 회사를 만들었고, 온갖 고생을 같이 한 사람이었죠. 아마 당시 이 사장이 영업을 총괄하고, 그 친구가 생산, 재고를 담당했을 것입니다. 둘은 성공을 거두는 듯 했습니다. 그런데 그 친구가 먼저 세상을 떠났습니다. 사고였죠. 이 사장은 늘 그 친구에게 감사하고 미안해했습니다. 어려운 시절만 같이하고 좋은 시절은 같이 못한 것이니까요. 그 죽은 친구에게는 아들이 하나 있었습니다. 이 사장과 저는 그 아들이 잘 살고 있는 줄 알았습니다. 하지만 몇 년 전 그 아들이 고생하며 살고 있다는 이야기를 전해 들었습니다. 어떻게든 그 아들을 도와주고 싶었는데 별다른 방법을 찾지 못했습니다. 그러다가 제가 먼저 그 아들의 신문 파는 일, 빵집 운영, 이곳에서의 재고관리를 도울 수 있었습니다. 오늘 이 자리가 있어 얼마나 다행인지 모르겠습니다. 그 아들이 지금 여러분 앞에 있는 사람입니다." 스토킹 교수는 민우를 향해 손짓을 했다. 민우는 엄청난 충격을 받았다. 도저히 알아들을 수 없는 이야기였다.

모두들 박수를 치고 있지만, 민우는 대회의실을 뛰쳐나갔다. 기쁘지 않았고, 배신을 당한 기분이었다. 민우는 눈물을 흘리면서 마구 달렸다. 지치면 걸었다. 눈물은 계속 흐르고 있었다. 나중에는 자기가 왜 우는지 몰랐지만 울었다. 민우는 신촌역 안 벤치에 앉게 되었다. 얼마 전까지만 해도 저기서 신문을 팔고 있던 자신의 모습이 떠올랐다. 지금은 어떤 아저씨가 앉아서 신문을 팔고 있었다. 민우와 지수, 스토킹 교수, 가람이와의 추억이 모두 저 가판대 앞에서 이루어졌다. 지난 2년여의 시간들이, 추억들이 하나하나 떠올랐다. 지수 얼굴이 많이 떠올랐다. 남김없이 자신의 이야기를 해도 들어줄 수 있을 것 같았다. 하지만 민우는 2번에 설정되어 있는 지수의 전화번호 단축키를 누르지 않았다. 그냥 혼자 있고 싶었다.

* * * * * *

"미안하구나." 스토킹 교수의 목소리였다.

"어떻게 여기 있는 줄 아시고." 민우가 돌아서서 스토킹 교수를 보고 물었다.

"그냥 만난 지 오래 되니 저절로 알게 되나 보다. 많이 실망했지, 나에 대해서. 그리고 배신감도 느꼈을 것 같구나. 하지만 강하게 만들고 싶었다. 내가 못한 것을 너를 통해 이루고 싶었다. 난 현장이 좋았고, 너라면 현장에서 멋지게 성공할 수 있을 것 같았다. 처음에 네가 여기서 신문을 팔고 있다는 것은 이 사장을 통해 들었단다. 그래서 널 지켜봤고, 내가 너를 도와줄 수 있을 것 같았단다. 내가 널 마음에 들어 하고, 좋아하게 된 것은 너의 아빠하고는 상관이 없을지도 몰라. 이 사장도 물론 너를 계속 지켜봐왔고, 어떻게 지켜줄 것인지 고민을 많이 해 왔단다. 나쁜 사람 아니라는 것은 너도 잘 알거다. 그러니 이제 기분을 풀어라." 스토킹 교수는 민우를 다독였다.

"전 제가 열심히 해서, 제가 잘 해서 그런 줄 알았어요. 그런데 이제 알게 된 것은 교수님과 사장님 모두의 도움이 없었으면 안 되었다는 것이고, 돌아가신 아빠가 아니었으면, 못 이루었다는 것

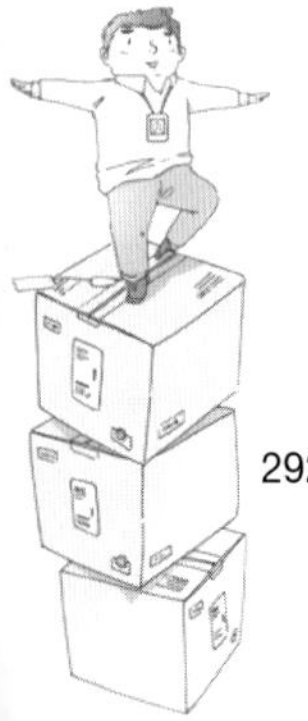

이에요. 모두의 도움이 있었다는 것은 알고, 감사하지만, 제가 자꾸 초라하게 느껴지거든요." 민우는 복잡한 심정을 어떻게 말해야 할지 주저하고 있었다.

"네가 얼마나 엄청난 일을 해냈는줄 아니? 넌 대단하단다. 자신감을 가져도 돼. 그건 걱정할 게 아니야. 열심히 분석표를 만들고, 상대방을 설득하는 일이 어디 쉬운 일이니? 넌 모두 해내지 않았니? 그리고 내가 낸 퀴즈 문제도 맞추지 않았니?" 스토킹 교수가 말했다. "조삼모사 말이에요?" 민우의 말에 스토킹 교수는 고개를 끄덕였다.

"참 교수님, 저 궁금한 게 있었어요. 대별이네 하고는 원수진 것이라도 있으셨나요? 매번 대별이하고 다퉈야 하니까, 교수님께서 일부러 대별이네에 복수하려고 저를 이용하고 계신가 하는 생각이 들었었거든요." 민우가 물었다.

"원수지간? 내가 어디 원수질 일을 하겠니? 그런 건 아니야. 그건 가람이가 원인인 것 같은데." 스토킹 교수가 웃으면서 말했다.

"네. 그럴 줄 알았어요. 그리고요 교수님. 저희 아빠랑도 친구셨나요?"

"그래. 그렇단다. 나하고 이 사장, 그렇게 셋이서 늘 개천에서 놀고 했었단다. 공부도 1등에서 3등까지 번갈아가면서 했고 말이야. 하지만 난 공부가 더 좋아서 학교로 왔지만 둘은 경영 일선으로 뛰어들었지." 스토킹 교수는 지난날을 회상하면서 부드럽게 말씀하셨다.

"어떤 분이셨어요? 저희 아빠?"

"너랑 똑같았다고 하면 느낌이 올지 모르겠다. 늘 재고에 관심이 많았지. 생산과 재고 현장에 대해서는 내가 늘 네 아빠에게 배워야 했단다." 스토킹 교수는 민우에게 아빠에 대한 이야기를 오랫동안 들려주었다.

"가자. 민우야." 스토킹 교수는 손을 잡고 민우를 일으켰다.

"자, 이제 어느 업종으로 옮겨볼래? 너의 재고관리 능력을 필요로 하는 곳은 얼마든지 있단다."

끝.

스토리가 있는 재고관리 **벤토리**

저자	문성암
발행일	2012년 8월 10일 2쇄
발행처	**한경사**
발행인	이계남
등록사항	제10-1951호 2000년 4월 14일
주소	서울시 마포구 신수동 345-5 3층
전화번호	02_717_7264/5
팩스번호	02_717_7226
홈페이지	hankyungsa.co.kr
전자우편	hankyungsa@hanmail.net
ISBN	978-89-93292-34-3
가 격	13,000원